FORESIGHTED LEADING

一个真正的成功体制，政府要依靠市场经济的基础、机制和规则来超前引领，用有形之手去填补市场无形之手带来的缺陷和空白。

超前引领

对中国区域经济发展的实践与思考

自然经济靠的是看不见的天
市场经济靠的是看不见的手
知识经济则要靠看不见的脑

陈云贤 著

北京大学出版社
PEKING UNIVERSITY PRESS

图书在版编目(CIP)数据

超前引领:对中国区域经济发展的实践与思考/陈云贤著.—北京:北京大学出版社,2011.2
 ISBN 978-7-301-18359-5

Ⅰ.①超… Ⅱ.①陈… Ⅲ.①地区经济-经济发展-研究-中国 Ⅳ.①F127

中国版本图书馆 CIP 数据核字(2010)第 263426 号

书　　　　名：超前引领:对中国区域经济发展的实践与思考
著 作 责 任 者：陈云贤　著
策 划 编 辑：叶　楠
责 任 编 辑：马　霄
标 准 书 号：ISBN 978-7-301-18359-5/F·2694
出 版 发 行：北京大学出版社
地　　　　址：北京市海淀区成府路 205 号　100871
网　　　　址：http://www.pup.cn
电　　　　话：邮购部 62752015　发行部 62750672　编辑部 62752926
　　　　　　　出版部 62754962
电 子 邮 箱：em@pup.cn
印 刷 者：北京宏伟双华印刷有限公司
经 销 者：新华书店
　　　　　　　730 毫米×1020 毫米　16 开本　15.75 印张　231 千字
　　　　　　　2011 年 2 月第 1 版　2011 年 5 月第 2 次印刷
印　　　　数：10001—13000 册
定　　　　价：38.00 元

未经许可,不得以任何方式复制或抄袭本书之部分或全部内容。
版权所有,侵权必究
举报电话:010-62752024　电子邮箱:fd@pup.pku.edu.cn

目录 Contents

序／厉以宁　001
前言／005

引言　超前引领：基于中国经济发展的理论创新／001
探寻中国经济发展逻辑体系／003
从亚当·斯密到凯恩斯／004
"市场失灵"和"政府失灵"／006
中观经济学视野下的政府职能／008
从做"保姆"到做"向导"／010

第1章　顺德新政：超前引领是最好的服务／013
破解先发地区产业升级的难题／015
"三三三"产业发展战略／017
从"摸着石头过河"到超前引领／019
五大配套机制实施"三三三"／025
协调发展才是真正的发展／028
支柱行业和龙头企业双提升／030
企业发展的"五阶段"／033
工业化，顺德制造代表中国民族工业方向／035
城市化，顺德站在更高发展平台／038

国际化，引领顺德超前发展新动力 / 041

第2章　智慧佛山：信息化与工业化、城镇化、国际化融合之道 / 045

四化融合，智慧佛山 / 047

工业化转轨，城市化加速，国际化提升 / 052

智慧佛山，文化先行 / 057

转变经济发展方式的"佛山之路" / 063

把握所处发展阶段选择转型路径 / 067

从要素驱动到创新驱动 / 078

思维方式转变和知识转型 / 086

实施商标战略，推动发展方式转变 / 090

第3章　敢为人先：中国先发地区的道路和方向 / 097

经营城市，把城市作为一种资源来管理 / 099

慎用传统银行思维调控现代金融发展 / 103

金融海啸中佛山突围的"秘诀" / 109

积极建设现代产业体系 / 116

光电产业，佛山产业新军 / 118

以金融创新实现"困境突围" / 121

佛山多层次资本市场体系显雏形 / 124

中国三旧改造"佛山经验" / 128

"较大的市"，先发地区的"成长烦恼" / 131

广佛同城，珠三角一体化的点睛之笔 / 134

赴香港地区考察心得体会 / 137

第4章　媒体对话：让资本之光照耀产业高地 / 147

CCTV2《对话》栏目：佛山是一只响当当的蓝筹股 / 149

《广州日报》：知识经济要靠看不见的脑 / 153

《中国证券报》：以多层次金融服务体系推动"中国创造" / 157

《21世纪经济报道》:扩大工业品下乡促进内需 / 164
《南方日报》:引领中国金融业的发展趋势 / 167
《佛山日报》:佛山"金融岩浆"一触即发 / 171
广东省政府新闻发布会:用好政策机遇,努力谋求突围 / 175
2009达沃斯一:海啸下佛山企业数量反而增加 / 189
2009达沃斯二:揭秘中小企业的重振 / 193
2009达沃斯三:绿色和环保对中小企业也非常重要 / 195

第5章 网络问政:务虚要脚踏实地,务实要高屋建瓴 / 197

市长问计网民:假如你是市长 / 199
书记与四万网友互动:"我把网友当政协委员" / 208

第6章 一家之言:"先看两步,先行一步" / 217

难忘广发证券创始人陈云贤 / 219
弃商从政,广发证券陈云贤悠然"上岸" / 222
超前思维引领跨越发展 / 226
温暖、好学、高知的陈云贤 / 233

跋 / 萧灼基　235

序

中国 30 年的改革开放,已经在世界经济领域走出了一条具有中国特色的经济发展之路。我之所以一直坚持中国经济发展"道路"一说,而不采用业内和业外普遍津津乐道的"中国模式"一词,道理很简单:模式是僵化的。模式僵化和教条主义贻害的是探索的勇气,阻遏的是进取的脚步。而这是最为致命的,因为中国经济过去、现在和未来的发展,都得依靠结合实际的摸索。前 30 年的改革开放如此,眼下的经济转型也不例外。

就经济理论而言,缺的并非貌似高屋建瓴的宏论和如水月镜花般的夸夸其谈,而是在实践过程中摸索出的、能指导实践的理论,以及脚踏实地的经济理念。改革开放 30 年来,中国经济学家做出了成绩,展望今后,21 世纪应该是中国经济学家继续有所贡献的世纪。陈云贤博士就属潜心于经济发展主战场而始终不忘理论思考的经济学家之列。

从计划经济体制到市场经济体制,我们改革的一个重要焦点是在政府行为上,即对政府职能的界定上。事实上,计划经济时代有关政府职能的观念至今还在影响着我们的改革,比如政府无所不能、政府应当支配一切、凡是政府能做的都应由政府来做等。这种观念无疑是市场经济发展的桎梏。经济学研究者应该做的,就是界定政府的职能和功效。在当下的经济转型中,能否从政府行为的传统思维中抽身,继而更加前瞻地看待政府在市场经济体制中如何作为,显得尤为重要。

近年来,我曾多次指出,中国经济要实现成功转型,要摆脱投资冲动怪圈以及与此有关的资产泡沫怪圈,政府不能仅仅停留于"事后调节"的地位,而必须采取"事前调节"的措施,建立预警机制。陈云贤博士的政府超前引领理论,和我的观点不谋而合。

对于全国正在推进的转型发展,我坚持"在转型中发展,在发展中转型"。在转型中发展,就是要在经济体制改革不断深化的过程中创造经济发展的条件,而在这一体制调整过程中,最为关键也最为艰巨的使命是重新构造宏观经济的微观基础,塑造具有充分活力的市场主体。而在发展中转型,是指通过经济发展增加社会对剧烈的体制转轨的承受力,增加整个社会力量对改革事业的支持和理解,从而更加深入地推进以市场化为方向的经济体制改革。

因此,我始终强调必须重新构建宏观经济的微观基础,必须塑造具有充分活力的市场主体。陈云贤博士在本书中提出,在市场经济条件下,政府是一个独立的经济主体,政府的职能不仅有服务和公共事务管理的职能,还包括协调促进引领经济发展的职能。地方政府的双重职能,一方面代表了市场经济微观的层面,另一方面代表了国家政府宏观引领调控促进经济发展。我认为他提出把政府也作为市场主体地位的观点,十分重要。

我在《非均衡的中国经济》一书中指出,对于经济运行(包括资源配置)来说,在运行目标上,宏观目标优于微观目标,而在运行机制上,市场调节优于政府调节。政府调节经济的目的在于使微观经济和宏观经济趋于协调,具体地说,政府调节就是在市场机制保证微观经济运行合理性的基础之上,通过有效的政府干预去实现某些单靠市场调节实现不了的宏观目标。政府调节经济的目标,不是限制企业的活力,也不是限制市场的活力,而是要从资源配置的宏观经济视角来考虑资源投入的社会边际收益,而政府调节经济的手段或方式是尽力通过市场机制来影响微观经济单位的决策,通过微观经济单位的资源投入调整和资源转移来促进资源配置的优化。

总之,政府调节的目的是使微观经济和宏观经济趋于协调,两者不至脱节,并且,政府调节不能滞后,不能仅限于"事后调节"。陈云贤博士所提的"超前引领"正是为了避免"事后调节"而进行的"事前调节",让政府用"有形之手"去填补市场"无形之手"的缺陷和空白。他提出,如果说"企业"代表微观经济,"国家"代表宏观经济,那么"区域"就代表中观经济。我认为,这在区域经济发展的经济学探索上是一种有益的尝试。

读完本书初稿后,我希望陈云贤博士通过在改革开放先行地区顺德的实践所总结出的政府超前引领理念,以及如今正在推行的"四化融合,智慧佛山"理念,能在他主政的佛山全市推广并结出硕果,为中国区域经济发展探索出一条新路。

此外,有着学者和官员双重身份的陈云贤博士,在本书中对改革城乡二元体制和实现城乡一体化也多有论述,我认为这方面的工作同样值得期待。城乡二元体制的改革是我一直关注的问题,我经常提到,中国计划经济有两大支柱,一是国有企业体制,二是城乡二元体制,而改革30年来,所改的主要是国有企业体制,而对于城乡二元体制,前30年基本没有触动。作为经济发展和改革的前沿阵地,佛山有着内地城市无法企及的优越,无论城乡二元体制理论的探索还是实践,都有可能为中国区域经济发展和社会发展提供丰富的经验。

我很高兴地看到《超前引领》一书的出版。我想,这对于中国区域经济的发展和转型,对于从事这方面理论研究和实际工作的同志,都具有重要的启示。

2011年1月6日

前　言

南方以南有片云帆，
我要到南方以南闯荡，
我的命运会在南方以南改变。

这是一首名叫《南方以南》歌中的几句歌词。南方以南，自然是指广东。念着这几句歌词，让人由生一种感慨。转眼间，我南下广东已近20年。时常在晚间，行走在广佛路上，看着车窗外飞驰而过的绚烂霓虹，让人思绪万千。有时甚至想冲进夜色，拥抱这片土地，仰望这片星空。

1991年夏天，我在北京大学获得经济学博士学位后来到广州，当时我是广东发展银行引进的第一个博士。在北大时，我的导师萧灼基教授是中国较早从事证券市场理论研究的学者之一。我的博士论文是《中外证券投资比较研究》，研究比较美、英、德、日四国证券市场的运作并借鉴到中国证券市场的建设和发展中。论文发表后，被认为是开创了我国中外证券投资比较研究的先河，填补了我国证券投资领域的空白。

由于这种学术背景，广东发展银行让我筹建证券业务部。我们从6个人、200多万元现金起步，在广州和珠三角的城市间奔走。筚路蓝缕，从广东发展银行证券业务部，到创立广东广发证券公司，又改制为广发证券有限责任公司；从一个地方性商业银行的证券部成长为全国性大型证券公司，全国各地和海外的65名博士和385名硕士集中在广发证券，成为中国资本市场上令人瞩目的"博士军团"。到我离开的时候，广发证券已成为拥有1900多名员工、在全国各大城市设立和管理着近80家分支机构的大型综合类券商。公司的总资产达到230多亿元，净资产超过25亿元。

2003年年初，广东省委调我到佛山市，担任佛山市委常委、常务副市长。这样，我一下子由从商转为从政，从微观经济领域到了中观经济领域。由学而商，再由商而政，我的人生多了历练和机会。

超前引领：对中国区域经济发展的实践与思考

2004年,组织上又让我兼任顺德区委书记,2006年再回到佛山市担任市长,2010年开始担任佛山市委书记。佛山是广东改革开放的前沿地带,顺德是广东的改革先锋,能在这片改革热土上工作是我的荣幸。

置身于充满改革和创新精神的土地上,在繁忙的政务工作之余,我也经常学习和思考经济学理论发展和创新的问题。走出校门以后,我的理论思考并没有停止,而且更多地基于实践来思考理论问题。因为我坚信,脚踏实地者最能感知到土地的坚实。

到地方工作后,我思考最多的是政府和区域经济发展的关系问题,而且我是从经济学理论的角度进行思考。像佛山和顺德这样的中国先发地区,其走过的路和未来呈现的方向,确实为我们的理论工作者提供了非常好的样本和机理。

在顺德工作的时候,对顺德产业发展的研究和思考,让我深深地感悟到,中国的发展,已经走过了"摸着石头过河"的阶段,应该进入超前引领的阶段了。在发展还处于低水平的时候,我们需要"摸着石头过河",大胆地试、大胆地闯。但发展到了一定阶段,我们就需要对发展进行引领、规划,实施推进。

本书是我从政多年来的思想火花,是平时学习的积累,是对实践的思考。**今天把它"采集"成书,目的是抛砖引玉,希望能让更多的人关注区域政府的角色与作用,关注促进区域经济科学可持续发展的根基、手段和方向。**

作为领导干部,常为日常繁杂的事务所困,但我依然能感受学习的重要。胡锦涛总书记说,各级领导干部必须明白,现在社会各个方面的发展日新月异,人民群众的实践创造丰富多彩,不学习、不坚持学习、不刻苦学习,势必会落伍,势必难以胜任我们所肩负的重大职责,要做合格的领导者和管理者,必须大力加强学习,努力用人类社会创造的丰富知识来充实自己。

中央政治局委员、广东省委书记汪洋也说,放弃学习,就是放弃了进步;选择学习,就是选择了明天;抓紧学习,就是抓住了未来。少一些浮躁喧嚣,多一些笔墨书香;少一些吃喝玩乐,多一些知识文化;少一些投机钻营,多一些真才实学。我们的党员干部要自觉学习、善于学习,学有所得、学以致用。人人有学习动力,处处有思想活力,社会才有文化魅力,国家和一个地区的发展才有持续的竞争力。

我们已经处在知识经济时代,经济发展已经彻底打破了对物质资源消耗的绝对依赖,科学技术、知识信息、创新变革已成为经济发展的核心动力。可以说,"知识经济"归根结底是依靠"智慧"的经济,是"创新"的经济,而"智慧"和"创新"归根结底是人的智慧,要靠人来创新。一个人要具备创新能力,没有长期的学习作为支撑,是无法实现的。

引言 超前引领：基于中国经济发展的理论创新

引言　超前引领：基于中国经济发展的理论创新

探寻中国经济发展逻辑体系

多年前，著名经济学家林毅夫教授在多个场合说过："21世纪将会是中国经济学家的世纪，21世纪将会是中国经济学家名师辈出、大师级的人物引导世界经济学科发展潮流的世纪。"

林毅夫教授是在总结归纳世界经济学发展潮流的基础上得出这个结论的。

我们知道，理论是解释现象的一套逻辑体系。林毅夫教授认为，从逻辑体系来讲，很难说一套逻辑体系比另外一套逻辑体系更重要。那么到底是什么东西让我们觉得一些人的理论是大师级的理论，而一些人的理论就不那么重要？他认为关键在于理论所解释的现象是否重要。如果一套逻辑理论体系解释的现象是全世界最重要的现象，那么这样的理论就是全世界最重要的理论，提出这个理论的经济学家就是世界级的大师。

那么如何来判断经济现象的重要性呢？林毅夫教授认为，经济现象的重要性依赖于这种现象所发生的国家及其国际经济地位的重要性。世界经济研究中心以及世界经济大师的产生地的转移，反映了世界经济中心的转移。

根据林毅夫教授的观点，我们可以看到，在20世纪30年代以前，世界上著名的经济学家，不管是马列主义的，还是西方资本主义的，基本都集中在英国。20世纪30年代以后，世界著名的经济学家主要集中在美国，个中原因就是世界经济中心的转移。

回到今天的中国，改革开放30年取得的巨大成就，以及在国际金融危机中的表现，使中国赢得了世界的关注和尊重。从经济学研究的角度来说，中国发展和中国形象，必将成为世界最重要的经济问题。我们完全有理由相信，研究中国经济问题所取得的成就，将是世界级的成就。

中国改革开放30多年的快速、持续发展，这种独特的经济现象，似乎很难用西方经济学理论来解释。于是有西方经济学家说,谁能解释中国的经济发展,谁就能得诺贝尔奖。

黑格尔说,存在就是合理。中国不仅创造了过去30年的奇迹,也已经显露出了未来30年的美好端倪。这种存在,呼唤着我们经济学人对中国发展进行理论上的梳理,呼唤着对传统经济学的理论创新。

作为一个经济学者,特别是作为一个身处实践领域的经济学者,能参与、见证这个伟大的时代和过程,实乃三生有幸。

经济学作为经世济民之学,是与实践最为紧密联系的学科之一。对经济学的研究,我更愿意从实践中对现象进行理论提升,再把理论服务于实践,同时也在实践中对理论进行检验和修正。这样的一个过程,让中国发展的现在和未来在我眼前愈发清晰。

我用四个字来概括:超前引领。

我认为超前引领是表达政府和经济发展关系的一套很好的逻辑体系。

从亚当·斯密到凯恩斯

经济学能真正成为一门学科,主要是因为亚当·斯密和他的《国富论》。亚当·斯密认为,看上去似乎杂乱无章的自由市场,实际上有一只"看不见的手"在调节。亚当·斯密主张自由从事经济活动,自由竞争,实行自由放任的经济制度。政府的职责仅仅在于维护国家安全和安宁,投资于某些纯属公共利益的事业。

相信市场,亚当·斯密这种自由经济理论很快被社会普遍接受,自由竞争市场经济的概念日渐深入人心,这种自由竞争的市场经济体制,加速了英国的工业革命进程,带来了英国的繁荣。甚至有人认为,亚当·斯密对英国的影响仅次于牛顿。

在出版《国富论》后的12年间,亚当·斯密的行政职务仅是一个普通的海关官员。一天,他应邀去一位公爵家里做客,来客都是那些几乎掌握了英国经济命脉的王公贵族和商界巨贾。亚当·斯密下了马车,一进门,大家都起立欢迎,站着不动。亚当·斯密请他们坐下,英国当时的首相皮特说:"不,你坐下来我们再坐,我们都是您的学生。"可见亚当·斯密在英国的影响和地位。

然而,1929年到1933年的世界性经济危机的爆发,彻底改变了人们对国家的经济职能和经济政策的基本看法。经济学家们认识到,市场不是万能的,市场也有失灵的时候。自由竞争的市场经济导致财富和收入分配的严重不平等,导致经济的周期性巨大震荡,带来社会矛盾的尖锐冲突。

在西方世界遭遇经济危机的"水深火热"之时,当时的苏联却是"风景这边独好"。他们创造了一种名为"计划经济"的经济社会管理新模式。苏联从1928年到1932年实施了第一个五年建设计划,从农业国一跃成为工业国,国家一派欣欣向荣。而此时正是西方资本主义世界大萧条的时期,苏联的成功引起了西方政治家和经济学家的高度关注。一直认为政府管得越少越好的美国人,也开始尝试着以新的眼光看待政府和经济发展的关系。

这时,又一个伟大的经济学家凯恩斯登场了。

凯恩斯认为,要用政府这只"看得见的手"参与国家经济,用国家的力量推动经济的运转。凯恩斯的政策主张是运用财政政策与货币政策,实施国家对经济的调节和干预,以确保足够的总需求,实现经济的稳定增长。凯恩斯推动了西方国家经济从自由主义向国家干预主义的转折,彻底改变了人们对国家的经济职能和经济政策的基本看法。1936年其代表作《就业、利息和货币通论》出版后,很快风靡西方经济学界,成为居于主流地位的一大经济学流派。

第二次世界大战以后,西方资本主义国家把"凯恩斯主义"作为长期奉行的"国策",依靠市场规律这只"看不见的手",结合政府干预这只"看得见的手",共同影响经济。"凯恩斯主义"带来了资本主义经济发展史上的"黄金时期",以至于有人把第二次世界大战以后这一时期称为"凯恩斯时代",把凯恩斯说成是"资本主义的救星"和"战后繁荣之父"。

"市场失灵"和"政府失灵"

从亚当·斯密到凯恩斯,从"看不见的手"到"看得见的手",从市场调节到国家宏观调控,经济学由此分化为微观经济学和宏观经济学。

亚当·斯密认为,在经济生活中,一切行为的原动力主要是利己心而不是同情心或利他主义,每个人"只想得到自己的利益"。这些假定的"经济人"追求个人利益的最大化,以最小的资源成本,创造最大的价值,就是微观经济的活动过程。每个个体似乎都被一只"看不见的手"推动着,去创造自己所能创造的最大价值。这样,个体的最大化追求推动着整体国家的经济发展。

由此可以看出,微观经济的运行,是以价格和市场信号为诱导,通过竞争而自行调整与平衡的。这种完全靠市场调节的微观经济具有平等性、竞争性、法制性和开放性,是资源优化配置的有效方式。但其自发性、盲目性、滞后性的缺陷也是十分明显的,由于人是有意识的,且人的心理复杂,容易造成"市场的失灵"。

从世界各国的市场经济发展我们可以看出,市场失灵带来的后果主要表现为:收入与财富分配不公,竞争失败和市场垄断的形成,区域经济发展的不协调,公共产品的供给不足,以及经济的波动。

市场失灵的时候,就需要一种力量进行纠正。亚当·斯密显然也意识到市场会有失灵的时候,但他认为,纠正市场的失灵依然要靠"内力",而不是"外力",即个人的道德情操。也许在亚当·斯密看来,人类的伦理道德和地球资源的有限性,是对"经济人"的最好约束。

显然,从经济的角度,只有"个体"没有"国家"是不够的,只有"内力"没有"外力"也是不行的。实践已经证明,在市场失灵的时候,靠市场机制和个人道德的自然调节,需要的时间长,造成的损失大,机会成本和时间成本非常大。为了迅速纠正这种失灵,凯恩斯提出了政府对市场进行干预的理论,其手段就是宏观调控,即政府利用行政法律、财政政策和货币政策等手段来纠正市场失灵和反经济周期,使经济系统平稳运行。

在当代,凯恩斯主义已经深入人心,凡是实现市场经济的国家,其政府都在对经济实行一定的管理和调控。可以说,政府和市场的结合,政府宏观调控的"看得见的手"和市场自发调节的"看不见的手"相结合,是现代市场经济的基本特征。

但凯恩斯的宏观干预更多地体现在事中和事后,也有很大的局限性。从20世纪70年代开始,西方许多发达国家的经济发展陷入一种"滞胀"。

滞胀也称停滞性通货膨胀(Stagflation),"滞"是指经济增长停滞,"胀"是指通货膨胀。在经济学,特别是宏观经济学中,特指经济停滞(Stagnation)与高通货膨胀(Inflation)、失业和不景气同时存在的经济现象。通俗的说法就是物价上升,但经济停滞不前。凯恩斯认为,政府政策的目标是经济高速增长、失业率低、通货膨胀率低。他认为经济衰退与通货膨胀不会同时存在,但在20世纪70年代西方资本主义国家普遍出现了经济增长停滞、失业增加、通货膨胀同时存在的现象。

人们发现,造成"滞胀"的原因:一是政府错误的经济政策(包括财政与税收政策、货币政策、贸易政策等);二是供给冲击,生产成本快速上涨使得社会供给不足,在带来通货膨胀的同时导致产出下降。

由"滞胀"人们也发现,政府不是万能的,国家干预也会产生"政府失灵"的问题。政府失灵表现在哪些方面?第一是公共决策失误,这方面的事例比比皆是;第二是内部性导致的政府扩张,政府部门及官员追求自身组织目标和个人利益的内部性现象,给他们造成"经济人"假设,导致了政府部门的扩张;第三是官僚机构的低效率;第四是出现寻租和腐败现象。

政府失灵让人们看到了新经济理论的缺陷。诺贝尔经济学奖得主、美国哥伦比亚大学教授约瑟夫·斯蒂格利茨在《自由坠落》一书中指出,现代西方经济学家所鼓吹的新经济理论已经被事实证明并不完善,必须对传统的资本主义理论进行改良。他认为,任何成功的经济体中,市场都发挥着主导作用,不过市场本身的运作并非无懈可击,政府不能置身于经济活动之外,必须在其中发挥作用,当市场出现问题时拯救经济,对市场进行监管,从而防止重蹈覆辙。另外,经济自身必须起到平衡市场与政府的作用。

我国著名经济学家厉以宁教授在2010年年初接受记者采访时曾提到,中国经济要摆脱投资冲动怪圈以及与此有关的资产泡沫怪圈,政府不能仅仅停留于"事后调节"的地位,而必须采取"事前调节"的措施,建立预警机制。

中观经济学视野下的政府职能

我们知道,对于经济发展来说,制度和规则比技术和资金更重要。对于中国的市场经济来说,更应该重视在制度和规则方面进行创新。特别是在当前,我们往往更重视技术创新,而忽略了制度创新。

我认为,一个真正成功的经济体制,政府要依靠市场经济的基础、机制和规则来超前引领,用"有形之手"去填补市场"无形之手"带来的缺陷和空白。

政府超前引领、政府"有形之手"填补市场"无形之手"的空白,在经济学体系的宏观经济、微观经济的结合部就形成一个中观经济学。这样,在"企业"和"国家"之间,就多了一个"区域"。如果说"企业"代表微观经济,"国家"代表宏观经济,那么"区域"就代表中观经济。我认为,这样的经济学体系才是完整的。

我们还可以从自然界的角度再做一些比喻性的解释。如果说微观经济像一条条小溪,中观经济就像众多的大江大河,而宏观经济就像大海。在自然界,我们看到许多小溪汇成江河,条条江河归于大海。一个国家管理经济,就是要让溪流、江河与大海平衡和协调,防止大旱和大涝。

在我国,单靠宏观经济政策来调节微观经济显然是不够的,必须依靠中观经济共同作用。微观经济是企业和个人,中观经济就是区域政府。

在市场经济条件下,政府是一个独立的经济主体。政府的职能不仅是

引言　超前引领：基于中国经济发展的理论创新

服务和公共事务管理，还包括协调促进引领经济发展。如制定经济规范和维持市场秩序；保持宏观经济稳定，提供基础服务；培育市场体系，保证市场有序运行；进行收入再分配，实现社会公平目标等。区域政府的双重职能，一方面代表了市场经济微观的层面，另一方面代表了国家政府宏观引领调控促进经济发展。

以中观经济的视野，我们还可以发现一些区域发展的规律。比如在很多国家，当我们考察不同区域的经济发展速度和社会福利水平时，会发现在差异化的背后，不仅有区域资源禀赋的原因，还有更重要的区域政府职能效用发挥好坏的原因。

对于转型国家来说，区域政府往往作为重要的经济体参与和推动区域经济发展。这也许是这些国家发展速度较快的原因。

在中国，我们会发现参与市场竞争的主体，除了一个个企业外，还有一个个区域政府。或者说，中国的发展，不仅有企业与企业之间的竞争，还有政府与政府之间的竞争。这两个层次的竞争，是中国改革开放30多年来实现经济持续快速发展的"双动力"。

而这也许就是人们百思不得其解的中国经济发展道路的根本所在。

对于中国经济发展的这种现象，我认为很有必要进行理论上的研究提升：其一，可以填补经济学体系的研究空白，指导经济体制改革的重要方向；其二，将区域政府纳入经济理论体系中，可以创建多层次的市场，增强国民经济的稳定性。

区别于亚当·斯密的市场经济机制和凯恩斯的政府调控机制，这是一种超前引领的机制。这样，我们可以对经济学的发展脉络做出如下梳理：如果说发现市场经济机制的调节作用奠定了经济学理论的基础，政府调控理论的提出则使经济学划分为微观经济学和宏观经济学，而超前引领理论的提出，使经济学又分化成宏观经济学、中观经济学和微观经济学。

对于这个理论体系，我们可以这样定义：**超前引领是指充分发挥政府特别是区域政府的经济导向、调节、预警作用，依靠市场规则，借助市场力量，通过投资、价格、税收、法律等手段和组织创新、制度创新、技术**

创新等方式,有效配置资源,形成领先优势,促进区域经济科学发展、可持续发展。

从做"保姆"到做"向导"

政府超前引领推动区域发展,实际上已经有很多成功的案例。

国外最典型的是新加坡,作为一个没有任何资源、建国不到半个世纪的小国,新加坡完成了从一个小渔村到发达国家的大转型。新加坡发展的"超前引领之路"较早引起中国的重视,自1992年邓小平南方谈话之后,中国各级政府已经派遣了无数代表团前往新加坡学习和进修。不仅中国在学习新加坡,世界上许多其他国家包括俄罗斯都对新加坡的经验表现出极大的兴趣。

新加坡在20世纪60年代的时候,是一个高失业率和高人口增长的国家。针对这种国情,新加坡政府大力发展劳动密集型的制造业,既解决了国民就业的问题,又使自己成功踏上了工业化之路。到20世纪70年代的时候,政府又适时地引导劳动密集型企业转移到邻国,大力引进知识密集型企业。此后,政府在产业引导、人才战略、营造环境等方面超前引领,最终使新加坡成为东南亚的工业中心、贸易中心和金融中心,与中国台湾、中国香港、韩国并称为"亚洲四小龙"。进入21世纪后,面对全球化浪潮和周边国家的崛起,新加坡政府开始全面梳理自己的经济发展策略,启动了包括本土企业国际化等一系列超前引领措施,保持自己的领先地位。

在国内,佛山市顺德区的政府超前引领发展经验值得重视。顺德位于珠江三角洲的腹地,这里没有任何矿产资源,资源禀赋一般,也不靠海,区位优势不是非常明显。但就是这样一个地方,在改革开放30多年的发展中,却一直领跑中国的县域发展,是中国首个GDP突破千亿元的县域,曾经连续多年位居中国百强县的榜首。

引言　超前引领：基于中国经济发展的理论创新

为什么顺德能取得如此成就？很重要的一个原因是顺德历届政府的超前引领作用发挥得比较出色。在20世纪80年代初期，顺德政府提出"三个为主"（公有经济为主、工业为主、骨干企业为主），以此推进农村工业化。到20世纪90年代初，工农业的产值之比达到98∶2，基本实现了工业化。1992年后，顺德又以制度创新为先导，在全国率先进行产权改革，一下子解放了企业的生产力，一大批企业集团、一大批名牌产品成长起来。2005年，顺德又提出了"三三三"产业发展战略（一、二、三产业协调发展，每个产业中至少要重点扶持三个以上的支柱行业，每个行业中至少要重点扶持三个以上的龙头企业），以及工业化、城市化、国际化战略等，推动了顺德的又好又快发展。到2006年，顺德的GDP突破千亿元。顺德政府是实现从做"保姆"到做"向导"转型的成功典范。

除了顺德，广东其他的一些区域、江浙的很多区域，政府在区域经济发展中都发挥了非常好的作用。

20世纪伟大的经济学家约瑟夫·熊彼特说，所谓创新就是要"建立一种新的生产函数"，即"生产要素的重新组合"，就是要把一种从来没有的关于生产要素和生产条件的"新组合"引入到生产体系中去，以实现对生产要素和生产条件的"新组合"。熊彼特给我们揭示出，经济增长的真正根源是创新。同样，创新也推动了经济理论发展，只有创新，理论之树才能常青。

第1章 顺德新政：超前引领是最好的服务

第1章 顺德新政：超前引领是最好的服务

破解先发地区产业升级的难题

> 以提升区域综合竞争力和提高经济整体素质为核心，加快产业结构升级和调整，促进第一产业精细发展、第二产业提升发展、第三产业快速发展，实现三大产业协调发展。

先发地区，是指改革开放以来，利用政策、地缘优势快速发展起来的地区。在地域上，这些地区大多位于东南沿海；在经济上，这些地区是目前全国经济最发达的地区；在体制上，这些地区曾经领风气之先，是全国的学习榜样。进入21世纪以来，随着改革开放的深入，这些地区原有的优势在逐渐丧失：一方面，由于土地、能源等资源的限制，国际资本开始投向更加广阔的中西部地区；另一方面，这些地区在前20多年的发展中缺乏科学的产业规划，导致目前面临着产业升级的难题。如何破解这些难题，是先发地区共同面临的问题。

党的十六届三中全会提出了坚持以人为本，树立全面、协调、可持续的科学发展观，要求进一步转变经济增长方式，调整优化经济结构，实现速度和结构、质量、效益相统一。这为先发地区加快产业结构调整、提升区域综合竞争力指出了明确的方向。

近年来，佛山市顺德区积极贯彻落实科学发展观，在指导区域产业结构优化升级方面，做出了有益的探索。

产业升级的主攻方向：三大产业协调发展

顺德位于珠江三角洲腹地，是一个典型的先发地区。自20世纪80年代以来，顺德凭借地缘和政策等优势抢抓机遇，创造了一系列快速发展的奇迹。20世纪80年代，发展乡镇企业的"顺德模式"名噪一时，顺德与东莞、中山、南海并称为"广东四小虎"。进入20世纪90年代以来，顺德在全国率先进行以产权制度改革为突破口的综合改革,也曾引起轰动。从2000年开始,顺德连续四年稳居全国百强县(市)冠军宝座。

在过去20多年的发展中,顺德坚持工业立市的战略目标,完成了初级工业化,形成了以"两家"(家电、家具)"一花"(花卉)为主的产业结构,同时也完成了从农业到工业的产业变革和从农村到城市的社会变革。但在此过程中,一些问题也逐步凸显出来。多年来,在顺德的经济结构中,第二产业占60%以上,而在第二产业中,家电业又占了70%以上。单一的产业结构,造成主要的纳税大户、大企业全部集中在家电行业,大部分中小企业也是为这些企业配套生存。因此,一旦家电产业遇到风险,必将动摇整个地区的经济基础,引发严重的经济风险和社会问题。

2003年9月,党的十六届三中全会明确提出了科学发展观,强调以人为本,坚持"五个统筹",推进改革和发展。2004年,中央又提出了优化产业结构、增强自主创新能力的要求。在学习科学发展观的过程中,顺德区委、区政府开始从中观经济层面考虑产业结构调整的问题,把三大产业协调发展作为产业升级的主攻方向。此后,经过多方面的调查研究,在充分考虑顺德已有优势和国内国际产业发展方向的基础上,将以前的各种发展措施经过整合,并注入新的发展思路和内容,提升为系统科学的区域经济发展战略,并在此基础上借鉴发达国家"一个企业反馈出一个产业,一个产业反馈出一个产业链,进而影响一个地区乃至一个国家经济"的经验,提出了"三三三"产业发展战略。

"三三三"产业发展战略的核心内容是:以提升区域综合竞争力和提高经济整体素质为核心,加快产业结构升级和调整,促进第一产业精细发展、第二产业提升发展、第三产业快速发展,实现三大产业协调发展;在每个产业中,重点扶持三个以上的支柱行业;在三大产业的每个支柱行业中,重点扶持三家以上的龙头企业,形成传统支柱产业、新兴优势产业、高新技术产业"三业并举",超大型企业、大型企业和中小企业梯度发展,工业重镇、产业强镇、行业名镇优势互补的产业发展格局,增强经济发展后劲,降低经济发展风险,提升产业综合竞争力。

第1章 顺德新政：超前引领是最好的服务

经济发展实现良性快速增长

经过多年来的产业结构调整和"三三三"产业发展战略的全面实施，顺德在破解先发地区县域经济产业升级难题方面做出了有益探索。在坚持落实国家宏观调控政策的基础上，顺德连续多年保持了经济健康快速发展。从区域经济来看，通过国内国际两个市场并重，顺德仍然走在全国前列。从增长周期来看，顺德经济已从平稳增长期进入了新一轮的快速发展期。从产业分布情况来看，过去以第二产业为主，第二产业又以家电业为主的局面已经得到改变，呈现出三大产业协调发展、八大支柱产业同步发展、大中小企业梯度发展的局面。从企业来看，顺德企业已经从依托资源发展转向依托科技发展，从依托劳动力发展转向依托资本发展。从固定资产投资来看，企业技术改造投入的比重大幅增长，成为固定资产投入的主导力量，大大推动了产业的升级改造。从GDP构成来看，中小企业已成为拉动经济增长的主要动力，抗风险能力越来越强。

（原载2006年10月8日《南方日报》，时任佛山市委常委、常务副市长、顺德区委书记）

"三三三"产业发展战略

> 第一、第二和第三产业协调发展；在每个产业中，至少有三个支柱行业；在每个行业中，至少培育三个龙头企业，使行业链条壮大。

"三三三"产业发展战略是我2004年10月到顺德工作后提出来的。当时顺德的GDP在全国县域经济中遥遥领先，但经过改革开放30年的高速发展，顺德也面临一个新的"拐点"。应该说，顺德的问题是发展中的问题，是珠三角先发地区面临的一个普遍性问题，也是后发地区未来必须面对的问题。

在经济总量大好的情况下，我们进行经济总量背后的数据分析，发现了一个重要问题就是经济结构单一。当时顺德区第一产业只占GDP的3.8%，第三产业占35.2%，其余的61%来自第二产业。也就是说，顺德当时的经济总量主要靠工业，经济结构也以工业为主，而70%的工业总量又来自于家用电器和家用电子两大行业。同时，顺德也存在区域发展不平衡的问题，东部地区特别是与广州交接的镇街发展快，而西部地区则发展缓慢。

当今国际贸易摩擦愈演愈烈，各项技术和环保壁垒也在增加，倾销与反倾销争议激烈，贸易的风险增大。"鸡蛋放在了一个篮子里"，这种较为单一的产业比例，抗风险能力明显存在问题。一旦遭遇原材料价格波动，或国际贸易摩擦等问题，顺德的经济怎么办？所以我们就如何防范区域经济风险，一区域政府应如何培育当地的支柱行业、培养更多的产业集群、引领龙头企业做强做大等问题进行了一些思考。

我们结合顺德的实际，从经济安全、优化产业结构与自主开发核心技术的角度出发，提出了"三三三"产业发展战略。即第一、第二和第三产业协调发展；在每个产业中，至少有三个支柱行业；在每个行业中，又至少培育三个龙头企业，使行业链条壮大。

"三三三"产业发展战略是顺德在宏观经济层面所采取的根本性措施，是一个宏观的、总体的和系统的发展战略。应该说，这是一个既从经济理论出发，又结合国内外经验教训提出的优化产业结构、抵御经济结构风险的产业战略。

对此，一些专家认为我们的这一战略走在全国前列，是一种结合经济学原理和本地实践的理念创新和制度创新。

也有一些媒体评论，该战略是地方政府在中观经济学层面的重要创新，上承国家宏观经济战略，下推微观经济向前发展。这一战略背后蕴含着较强的宏观、中观、微观经济学原理，并且更加注重一个区域的发展战略层次，有效地结合了微观战术，使政策能够付诸实施。

第1章 顺德新政：超前引领是最好的服务

事实上，顺德在全国2 800多个县域中，经济多年率先发展。顺德政府在率先发展中，在以民营经济为主体的区域中进行的各种创新，包括在现行政策、法律和法规的范围内进行的意识创新和技术层面的组织创新、制度创新和技术创新等，应该代表了今后中国县域经济发展的一个方向。

从"摸着石头过河"到超前引领

> 当经济发展木已成舟，才进行亡羊补牢式的服务，会消耗大量的政府资源，降低政府的公共福利供给能力；而在经济规模日益膨胀的今天，政府要进行保姆式的事中服务，也是极不现实的。将事后和事中服务延伸到超前引领和超前服务，无疑事半功倍。

众所周知，在一定时期内，政府掌握的资源是有限的，如果政府在经济发展上投入过多资源，会导致公共福利供给的短缺。实践证明，政府对经济的过度干预极易导致政府规模的膨胀，引起一系列负面效应。政府想要在发展经济和提供公共福利方面做到平衡，需要高超的经济驾驭能力。

在全国县级区域中，顺德政府以最小的规模，产出了最多的GDP。在"三三三"产业发展战略从战略制定阶段进入战术实施阶段，将政府对经济的事中、事后干预和服务，延伸到了事前引领和事前服务，无疑体现了顺德政府更为高超的经济驾驭能力和执政智慧。

将事后和事中服务延伸到超前服务

当经济发展木已成舟，才进行亡羊补牢式的服务，会消耗大量的政府资源，降低政府的公共福利供给能力；而在经济规模日益膨胀的今天，政府要进行保姆式的事中服务，也是极不现实的。将事后和事中服务延伸到超前引领和超前服务，无疑事半功倍。

刚到顺德工作的时候，曾经有媒体记者问我：我国有不少专家学者认

超前引领：对中国区域经济发展的实践与思考

为,国家分税制划清了中央与各级地方政府的财权和事权,客观上导致了"地方政府公司主义"的滋生,即地方政府片面追求经济利益最大化,地方一把手相当于企业的董事长。

从我的思维角度和工作经历出发,我很不赞同这种提法。企业的目标是追求利润,而地方政府最直接的目标是为群众、为区域和社会的全面发展而努力。至于地方政府在地方经济发展中应该承担什么样的角色,的确在理论和实践上有不断演绎、延伸的过程。早期的经济学家认为政府不应该担任调控、干预经济的角色,应该用"无形的手"来促进经济发展,这是经济学鼻祖亚当·斯密的理论,这种理论在相当长时期内居于主导地位。

后来资本主义社会经历了许多次席卷全球的经济危机,尤其是20世纪30年代,国家逐渐感觉到有必要对经济发展进行一定的引导、调控甚至干预,从而克服经济自由化的弊端,避免出现类似的经济危机。提出这个理论的是经济学大师凯恩斯。

在政府应该扮演什么样的经济角色这个问题上,产生了"混合经济学"、"综合经济学",但这些学术观点都没有脱离两位大师的理论。到了20世纪90年代,不断有经济学家提出新观点,指出政府不仅可以借用市场经济的手段,对经济进行引导、调控和干预,还可以运用政府的权力和资源来超前引导、调控和干预经济发展。明确提出"超前干预",防患于未然,使经济发展过程少走弯路,我认为这是经济学的一大突破。

"超前干预",其思想火花到底起源于什么？我想,是从中国经济体制改革取得的伟大成就、从西方发达国家经济发展的成功经验和失败教训,以及二者的比较中总结出来的。以顺德过去的成功经验来说,政府根据市场的发展,超前引导、调控并促进经济发展,许多政策和措施,与经济学家的"超前调控"和"市场型政府"不谋而合。顺德改革了计划经济指令型的做法,以市场经济体制和企业的持续发展推动社会和谐建设,并且发挥了"超前引领"的作用。

因此,从理论上我也不赞同"地方政府公司主义"的提法。党中央也

第 1 章　顺德新政：超前引领是最好的服务

提出了"执政为民",明确界定了政府的目标是"为民",而不是追逐经济利益,发展经济只是为民谋利的一种手段。

那位记者还问到,董事长和书记都是长于战略管理的关键人物,这两个角色之间,有何相同及不同之处？

我认为,企业的目标是追求利润,因为有利润的企业才能发展;而对地方来说,只有地方经济发展了,才能为群众谋更好的福利。董事长和书记的相同之处在于,都要全力促进企业或区域经济的发展,都至少要抓好四个方面的工作：第一要抓战略制定和管理,第二要抓人事组织与管理,第三要抓资金组织与安排,第四要抓信息搜集与分析。

当然,企业管理虽然也涉及方方面面,但企业属于微观经济层面。政府促进经济发展,必须从宏观经济层面来决策和发展。有企业经验、有微观实践的人来做宏观层面的管理决策,当然有较好的基础;但如果不能上升到宏观经济层面的高度和广度来思考问题,思路就会不开阔,工作也难以打开局面。

探索政府、企业、社会三者的互动关系

以空间维度审视"三三三"产业发展战略,它既具有宽阔的国际视野,也积极响应了国家战略;以时间维度审视"三三三"产业发展战略,它既立足于区域现状,也是对既往战略的传承和创新。顺德制定"三三三"产业发展战略的国际和国内背景,主要是基于三个层面的思考与探索。

第一是基于顺德实际。我2004年年底来顺德工作,当时顺德GDP超过600亿元,其中第二产业占60%,在第二产业中,家用电器和家用电子又占70%,较为单一的产业结构积聚了相当的产业风险;顺德经济上去了,但城市建设与发展还相对滞后;顺德的各镇街经济发展不平衡,出现了东强西弱的现象。这就提出了顺德下一步该怎么走的问题。

第二是基于国家战略。2004年年底,中央召开经济工作会议,提出了优化产业结构、增强自主创新的要求。顺德作为一个基层区域,如何结合实际落实国家战略,是一个紧迫的问题,因为中央政府只能给我们指明大方向。

第三是基于发达国家的先进经验。我一直在思考，为什么美国、日本在经济上会如此强大？尤其是日本，经济总量却长期居于世界前三位。我利用到日本招商引资的机会，对日本的产业经济和区域经济做过考察。结果发现，在日本，一个企业反馈出一个行业，一个行业反馈出一个产业链条及其延伸对日本经济产生的影响。日本的每个产业，都有完善的产业链条，例如汽车行业，有一级、二级、三级配套商。丰田的一级配套商有200多家，二三级配套商加起来超过1000家，也就是说，组装一辆丰田车，需要1000多家企业共同运作。日本的每个行业中，至少有3—5家龙头企业形成产业链条的带头人在引领发展。仍以汽车行业为例，有丰田、日产、本田等领头企业。在日本的区域中，又有多个支柱行业，如汽车、电器等，在共同促进日本经济的繁荣。我去过不少发达国家进行考察，日本的经济和产业给我留下了深刻的印象。

因此说，"三三三"产业发展战略是立足于对顺德发展的思考，立足于对国家政策的把握并借鉴发达国家和地区的成功经验而酝酿形成的。

巧合的是，顺德的经济发展战略一直与"三"有关，在制定"三三三"产业发展战略时，也曾受到顺德既往战略的启示。

其实，我们用半年左右的时间梳理了顺德改革开放以后提出的各项经济政策。现在看来，有的政策已经不合时宜，有的政策精神内核还在，有的政策需要补充和完善新的内容，因此，从政策的延续性这个角度来看，"三三三"产业发展战略是在原有政策基础上的一种传承和开拓。

顺德经济从农业发展阶段转到工业发展阶段，再从计划经济转到市场经济的变革，再到今天与国际接轨、参与国际竞争的过程，政策引领都具有超前性。顺德在引领经济可持续发展的过程中，用自身实践不断探索、完善政府、企业、社会三者的互动关系。

至于"三三三"产业发展战略的出台，一开始我们并没有专门的概念。正是基于对上述三个层面的思考与探索，与当时顺德的周天明区长多次商讨，并向顺德前任领导、后任广东省人大常委会主任欧广源和后任广东省人大常委会副主任陈用志请教的过程中得到首肯，我们才最后明确地表述出"三三三"产业发展战略的全面内涵。

《道德经》曰:一生二,二生三,三生万物。我们希望顺德的事业能够得到顺利发展。

产业发展区域协调的战略制胜和根本方向

"三三三"产业发展战略,是推动顺德政府进一步深化改革和创新的体现。在顺德的"十一五规划"中,明确提出建设创新型、服务型、公共治理型政府。地方政府该如何自主创新?今后顺德还会进行哪些方面的创新?

我认为创新有两种类型。一种是与现有的政策、法律和法规不相符,跳出政策、法律和法规的约束,提出新的措施和方向。这种行为有时候也能被称为创新,当然,这对地方政府来说,既不许可,也不具可行性,容易造成违规和违纪。另一种是在现行的政策、法律和法规的范围内,进行技术层面的组织创新、制度创新和技术创新,当然,在这里首先还要有个意识创新。我们所思考的创新,主要是在这四个方面。因此,我们响应国家建设创新型区域的要求,结合顺德的实际,要在这些方面不断推进发展。

创新的意义十分重大,创新会提高政府、企业和社会的运行效率,会促进经济发展和社会和谐。顺德政府在率先发展中、在以民营经济为主体的区域中进行的创新,所提出的政策和所采取的措施,应该代表了今后中国县域经济发展的一个方向。

除了从政府创新方面看"三三三"产业发展战略,我们还可以从经济学的角度来看"三三三"产业发展战略。

这是一个优化产业结构、引领企业自主创新、克服区域产业风险的过程,与此过程相连接,顺德政府推出了一系列扶助、引领政策措施,有利于顺德产业结构优化升级、提高企业在国内外市场的竞争力,从而促进顺德走上科学、协调、可持续发展的道路。

可以说,理论来源于实践,实践先于理论,"三三三"产业发展战略理论是对实践的一种概括与升华。在经济发展过程中,实践是一个创造性的过程,是一个"摸着石头过河"的过程。实践产生了对理论的需求,理论如果能够反过来引领实践的发展,将具有重要的意义。从经济学的角度来说,真正的经济学是一门"致用"之学,致用之学崇尚简单有效,最简单的往往是最美好的。根据这个原则,我们没有提出更加复杂的经济学名词来替代"三三三"。而恰恰是这个简单、易传播的"三三三",里面蕴涵了许多产业经济学、区域经济学的内涵。

应该说,"三三三"的提出与其他区域提出的类似"三大措施"或者"八大步骤"是有本质区别的,它不仅是发展经济的一个战术性和技术性问题,而且是产业发展、区域协调的一个战略制胜和根本方向问题。"三三三"产业发展战略能够被民众、社会和企业所接受,说明它有着深厚的实践基础,并在实践中具有强大的生命力。

既要长于战略规划,也要长于战术实施

我一直认为,地方政府既要长于战略规划,也要长于战术实施,这样,好的战略才不至流于空谈。在战术实施时不仅要加大力度,而且要运用智慧创新性地执行。

那么,要将"三三三"战略层层推进,都有些什么样的战术和战役?

战略和战术一定要配套,如果缺乏战术,战略肯定流于空谈。政府为此制定了系列化的推进政策和具体措施。

当时的顺德制定了优化产业结构的目标:争取在2010年,三大产业的比例达到1.7:53.3:45左右,形成协调发展的格局。在第一产业方面,考虑到顺德土地资源日益稀缺,但顺德农业先行一步的优势条件,我们提倡发展外延农业,力争国家和广东省省委的支持,与台湾合作建设"粤台农业发展基地",做到"小地方,办大事"。在第二产业方面,结合国家自主创新战略和顺德实际,优化传统产业,重点发展具有潜力的高新技术产业,同时推进与之相配套的产品国家标准化等措施,以此引领民营企业做强做大。在第三产业方面,顺德不提倡就第三产业而发展第三产业,而是要大力发展与第一、第二产业相配套的物流业、会展业、商贸业和旅游业。例如顺德家用电器行业需要大量的钢材,上海宝钢和韩国浦项都来顺德建设钢

铁物流基地。在发展旅游业方面,顺德评出"新十景",开发"广州顺德一日游"、"港澳顺德三日游"等旅游路线,这些举措也会促进酒店业、餐饮业等行业的发展。

我们知道,党和国家制定的战略方针,在不少地方会流于口号。例如中央把自主创新作为国家战略,这是一个很好的方向,没有人不赞同。但如果基层在贯彻中没有切入点,执行不具体,方向战略就可能难以落到实处。"三三三"会不会同样遇到执行难的问题?

我认为,顺德对国家战略方针的实施具有很强的执行力。例如"科技进步、自主创新"战略,顺德就用创建著名品牌与驰名商标的多少,抢注产品专利权的多少,产品标准成为国家标准、国际标准的多少来量化,作为切入点进行衡量与检测,从而推动企业科技进步和自主创新的发展。

因此,对顺德各镇街、各部门、各企业落实推进"三三三"产业发展战略,我们有很强的信心。

如果要问"三三三"产业发展战略在什么时候会达到预期效果,我想,这是一个动态的过程。其实,顺德在2005年推进招商引资、产品标准化、联合国采购基地等战略,"三三三"的前期成果已经在当年年底有所展现。2004年,家用电器和家用电子在第二产业中约占70%,但到了2005年年底,这个比例已经下降到不足50%;其他行业,如机械装备、模具业及精细化工业和涂料业等,其比重已经开始得到提升。

五大配套机制实施"三三三"

联席会议机制,专项资金监管机制,重点扶持的龙头企业进入与退出机制,龙头企业跟踪服务机制,以及"三三三"产业发展战略宣传引导机制,共同促进产业集聚和扩大品牌效应。

"三三三"是顺德对当地产业发展和区域协调的一个战略思考。战略就一定要有相应的战术配套,为此,我们制定了一系列推进政策和具体措施。

为深化改革,配合"三三三"产业发展战略的需要,我们创新了五大配套机制。

第一,为有效整合和协调对不同产业、行业和企业的政策,顺德建立了"三三三"产业发展战略联席会议机制。各产业或行业发展专责小组、主管部门以及重点支柱行业协会等单位为成员,聘请有关专家,协调和解决战略实施过程中出现的重大问题。联席会议的召集人由区政府领导担任,设置办公室作为常设办事机构,联席会议定期召开,其日常工作和准备工作由区"三三三"产业发展战略联席会议办公室负责。

联席会议机制可以针对不同产业和行业的特点,制订优化和提升各支柱行业发展的具体规划方案,整合不同部门提出的各项优惠政策和措施,并在其他重点支柱行业或龙头企业及时推广实施,决定重点扶持的龙头企业名单。联席会议机制还可以协助企业进行市场需求分析,为人力资本、金融资本和技术交易平台等要素市场的建立创造便利条件,鼓励和引导公共服务机构发展,通过政府活动促进企业间各种交流与合作等。

第二,建立了"三三三"产业发展战略专项资金监管机制,以整合和协调现有的产业发展专项资金,实现资金的统筹、科学、合理、高效使用。其中,原有各行业发展专项资金在实施和操作上仍由原部门具体负责,并将具体扶持对象和实施措施报区"三三三"产业发展战略联席会议。由区"三三三"产业发展战略联席会议负责监督专项资金使用情况,对实施效果进行科学评估,并根据实施效益和区产业发展战略需要提出相关建议,向区政府提出专项报告,通过区政府科学统筹安排各专项资金,达到科学、合理分配和效益最大化,促进区"三三三"产业发展战略目标的实现。

第三,创新建立了重点扶持的龙头企业进入与退出机制。在"三三三"产业发展战略中,龙头企业对一个地区产业的带动和提升作用是非常显著的。重点扶持的龙头企业名单由主管部门根据行业特点分别制定选择标准和选择程序后,由各镇街进行推荐,由区"三三三"产业发展战略联

第Ⅰ章 顺德新政：超前引领是最好的服务

席会议决定。

选择龙头企业不但要考虑产值（或营业额）、税收、技术含量、研发投入、自主创新能力和规模（如营业面积、从业人数等），还要重点考虑产出密度（单位占地面积产值）、品牌、能耗和环保因素。

对龙头企业的重点扶持期暂定为三年，三年后根据企业发展情况和扶持效果对扶持对象进行调整增删。为鼓励竞争，激发企业快速发展、做大做强，在重点扶持期间如果有其他企业发展更加迅速，规模实力和行业带头作用已达到重点扶持龙头企业的水平，联席会议可以在考虑企业规模、效益、影响力、突出贡献、示范带头作用等因素的基础上，由各镇街推荐，依程序将其增补纳入"三三三"产业发展战略重点扶持的龙头企业名单，即时享受相关优惠扶持政策。原有龙头企业享受的优惠政策不变，直至重点扶持企业名单调整更新位置。对确实不能继续担负示范带头作用的重点扶持龙头企业，联席会议可按照一定程序进行调整。

建立重点扶持的龙头企业进入和退出机制，并引入竞争，这样可以增加企业积极性，激发企业发展动力。

第四，建立了"三三三"产业发展龙头企业跟踪服务机制，及时为企业解决发展问题。这种跟踪服务机制除了落实以往制定的"一企一策"的政策外，还将根据"三三三"产业发展战略的实际情况，建立各行业龙头企业情况的数据库和优惠政策表，清楚列明每个龙头企业所享受的政策扶持措施，以便龙头企业更明晰其权利和促进政策措施落实到位。行业主管部门还将对纳入"三三三"产业发展战略龙头企业的发展情况进行跟踪，每半年将政策扶持成效和存在的问题形成一次书面报告，提交给区"三三三"产业发展战略联席会议讨论和审议。联席会议根据行业发展状况和龙头企业发展情况，不定期举行行业龙头企业发展交流会，推广发展经验，研究发展成效和提出新的扶持政策措施。

第五，建立了"三三三"产业发展战略宣传引导机制，促进产业集聚和扩大品牌效应。行业主管部门和行业协会将不定期举办重点支柱行业发展论坛，邀请国内外专家、学者和行业领袖以及顺德区企业代表，共同讨论产业发展状况,预测行业发展趋势,达到掌握行业发展动态、把握宏观政策走向、开拓企业视野和发展空间的目的。各政府相关职能部门还可以通过网络、媒体、推介会、研讨会、展览会等各种形式,推广宣传顺德重点扶持的战略产业和龙头企业,鼓励和促进产业集聚,引导企业向产业链的上下游发展和增强产业链条各环节的联系,塑造优质企业品牌,进一步树立"顺德制造,中国骄傲"的品牌形象。

协调发展才是真正的发展

> 在自然科学中,"三角形稳定性"原理是一个普遍性原理,从某种程度来说,经济领域中三大产业协调发展,与"鸡蛋不放在一个篮子里"意义类似。

"三三三"产业发展战略是一个优化产业结构、引领企业自主创新、降低区域产业风险的过程,与此过程相联系,顺德政府推出了一系列扶助、引领政策措施,将有利于顺德产业结构优化升级、提高企业在国内外市场的竞争力,从而促进顺德走上科学、协调、可持续发展的道路。

在国内,曾有一种观点认为,一、二、三产业按比例协调发展不适宜省以下的行政区域,我个人觉得这种看法不妥。

在自然科学中,"三角形稳定性"原理是一个普遍性原理。从某种程度来说,经济领域中三大产业协调发展,与"鸡蛋不放在一个篮子里"意义类似。只不过三大产业协调发展,并不意味着各产业所占比例的数值绝对平均化。各地应结合自身实际,提出一、二、三产业协调发展的合理比例,这实际上也正是科学发展观所要求的内涵。

以顺德为例,我们要依靠科技兴农发展外延农业,将第一产业打造成精品产业;通过与第二产业衔接,配套发展第三产业,重点发展关系本地企业产品流通的物流业和关系本地产品采购的商贸业。即农业精细发展,工

第 1 章　顺德新政：超前引领是最好的服务

业提升发展，三产快速发展，三大产业实现协调发展。

三大产业要协调发展，每个产业中至少要重点扶持三个以上的支柱行业，每个行业中至少要重点扶持三个以上的规模龙头企业，才能有效避免风险，从而形成产业集群效应，促进区域稳定、协调、科学发展。

至于支柱行业的划定，有些支柱行业可能是传统产业，有些也可能是顺德的空白点。完全靠产值来确定支柱行业不一定科学，市级区域培养支柱行业，要考虑到各个区域产业互补提升的问题，难免与县域区域支柱行业有交错的地方。

在衡量标准上，顺德主要考虑的是国家、省、市的发展方向，同时与周边地区的产业互补。非传统产业或空白产业，代表我们的努力方向，应逐步引领其发展。

在农业发展方面，考虑到顺德土地资源日益稀缺，但顺德农业先行一步的优势条件，我们提倡发展外延农业，力争国家和广东省省委的支持，与台湾合作建设"粤台农业合作试验区"，做到"小地方，办大事"。

为推动顺德的第二产业提升发展，我们提出首先实施标准化战略，鼓励顺德企业参与制定国家标准，甚至国际标准，牢牢把握竞争主动权。首先是培育联合国采购基地。企业成为联合国采购产品供应商，可以促使企业逐步按照国际会计准则、国际技术准则参与国际竞争、占领国际市场。其次是推动企业上市。企业上市不完全是为了募集资金，还能够使企业按照现代企业制度来管理和发展，规范地做大做强。此外，顺德对龙头企业还实行"一企一策"，进行有针对性的扶持和政策倾斜。

至于第三产业的发展，当时顺德首推物流业。为此，我们重点加快基础设施配套建设，加快顺德与周边地区的交通连接；同时充分发挥顺德的区位优势，充分利用新白云机场、番禺新火车站和南沙深水港等物流硬件资源。另外还要注意软件配置问题，引进和培育龙头物流企业，如陈村国通农产品物流保税区的设立、惠而浦物流进驻北滘、宝供物流落户容桂等。

会展业是顺德的强项，家电、家具、机械装备、花卉等行业会展知名度高、优势明显，这需要我们对其进一步巩固。此外还有商贸业，沃尔玛、吉之岛、特易购、易初莲花等国际知名商业巨头都先后进入顺德,我们要看到这些商贸巨头背后的产品采购能力,它们在顺德销售的商品至少有70%—80%是从顺德本地企业采购的。而且顺德企业的产品一旦纳入其全球采购系统,还会通过它们的渠道到达全世界,一下就进入了快车道。这些大型零售企业虽然采购价低,但采购量大,我们的企业可以薄利多销。

旅游业也是顺德第三产业的重点扶持行业。顺德的旅游业有深厚的人文背景作支撑,顺德的状元文化、桑基鱼塘、水乡文化、美食文化等,都是发展旅游业的宝贵资源。为了弘扬本地文化,顺德进行了新十景的评选,鼓励和引导社会资本投资发展旅游业。

在做专做细农业、做强做大工业的同时,提高第三产业在GDP中的比重,是进行产业调整的重要任务。

除了数字比例的衡量标准,三大产业还存在彼此协作。例如,第三产业分为生产性服务业和非生产性服务业,在一个区域内,如果第二产业发展水平低,谈第三产业,就可能出现空心化。顺德发展第三产业,要先发展与第二产业相联系的生产性服务业,所以我们把物流业、会展业以及与之相连接的经贸业、商贸业作为生产性服务业来重点发展。而与第二产业相联系的科技、软件的研究开发这一领域还比较薄弱,所以也要把新兴产业、高科技产业的扶植与三产发展联系起来。

支柱行业和龙头企业双提升

> 没有龙头企业来引领,没有龙头企业来打国内和国际上的品牌,缺乏核心技术,这个行业就没有生命力。

以我在金融行业工作多年的经历来看,一个行业如果要在国内立住阵脚,在国际上能够参与竞争,一定要在国内做到前五名,甚至前三名。没有龙头企业来引领,没有龙头企业来打国内和国际上的品牌,缺乏核心技术,

第1章 顺德新政：超前引领是最好的服务

这个行业就没有生命力。这一点与提升区域内支柱行业和龙头企业的意义也是相同的。

为了扶持龙头企业，顺德首先要实施标准化发展战略。有这样两句经典之话，一句是"三流企业卖产品，二流企业卖技术，一流企业做品牌，超级企业做标准"；另一句是"一个专利影响一个企业，一个标准影响一个行业"。在全球化大生产的格局中，由于缺乏研发、品牌、核心技术和技术标准，我们的制造业处在全球生产价值链的中低端，产品国际竞争力偏弱，产业国际化发展步伐较慢。

就顺德而言，2005年中国名牌的评审结果显示，顺德新增8个品牌名列其中。顺德拥有中国名牌达到18个，列全国同级区域的第一位。在后品牌时代，我们要继续擦亮"顺德制造"这一金字招牌。但我们不能仅仅满足于"名牌战略"，而要向更高的"标准化战略"迈进，这样才能真正地实现与国际接轨，促进企业迈上一个新台阶。

实施标准化发展战略，对提升区域综合竞争力、抢占技术和管理制高点、促进企业掌握国际市场规则、参与国际市场竞争、接轨国际惯例具有重要意义，是促进龙头企业做大做强的有效措施，是提升"顺德制造，中国骄傲"国际市场竞争力的需要，也是发展民族工业的重要手段。

当时，顺德已有100多个产品标准成为国家标准，每年均有800多个企业产品标准进入国家标准备案库，参与国家标准制定。为此，顺德区委、区政府专门出台了关于实施标准化发展战略的意见，通过奖励政策，重点鼓励龙头企业积极参与起草和制定国家标准和行业标准，扶持和鼓励龙头企业的产品或服务率先达到或超过国家标准、国际标准和国外先进标准，积极争当行业领头羊，推动工农业由"顺德制造"向"顺德创造"转化，促进工农业龙头企业由制造产品走向制造标准。推动第三产业全面推行国家标准，龙头企业大力采用国际标准，基本实现与国际惯例接轨。

我们还希望将顺德打造成为联合国采购重点基地，出台了相应的奖励措施，引导顺德的企业通过申请成为联合国采购供应商。经过一段时间的努力,顺德的企业当时已有102家被联合国正式吸纳为采购供应商,这一数字占了当时整个中国作为联合国采购供应商企业数目的将近一半。

成为联合国采购基地,不仅需要顺德企业在管理上严格遵循国际惯例,在产品质量、技术运用上也要过硬,这么多的企业成为联合国采购供应商,这是对"顺德制造"的肯定,同时也是最好的宣传。

同时,顺德还大力推进龙头企业的上市步伐。上市对民营企业来说其意义不仅仅在于募集资金,还可以使民营企业拥有更多的核心技术,建立现代企业管理制度。国有企业提出要转制,其实民营企业同样需要转制。企业上市就是民营企业的转制过程,就是使企业由家族式、父子式的管理模式转变为现代企业模式,主动接受公众的监督,成为信息透明的公众企业。对此,顺德当时出台了许多相关政策,也成立了上市办,鼓励更多企业利用资本市场做强做大,促进企业低成本快速扩张。

除了以各种扶持政策引导促进龙头企业提升,顺德还加快发展支柱行业。顺德重点扶持家用电器和电子业、机械装备及模具制造业、精细化工业和家具业等支柱行业,在贯彻执行国家和广东省关于高新技术产业发展的税收优惠政策和金融扶持政策的同时,加快高新技术产业孵化基地、特色产业基地、华南家电研究院和公共技术创新平台的建设。

顺德还重点扶持物流业、商贸业、会展业、旅游业等支柱行业,以大力推进工业化、城市化为基础和依托,加强对第三产业的规划和政策引导,整合资源、深化改革、扩大开放,优化第三产业布局和结构,提高产业发展质量和效益,加快产业的市场化和国际化进程,不断挖掘开发、策划城市可经营项目,最大限度实现城市可经营项目投资多元化、社会化,逐步形成适应全区经济社会发展和人民群众生活需求的现代第三产业体系。

实施"三三三"是顺德产业发展的战略选择,通过实施"三三三"产业发展战略,顺德的产业基础更加牢固,产业结构更加科学、合理,企业发展更加稳健,整体经济的抗风险能力大大增强,整个区域进入良性发展的快车道。

第1章　顺德新政：超前引领是最好的服务

企业发展的"五阶段"

> 一是夯实基础，二是创造品牌，三是注册专利，四是制定标准，五是让他人为我做贴牌生产。

企业"五阶段"发展战略是中小企业成长的一般规律。它总结提炼了国内外中小企业成长的一般规律，对处于不同阶段的企业具有普遍指导意义。

对于一个区域来说，实施企业"五阶段"发展战略，有基于以下几个方面的考虑。

一是贯彻落实科学发展观，实现经济又好又快发展的需要。"五阶段"为中小企业发展谱出了"光明大道"，是政府超前引领服务的内容，提高企业发展速度和发展质量，是贯彻落实科学发展观、实现经济又好又快发展的需要。

二是改变一个区域企业发展现状的需要。"五阶段"是企业从低级发展水平到高级发展水平的提升过程，要求企业规模上做大，质量上提升，实现从创业到创新的转变。

三是政府超前引领企业、服务企业的需要。政府提供政策和措施，超前引领企业走向规范化运作，并与市场和国际经济接轨。

实施企业"五阶段"发展战略的内容主要分为五部分：

一是夯实基础。完善政策措施体系，针对企业"五阶段"发展的不同时期，为企业发展做出战略性引领和政策性导向；推进实施"中小企业成长工程"，建立和完善中小企业社会化服务体系，建立创业服务辅导机制，积极推进一个区域的社会信用体系建设。

二是创造品牌。实施名牌带动战略，出台相关扶持奖励措施，鼓励企业培育名牌产品，争创名牌企业；支持工业园区、专业镇、产业集群和特色产业基地创立区域品牌。对创名牌产品的企业要实行多方面的倾斜,使其享受相关优惠政策,并在产品开发、市场开拓、资源配置等方面予以必要的支持。

三是注册专利。注册专利主要是做好专利工作指导,建立企业专利工作机制,建立专利数据库,鼓励企业将技术成果转化为知识产权。特别是在一、二、三产业的支柱行业及其龙头企业中,全面开展专利工作,分类指导企业实施专利工作,鼓励有实力的企业以自主知识产权占领国内外市场,扶持其他企业提升知识产权创造、管理、保护和运用的能力,推动企业将技术成果转化为知识产权和将知识产权转化为技术成果。

四是制定标准。标准的制定是促进企业管理上台阶、质量上水平、产品上档次的体现。要鼓励和支持企业参与制定行业标准、国家标准和国际标准,以相关奖励办法促进建立和完善企业标准体系,扶持行业协会、技术服务机构提升服务水平,并在支柱行业和产业集群中,推行"联盟标准",统一技术门槛,建立公平公正的技术平台。同时,要拓宽企业参与标准化活动的渠道,争取更多的行业标准、国家标准甚至国际标准的出现。此外,还要建立贸易壁垒预警和快速反应系统,为企业发展保驾护航。

五是让他人为我做贴牌生产。让他人为我做贴牌生产,就要大力打造区域的制造品牌优势,引领企业走品牌国际化道路。因此要鼓励、支持和引导名牌企业经营品牌,用企业自有的技术、专利和标准,让他人为我做贴牌生产。要大力发展设计创意产业,推动"制造"向"创造"提升,争取在现代创意、电子产品、软件、精密机械、汽车零配件等方面的设计达到国内先进水平。

第1章 顺德新政：超前引领是最好的服务

工业化，顺德制造代表中国民族工业方向

> 顺德的企业走过了一个由仿造到改造，再到创造的过程。在这个过程中，顺德的企业家也由重视产品的数量与质量，到重视产品的专利和知识产权，并向标准的制定迈进。顺德产业、顺德制造，体现和代表了中国民族工业的方向。

顺德是制造改变的历史，百年以来，实业兴邦的意识坚定而清晰。在每一个历史关头，顺德人总能敏锐地捕捉市场先机，抓住最具价值的产业成就自己。因而，延绵百年的顺德制造不仅是一种制造，更是一种文化和精神，也自然能引起顺德方方面面的共鸣和认同。

顺德是制造成就的顺德

2005年，顺德推出了推介语——"顺德制造，中国骄傲"。我们知道，一个区域的推介，包含了形象的推介和品牌的推介。顺德选择的推介语，显然比较侧重品牌的推介。在品牌推介中，有的注重全面的综合推介，也有的注重某个典型特征的推介。这两者中，我们选择了最代表顺德经济社会文化典型特征的一种推介。这种典型特征就是推动顺德工业化、城市化、国际化发展的顺德制造。

选择顺德制造，应该说它既代表了顺德历史的延伸，又总结和肯定了顺德已经走过的自身民营企业、民族工业发展所取得成效的一个方面，同时也引领了顺德产业今后发展的方向和新的坐标体系。

我们知道，对于现代化的定义，普遍的说法是指"人类社会从工业革命以来所经历的一场急剧变革，以工业化为推动力，导致传统的农业社会向现代工业社会的大转变过程"。由此可以看出制造对于社会的推动。

回到顺德看，顺德是制造成就的顺德，每一段历史的辉煌都和制造业

的辉煌紧紧联系在一起。

有学者研究后认为,一百年前的广东首富县就是顺德,顺德在那时是首富,直接的原因就是顺德制造,即顺德机器缫丝工业的勃兴。在19世纪末期,顺德机器缫丝工厂发展至100家以上,拥有6万多产业工人,超过了当时上海和天津产业工人的总和,被经济史专家称为中国民族工业发展史上"十分值得注意的现象"。至20世纪第一次世界大战前后,随着国际市场丝价暴涨,顺德的蚕丝工业进入鼎盛时期。规模较大的机器缫丝厂超过200家,占全省总数的80%,缫丝工人多达20余万人,被誉为"南国丝都"。

改革开放后顺德的发展,一个最重要的目标就是工业化。一届又一届的地方领导班子围绕同一目标承前启后,继往开来,不走弯路。所以,无论是"广东四小虎",还是"全国县域经济百强县之首",工业化道路、顺德制造都功不可没。我们接下来要走的国际化道路,其动力也是顺德制造,是起点更高的顺德制造。

顺德精神是顺德最宝贵的资源

顺德制造的背后是顺德精神,顺德精神的核心是敢为人先、实业兴邦。来顺德工作后,给我印象最深刻的就是顺德的精神力量,顺德精神是顺德最宝贵的资源。精神的作用超越了所有层面,比如我们曾在防御特大洪水中取得全面胜利,靠的就是顺德精神。

顺德制造背后所依托的顺德精神有几个方面值得重视:一是敢为人先的奋进精神,市场变幻莫测,竞争残酷激烈,没有敢为人先的勇气,没有一心求发展的决心,就难以赢得发展的先机;二是脚踏实地的务实精神,这在顺德也非常明显,多少年来,顺德人都是做实业、求实效,自觉地把一些理念变成实际的效果;三是追求卓越的创新精神,无论是产业的转移和升级,还是具体产品的变革更新,顺德人都力求做到最好;四是和谐真诚的诚信精神,"内诚于心,外信于人",顺德的诚信对内表现出一种和谐团结的氛围,对外树立了一种可靠可信的形象。

第1章 顺德新政：超前引领是最好的服务

"中国骄傲"是顺德制造的理念

顺德的推介语中提出了"中国骄傲"，这方面我们又该如何来正确理解呢？我想，"中国骄傲"应包含两层意思：一是肯定，顺德制造是中国的骄傲；二是目标，顺德制造以中国骄傲为追求目标。

从历史来说，顺德制造是中国的骄傲，这个已在前面提到了；从现在来说，顺德形成了完备的工业体系，产生了这么多驰名商标和名牌产品，许多产品在国内外市场占有很大的市场份额，自然也是中国的骄傲。

但是，我们不能沉湎于历史，不能停步于现在的成绩，而应以"中国骄傲"为激励，对顺德制造提出更高要求。我想，"中国骄傲"应该是顺德制造的理念，我们的产品要做到最好，我们的市场要面向全球。在全球经济走向一体化、区域竞争越来越激烈的今天，顺德制造提出以中国骄傲为目标，是一种勇气，更是一种必然选择。

那么，我们又该如何理解这种必然选择呢？

我认为，这种选择实际上是选择中国民族工业的方向。对顺德来说，顺德的企业走过了一个由仿造到改造，再到创造的过程。在这个过程中，顺德的企业家也由重视产品的数量与质量，到重视产品的专利和知识产权，并向标准的制定迈进。到2005年，顺德已经有100多个产品的标准成为国家标准。还有180多个产品的标准是备选的国家标准，有个别产品的标准填补了国家空白，成为国际标准。这样，顺德的企业一方面通过资本市场来壮大实力，一方面借助于联合国采购基地的建设实现与国际接轨。同时，围绕顺德区委区政府将要推出的标准化发展战略，让产品不断向国家标准和国际标准的最高要求靠拢。顺德产业、顺德制造，真正体现和代表了中国民族工业的方向。

"顺德制造"靠自主创新提升竞争力

在目前和未来的阶段，顺德制造要成为中国骄傲，要代表中国民族工业的发展方向，一定要坚持走新型工业化道路，提高自主创新能力。胡锦

超前引领：对中国区域经济发展的实践与思考

涛总书记在美的考察时就强调，要把提高自主创新能力作为推进产业结构调整的一个重点，特别是要坚持先进技术的引进和消化、吸收、创新相结合，开发具有自主知识产权的核心技术和关键技术，增强企业的核心竞争力。不久前，时任广东省省委书记的张德江在佛山专题调研时也一针见血地指出，自主创新能力决定竞争力。所以，在当前激烈的国际竞争形势下，顺德制造面临的核心问题也是如何提高自主创新能力。

美国经济学家克鲁格曼认为，亚洲经济的飞速发展依靠的是汗水而非智慧。顺德制造要参与国际竞争，还面临着许多机遇和挑战。

从国际化视野来看，自有技术和品牌的缺乏严重制约了中国企业的国际竞争力，偏低的利润率使得企业对未来研发的投入不足，进一步制约了企业未来的竞争力。无论是"中国制造"还是"顺德制造"都正在遭遇各种挑战，到了必须转型的时刻。我认为这种转型就是如何从主要依靠外来技术的模式中实现突围，即从制造走向创造，实现自主创新，让顺德制造更有价值，更有竞争力。

一个区域也好，一个城市也好，其未来前景取决于经济发展。顺德目前正处于一个发展的关键时期，但若我们的工业化、城市化、国际化战略能顺利推进，五年再造一个经济顺德的目标就能实现，珠江西岸核心城市定会在这片土地上崛起。

（写于2005年8月，时任佛山市委常委、常务副市长、顺德区委书记）

城市化，顺德站在更高发展平台

一个城市有没有价值，不仅要看这个城市是否具有强大的经济实力，更重要的是要看这个城市能否提高市民的生活质量，以及为居住者提供更多的就业机会和发展机遇。

城市化是世界范围的大趋势。对于中国来说，21世纪是城市的世纪，

第 1 章　顺德新政：超前引领是最好的服务

有专家认为,未来的10—30年内,中国可能有过半的人口变成城市人。

这场变革带来了巨大的机遇和挑战,也使市场竞争从企业间竞争走向城市间竞争,使竞争优势从区位优势走向城市优势。

顺应这种潮流,顺德把城市化战略作为决胜未来的三大战略之一。在这个大背景下,顺德也站在了一个更高的发展平台。

城市化是顺德新一轮发展突破口

顺德的城市化是工业化发展的必然结果。产业的集聚带来人口和生产要素的集聚,由此形成城镇和城市。经过顺德历届班子和广大干部群众的不懈努力,顺德的城市化建设已取得很好的成绩,为顺德的发展打下了坚实的基础。

随着中国加入世界贸易组织,以及中央科学发展观的提出,顺德的发展面临着一系列新的机遇和挑战：一方面,顺德的产业结构需要调整和升级,以适应新的市场竞争；另一方面,顺德经济要面向未来、走向世界、提高国际竞争力,必须进一步扩大对外开放,提高对内对外开放水平,与国际大城市的服务功能、发展水平逐步接轨。解决这些问题和矛盾的突破口就是城市化。因为城市具有独特的集聚效应和规模效应,城市对于产业发展空间拓展,对于国内外优秀人才吸纳,对于国外产业转移接收,对于金融、保险、技术、人才、房地产等要素市场的培育,对于法律、会计、审计、评估、咨询等中介服务组织的发展,都具有不可替代的作用。

可以说,没有城市化的推进,顺德的工业化就没有载体,顺德的国际化也没有支撑。

定位为珠江西岸的核心城区

顺德的城市化道路该怎么走？这是顺德内外很多人所关心的问题。

我们首先要明确自己作为城市的地位。从珠三角城市规划来看,顺德是作为珠江西岸的核心城区来建设的。从佛山市城市规划来看,顺德也是作为百万人口的中心城区来建设的。透过这些规划定位,我们可以这样说:要以一个大城市的视野来建设顺德。

这个大城市该怎么建?我想有三个层次需要我们来理解。

第一,要建好中心城区。大城市要有核心区,这个核心区就是中心城区。顺德的中心城区,从行政区划上包含大良、容桂、伦教三个街道,从地理上我们将其归结为"一山、二路、三河",即顺峰山,105国道和碧桂路,大良河、桂畔河和德胜河。"一山、二路、三河"是顺德独有的城市景观资源,是天赐顺德的城市轴线。我们通过这些轴线,连接各个城市亮点,形成顺德的中心城区景观。目前,105国道和碧桂路正在按城市景观道路建设,顺峰山公园的建设正在推进并起到很好的带动效应,一河两岸的城市面貌已渐渐从"大良河、桂畔河时代"走向"德胜河时代"。

第二,要建好顺德的交通网络。顺德要成为大城市,必须要有一个覆盖整个顺德的路网。广东要把珠三角打造成世界级城镇群的战略目标,为顺德直接带来建设珠江西岸交通枢纽的机遇。广州新火车站的布局,广州西线高速、珠二环高速、广州城际轨道及佛山一环的建设,广州南沙港的美好前景等,都要求顺德必须推进内部的路网建设与之衔接,并借助这种历史机遇,提升交通路网档次,积累城市优势。目前,顺德正全力推进105、碧桂路、325等纵三条,三乐路、龙洲路、南国路等横三条,以及甘竹滩大桥、高赞大桥、新涌新桥等三座大桥的建设。

第三,要提升各镇街的路桥路网建设水平。城市核心区有了,大交通骨架形成了,各镇街与之对接就显得非常重要。如果顺德各镇街的路桥路网建设水平,能和百万人口的中心城区相匹配,能和顺德整个交通相衔接,那么,顺德真正意义上的大城市框架就出来了。顺德各镇街都要着手解决这个问题。

不仅是景观的改变,更重要的是城市及人口素质的提高

城市化的好处显而易见,城市对于企业意味着机遇、利益和市场,对于个人来说,意味着就业、方便和舒适。但城市化作为一个社会经济的发展过程,不仅是人口的集中和外观的改变,更是价值观和文化的变迁。

第1章　顺德新政：超前引领是最好的服务

对于顺德的城市发展，我常提出三句话：第一是要提高城市意识；第二是要强化城市行为；第三是要加强城市管理。在顺德所走的乡村城市化过程中，不仅要重视外在的景观改变，更要重视内在的城市及人口素质的提高。

城市的素质体现在城市的价值上。一个城市有没有价值，不仅要看这个城市是否具有强大的经济实力，更重要的是要看这个城市能否提高市民的生活质量，以及为居住者提供更多的就业机会和发展机遇。而城市素质的提升，就在于加强城市管理。城市管理是个大课题，不仅包含具体的城市规范和监督，也包含城市文化建设、制度创新和技术平台的建立。

而城市人口素质的提高在于提高城市意识和强化城市行为。顺德要建设大城市，我们每个人都要用观念、言行和生活方式来规范自己。

联合国环境规划署署长托普菲尔曾指出："城市的成功就是国家的成功。"同样，顺德的成功也在于城市的成功。

（写于2005年10月，时任佛山市委常委、常务副市长、顺德区委书记）

国际化，引领顺德超前发展新动力

> 顺德国际化的根本是企业的国际化，顺德要向更高的目标迈进，顺德的企业特别是本土企业和民营企业就必须向国际化的企业转变。

自加入WTO以来，中国经济正逐步融入世界经济的潮流中，尤其是入世后过渡期以来，合作与竞争更加凸显出国际化特征。在这种特殊的背景下，顺德早在2005年，就率先提出了国际化的发展方向，把"国际化"战略提升到了前所未有的高度。

顺德紧抓契机融入国际舞台

顺德要向"国际化"方向发展,主要基于两点考虑:一是中国进入入世的后过渡期后,将面对国际市场更为快速而复杂的变迁。在这种情况下,顺德迫切需要解决的一个问题是:如何继续加快发展、率先发展和科学可持续发展。二是顺德经过从农业经济走向工业经济,从计划经济走向社会主义市场经济的第一、第二个发展阶段后,如今又面临着第三个发展阶段,即从国内走向国际,不仅与国际接轨,同时还要参与国际竞争的阶段。顺德必须紧抓发展的契机,在国内和国际舞台上发展、壮大自己。

对一个国家、一个地区来说,最可怕的不是经济落后,而是思想意识落后。顺德在融入国际的过程中,首先会遇到思想意识、视野和目光的碰撞,因此,顺德的国际化首先要做到的就是目光和视野的国际化。以"国际惯例"为例,通常来说,一种习惯,被人们所认同,并形成了各个国家的人们所共同遵守的一个理念或规则的时候,这种理念和规则,就是国际惯例和国际规则。显然,国际惯例、国际规则并不都是外国创造的,中国人、顺德人、顺德的企业、顺德的政府,也一样能够创造。只要我们能把视野真正放到国际大舞台当中,审视自身的文化、城市建设、经济建设和发展水平,同时用国际视野和方向来建设顺德的经济、文化和城市,我们所创立的某些理念和规则,就能够处于国际发展的前沿,就能被其他的人群、企业、政府所认同,从而形成国际惯例和国际规则。

其次,顺德要走向国际化,行为、措施也要国际化。顺德的问题不是战略问题,而是战术的落实问题。顺德未来的发展要依靠"两条腿",一条是产业结构的调整、优化与提升,另一条是企业自主创新能力的提高。为此,2006年以来,顺德采取了很多富有创新意义,而且能直接引领顺德产业与国际接轨、参与国际竞争的措施,其中包含了产业集群发展、现代化的城市建设,以及围绕产业发展、城市建设、文化水平提高等方面的政策和措施,而最有代表性的莫过于"三三三"产业发展战略和标准化战略。

第1章　顺德新政：超前引领是最好的服务

国际化要"两条腿"走路

顺德国际化的根本是企业的国际化，顺德要向更高的目标迈进，顺德的企业特别是本土企业和民营企业就必须向国际化的企业转变。在国际化的进程中，顺德一直是"两条腿"走路，根据自己长期内源型发展模式的实际，开创性地采取了横向一体化的合资，通过引进国际资本和技术，促进民营企业国际化；同时，通过嵌入国际供应链、引导企业上市等多项举措推动企业升级和民营企业国际化。在"请进来"和"走出去"两方面不断寻求突破。

20世纪90年代，顺德"请进来"了松下电器，它生产的是家用电器、家用电子产品，这也正是顺德的最强项，但松下电器现在生产节能、环保型家用电器、家用电子产品的能力，顺德的民营企业还不具备。这对顺德来说是挑战，更是一种引领。如果顺德的家用电器、家用电子行业也能够向节能、环保的方向发展，顺德的产品就不仅能占有国内市场，也能占有国际市场。这种例子，在顺德改革开放的过程中不胜枚举。"请进来"促使顺德的企业不断走向自主创新。

顺德企业刚开始"走出去"的时候，大部分都是靠贴牌生产，但是，完全靠OEM、ODM走出去，靠贴牌生产，虽然在一定阶段可以提高国际市场的占有率，但是当占有率达到一定程度时，如果企业仍没有自身的品牌、专利或产品标准，就很难在国际市场上打响，很难在国际市场上做强做大。因此，企业要真正做强做大，最终还是要靠自主品牌、自主专利、自主的国家标准或国际标准。顺德科技进步、自主创新的切入点至少有三个方面：第一，著名品牌、著名商标的确立；第二，抢注专利权的成功；第三，产品作为国家标准、国际标准的衔接。

国际化是多层次全方位的

一个城市的国际化是多层次、综合性的，它包含了产业、城市、文化发展等多方面。经过30多年的发展，顺德开始在产业层面参与国际竞争与合作,并通过多项举措推动产业国际化。

在国际化的过程中,顺德一直注意处理好三个辩证关系:一是不仅要敢于向他人学习,也要敢于挑战他人;二是不仅要敢于仿造别人的产品、技术来壮大自己,也要敢于自主创新,引领自己的高端科学技术,参与国际竞争和发展;三是不仅要能够占领国内市场,而且要敢于大胆地进入国际市场。

顺德只要在目光、视野,以及行为、措施这两个方面的国际化和三个辩证关系的把握上,能够有效地向前推进,并主动融入国内与国际间的多层次、多方位的对接之中,顺德在国际化方面就能够继续走在中国的前列,能够真正在国内和国际舞台上,唱响经济、城市建设、文化提升和发展的国际化的凯歌。

(写于 2006 年 1 月,时任佛山市委常委、常务副市长、顺德区委书记)

第 2 章 智慧佛山：信息化与工业化、城镇化、国际化融合之道

第2章 智慧佛山：信息化与工业化、城镇化、国际化融合之道

四化融合，智慧佛山

> 把握后国际金融危机时期的重大格局变化，以及从工业社会向信息社会迈进的发展趋势，确立"四化融合，智慧佛山"的新目标，既是提升文化软实力的战略选择，也是转变经济发展方式、提升民生社会事业的现实需要。

在传承发展的新起点上，佛山要以新战略新目标引领佛山新发展，抢抓机遇，乘势而上，全力推动佛山工业化转型、城镇化加速、国际化提升，实现转变经济发展方式的新突破，沿着"四化融合，智慧佛山"的新道路开拓前进。

文化成为发展的重要力量

广东省最近出台了《广东省建设文化强省规划纲要》，对建设文化强省进行全面部署，体现了广东省建设文化强省的信心和决心。

智慧佛山，文化先行。一个地区或城市的竞争力与魅力，最终决定于文化软实力和人文精神的塑造。尤其是随着网络时代和信息技术的迅猛发展，文化与经济交融进一步深化，文化的经济功能明显增强，经济的文化含量不断提高，文化软实力日益成为衡量一个地区综合竞争力的重要标志。文化的发展不仅能够满足人民群众日益多样化、多层次、多方面的精神需求，而且文化产业作为战略性、先导性产业，不断开辟着经济发展的新途径、新空间。文化日益成为佛山推进经济社会发展的重要元素，成为推动产业转型、城市转型和环境再造的重要力量。

我们把握后国际金融危机时期的重大格局变化，以及从工业社会向信息社会迈进的发展趋势，确立"四化融合，智慧佛山"的新目标，既是提升文化软实力的战略选择，也是转变经济发展方式、提升民生社会事

业的现实需要。

"四化融合,智慧佛山"不仅要实现物的智能化,更要提升人的智慧和文化的穿透力,通过全社会文化素养的提升和现代人文精神的引领,彰显智慧城市的题中之意,不断扩大岭南文化名城的影响力和辐射力,让岭南文化在继承发展中再放异彩。

佛山是岭南文化的重要发祥地之一,历史文化底蕴深厚,我们有条件有能力也必须为建设文化强省发挥更大的作用,在推动岭南文化名城与智慧佛山融合发展中,担当广东文化强省建设的排头兵。

当前和今后一个时期,我们要全力推进岭南文化名城建设和文化产业发展规划的实施,围绕"四化融合,智慧佛山"的战略目标,以"传承文化遗产,壮大文化产业、改善文化民生"为主线,不断推进文化创新发展,大力提升文化软实力,推动佛山文化的发展与繁荣,把佛山建设成为"岭南文化重镇、创意经济集聚高地、现代产业服务中心、休闲娱乐魅力家园",以人的智慧和城市文化品位的提升,为智慧城市建设注入新的源泉和动力。

我们要把文化建设作为"四化融合,智慧佛山"的重要组成部分,围绕建设岭南文化名城,构建丰富多元的大城市文化形态,推动文化加快融入产业发展、融入市民生活,进一步创新文化发展的新路径。

适应新的发展阶段

当前世界经济已经进入后国际金融危机时代,世界各国正在积极调整经济政策,经济结构面临深度调整,科技创新孕育新的突破,物联网、绿色经济、低碳技术及其产业化已经成为世界各国争夺未来发展的战略制高点。

我国正处在只有调整经济结构才能促进持续发展的关键时期,单纯依靠资源投入、外延发展的粗放型发展方式,在能源、土地等资源制约日益突出和环境容量接近极限的情况下已经难以为继,必须在保持经济平稳较快发展的同时,坚定不移调结构,脚踏实地促转变。广东和佛山都面临深刻转型发展的艰巨任务,面对国内长三角率先转型、环渤海快速提升、中西部

第2章 智慧佛山：信息化与工业化、城镇化、国际化融合之道

迅速崛起的激烈竞争态势，不转不行，慢转也不行，只有加快经济转型、产业升级和体制机制创新，抢占新兴产业发展战略高地，才能在新一轮的发展中立于不败之地。

佛山经过改革开放30多年的先行一步，历经了从农业经济到工业经济、从内源型经济到内外源型经济、从产业低端到产业高端发展三个阶段，正处于工业化中期向后期或后工业化初期阶段转变的时期，呈现出加快转变经济发展方式，构建现代产业体系，广佛同城化，携领加速融入珠三角一体化，以农村居民收入倍增计划加速推进城乡一体化，进一步与国际接轨、参与国际竞争与提升国际化，抓改革促发展和更多惠及民生的发展趋势。这是我们立足当前、顺势而为、开拓未来的重要基础和指引方向。

落实"三着力一推进"是佛山今后三年推动"两转型一再造"的重点任务和主要路径，也是力促经济发展方式转变，夯实"四化融合，智慧佛山"基础的重大举措。"三着力"是着力转变经济发展方式，加快构建现代产业体系；着力实施农民收入倍增计划，加快城乡一体化发展；着力提升民生社会事业，加快建设和谐佛山。"一推进"是推进改革促发展。

转型阶段的战略新方向

新的起点要有新的战略和新的方向，我们肩负着规划未来、引领发展的重大使命。提出"四化融合，智慧佛山"的战略新方向，是立足于佛山正处在人均GDP超过一万美元、后工业化初期产业从低端向高端转型的发展阶段，以及工业化转型、城镇化加速、国际化提升的发展趋势，紧跟全球信息技术革命的步伐和国内外智慧城市发展的浪潮，结合佛山构建现代产业体系和抢占战略性新兴产业高地，结合珠三角一体化、广佛同城化和城乡一体化，结合民生社会事业的全面提升与和谐社会的加快构建而做出的立足当前、面向未来的总体战略创新，是基于佛山的发展特色和产业优势对智慧城市的内涵与路径的延伸和深化，也是贯穿佛山"十二五"时期乃至在新一轮转变经济发展方式进程中，推进"两转型一再造"的主攻方向和战略突破口。我们要力争经过三到五年的努力，通过以信息化带动工

化、以信息化提升城镇化、以信息化加快国际化,实现产业、城镇、国际化提升,基本形成"四化融合,智慧佛山"的雏形,使佛山成为宜居宜商宜发展的智慧城市和人民安居乐业的美好家园。

第一,以信息化带动工业化,提升产业综合竞争力。通过两条路径,实现信息化与工业化的进一步融合。一是大力培育发展与信息化相关联的新兴产业,集中力量重点发展光电、现代服务业、电动汽车等高信息技术含量的新兴产业,培育发展射频识别(RFID)、物联网、云计算、服务外包等前沿新兴产业,注意培植信息化与工业化融合过程中形成的新兴产业,打造信息制造业基地,加快培育新兴产业群。二是运用信息化手段促进传统产业转型升级,在传统产业各个领域各个环节广泛推广应用集成管理软件、三维设计、电子商务、物联网等信息化技术和手段,转变生产与服务形态和模式,提高产品智能化以及资源配置效率和效益,实现传统产业先进制造、现代服务。

第二,以信息化提升城镇化,增强城市发展竞争力。重点在两个领域进行突破:一是积极推进电信网、电视网、互联网的三网融合,形成一个无处不在的 U 佛山,为城市功能的提升和市民生活方式的转变提供信息网络和基础设施的支撑。二是加大信息技术在城市管理和社会发展领域的渗透和整合力度,把物联网等先进的信息技术与城市运行管理相结合,大力发展智能交通、智能环保、智能土地监控、智能治安、智能城管、智能教育、智能医疗、智能文化、智能商务、智能政务,实现各行各业智能化,并使之有机地结合起来,形成更高水平的智能化、更全面的互联互通、更有效的交换共享、更协作的关联应用,实现城市运营安全、高效、便捷、绿色、和谐的目标。

第三,以信息化加快国际化,提升佛山国际竞争力。通过微观和宏观的信息化与国际化的融合,为企业参与国际竞争、提升佛山国际化程度提供支持和服务。在微观层面,引导企业广泛应用企业资源计划(ERP)、产品数据管理(PDM)、客户关系管理(CRM)等国际现代企业管理手段,加快与国际接轨步伐;支持企业以物联网、互联网和射频识别(RFID)等信息技

第2章　智慧佛山：信息化与工业化、城镇化、国际化融合之道

术为依托，建立国际化的研发、生产、销售和服务体系，提高开拓国际市场的能力；大力发展第三方电子交易平台，为企业"走出去"发展国际化企业创造更好的条件。在宏观层面，加快建设集跨部门、跨行业、跨地区的"电子口岸"大通关信息平台，为进出口企业提供电子支付、物流配送、电子报关、电子报检等"一站式"通关服务，提升口岸竞争力；根据信息技术分析产业、行业在国内外市场的状况，帮助企业制定发展策略、占领先机，实现国际化发展；加强与港澳地区在服务外包、信息网络、旅游、物流与会展、口岸通关等方面的合作，共同打造区域发展新优势。

以知识转型推动发展转型

推进"四化融合，智慧佛山"，要从最基础、最关键的工作入手。

一是找准路径，选好项目。进一步完善和加快实施《"四化融合，智慧佛山"发展规划纲要》，以此引领全局工作的开展。要瞄准物联网、射频识别（RFID）等前沿先导产业，选好"种子"项目，引进若干"大树"企业，以大项目带动产业链的快速形成，尽快形成占领制高点的新兴产业群。

二是明确任务，落实责任。"四化融合，智慧佛山"涉及经济社会民生各个领域各个方面，各区、各部门、各单位要迅速行动起来，按照《"四化融合，智慧佛山"发展规划纲要》的总体部署和分工要求，结合各自职能和任务目标，制订发展计划，出台实施方案，明确部门和领导责任，迅速启动前期工作，寻找各自突破口，分阶段、按步骤推进实施，并从时间、资金、人力、资源、政策等各个方面给予充分保障，力求在短期内取得突破，将规划变成看得见的实实在在的项目和成果。

三是整合资源，形成体系。要打破目前信息资源、网络系统、技术体系等部门封闭运行的格局，推进信息基础设施、信息网络和应用平台的一体化、标准化建设，加快全市各区、各部门、各行业之间的信息资源和信息服务的整合，建设统一的信息公共平台，形成纵向一体、区域横向连通、关联服务有效衔接、覆盖全市的信息化服务体系，让管理更高效，让服务更完善，让生活更便捷。

超前引领：对中国区域经济发展的实践与思考

不论是落实"三着力一推进"，还是促进"四化融合，智慧佛山"，关键都在人。我们要以知识转型和人才高地引领工业化转型、城镇化加速、国际化提升。经济要转轨，社会要转型，干部要先转型。实现"四化融合，智慧佛山"，人才为先。要努力造就一支与城市战略相适应、与产业转型升级相匹配的创新型人才队伍，把佛山打造成为产业人才聚集区、国际人才新洼地、科技人才创业园，努力造就人才辈出、人尽其才的新局面。

（写于 2010 年 7 月）

工业化转轨，城市化加速，国际化提升

我们不仅要适应经济转轨、社会转型的趋势，更要驾驭这种趋势，推动佛山经济发展方式的转变取得率先突破。在佛山产业发展已经进入从低端向高端转型的重要阶段，走"四化融合"道路，打造"智慧佛山"，成为佛山应对国内外激烈竞争的必然选择。

经济社会要转型，干部要先转型。塑造一支善于学习、精于实干、勇于创新、务求高效的干部队伍，是佛山乘势而上、率先走出一条成功转型道路的重要保证。

佛山正处于"工业化转型、城市化加速、国际化提升"的关键时期，要求我们不仅要适应经济转轨、社会转型的趋势，更要驾驭这种趋势，推动佛山经济发展方式的转变取得率先突破。当前，佛山产业发展已经进入从低端向高端转型的重要阶段，走"四化融合"道路，打造"智慧佛山"，成为佛山应对国内外激烈竞争的必然选择。

第2章 智慧佛山：信息化与工业化、城镇化、国际化融合之道

用人导向上体现知识转型、能力提升要求

面对当今信息化、工业化、城市化、国际化的飞速发展，转变经济发展方式刻不容缓。不转，佛山将会逐步被边缘化；慢转，就会在珠三角一体化发展中错失先机；乱转，就会迷失前进方向。我们既要在"要不要转"的问题上达成共识，更要在"会不会转"的问题上下工夫。加快干部知识转型，推动干部知识结构从单一型向复合型、从经验型向创新型、从传统型向现代型转变，决定着我们的干部在转变经济发展方式这场硬仗中能否有所作为。

突出学习的重点。结合产业转型、城市转型和环境再造，围绕"四化融合，智慧佛山"的目标，就加快推进佛山构建现代产业体系、统筹城乡一体化发展、提升民生社会事业、推进改革创新等涉及全局的重大战略问题，重点加强对战略性新兴产业、信息化与工业化、城市化、国际化相融合的相关知识的学习，使全市广大干部对"四化融合，智慧佛山"的具体路径和最终落脚点有一个清晰的认识和把握，更好地引领经济发展方式的转变、城市管理方式的转变、社会生活方式的转变。

创新学习的方式。通过开展大规模的干部培训，加强和改进各级领导班子理论的学习，选派干部到国内外培训，加强个人自学和互联网上的学习等多种形式，引导全市干部广泛开展读书活动。领导干部要带头学深一点，学透一点，才会在实际工作中，不说外行话，不办外行事，在瞬息万变中抢抓到新的机遇，引领产业和科技的发展潮流。

重视学习的成效。检验学习的效果，要看是否开阔了思路，提高了能力，解决了问题，推动了工作。要把学习的成果放到实践中去检验、去评判，对干部学以致用的情况进行考察，把"会不会转"的工作实绩作为选拔使用干部的依据，让善于学习、敢于创新、实干有为的干部上，让墨守成规、不思进取、一味守摊的干部让，让不学无术、只说不干、敷衍了事的干部下，从用人导向上体现知识转型、能力提升的新要求。

超前引领：对中国区域经济发展的实践与思考

从实际出发，创新思路，找出正确路径

"天下大事必作于细，古今事业皆成于实"。转变经济发展方式，关键要从佛山实际出发，创新转型思路，找出正确的转轨路径。这种转变不能只局限在经济发展上，还要体现在城市的提升上、文化的发展上、社会的管理上以及民生社会事业的促进上。通过以信息化带动工业化，提高产业综合竞争力；以信息化提升城市化，增强城市发展竞争力；以信息化加快国际化，提高经济发展国际竞争力，把佛山建设成为新兴产业发达、社会管理睿智、市民生活智能和环境优美和谐的智慧城市。全面落实"三着力一推进"，是我们当前真抓实干、实现"四化融合，智慧佛山"的重中之重。

着力转变经济发展方式，加快构建现代产业体系。加快发展现代服务业，尤其是与制造业相联系的现代服务业和外包服务业，将服务业产业链条不断延伸。以先进制造业为主体不断引领传统产业升级。大力培植战略性新兴产业，重点主攻光电产业、新材料和现代服务业，力争到2012年这三大新兴产业规模均超过1 000亿元；重点培育新医药、环保、电动汽车产业。以自主创新引领民营经济的新发展。

着力实施农村居民收入倍增计划，加快城乡一体化发展。通过实施农村居民收入倍增计划、城市公共服务覆盖农村、城市基础设施向农村延伸三个路径，加速推进城乡一体化进程。通过加快旧村居改造，推广高科技农产品，提高农业产业化水平，在农村居民收入倍增计划上实现新突破。通过大力发展基础教育、公共医疗、社会保障等基本公共服务，在推进城乡公共服务均等化上实现新突破。通过加快农村公共基础设施建设，搞好农村生活环境和生态环境建设，在城市基础设施向农村延伸上实现新突破。

着力提升民生社会事业，加快和谐佛山建设。各级政府要拿出更多的财力支持民生建设和促进社会事业发展，解决好突出的民生问题。全面加强平安佛山建设，改善社会治安，确保一方平安。全力推进环境再造工作，力争水环境、大气环境和生态环境有一个明显的改善，推动国家生态文明

第2章 智慧佛山：信息化与工业化、城镇化、国际化融合之道

示范城市建设。加快公共交通运输体系建设，方便市民快捷出行和道路交通安全。强化食品、药品市场监管，保障人民群众的生命和健康安全。积极推进广佛同城化各项惠民合作项目的落实，为市民提供更好的生活和发展环境。

推进以改革促发展，力争在广东省率先构建起有利于加快转变经济发展方式的新体制新机制。以深化行政管理体制改革为重点，推动经济社会各领域配套改革的不断深入。五个区的大部制改革要在2010年6月底完成，全市33个镇街全面推进简政强镇事权改革要在2010年9月底前完成，事业单位分类改革要在2010年年底完成。通过改革，进一步转变政府职能，建设服务型政府，提高政府的执行力。

思维方式决定发展路径

改革开放32年佛山取得的辉煌，靠的是解放思想、敢为人先、勇于改革的精神。加快经济发展方式转变，作为经济领域的一场深刻变革，更需要佛山的干部增强改革的意识，先行先试，率先突破。

思维方式决定发展路径。有什么样的思维方式，就有什么样的发展方式和发展路径。我们要自觉地从传统的思维定势和发展模式的桎梏中解放出来，加快确立现代思维方式。

第一要按照科学发展观的要求，在处理转型发展的问题上做到统筹兼顾、协调发展。第二要遵循市场经济的规律，运用市场的办法，更好地发挥市场配置资源的基础作用。第三要善于用世界的眼光、战略的思维来谋划未来，以发展战略性新兴产业、现代服务业和先进制造业的理念引领新一轮发展，抢占产业发展高地，构筑新兴产业人才基地，作转变经济发展方式、构建现代产业体系的领跑者。第四要发扬敢为人先的改革精神，在转变经济发展方式中大胆探索，先行先试，创造性地开展工作。第五要善于反思和总结经验教训，打好转变经济发展方式的每一场战役，继续领跑珠三角，领跑广东。

提高统筹力,增强执行力,强化监督力

贯彻落实科学发展观,根本办法是统筹兼顾。各级领导干部要适应后国际金融危机时期的复杂局面,以及信息化、工业化、城市化、国际化迅猛发展的势头,及时转变领导方式,提高处理转型发展全局的统筹协调能力。通过完善重大事项集体决策、社会公示与听证、决策咨询评估等制度,使我们的各项工作都能把握大方向,各项决策都能符合大趋势,各项措施都能扎实有效,在促进城乡的统筹协调发展、经济社会的统筹协调发展、区域的统筹协调发展、人与自然的统筹协调发展上,都有新的能力、新的突破、新的作为。

正确的路径确定以后,干部的执行力就是决定性的因素。我们不仅要有发现问题的能力,还要有解决问题的能力,想得到更要做得到。干部执行力的强弱取决于个人能力和工作态度。能力是基础,态度是关键。提升干部执行力,既要通过加强学习、实践锻炼来提高自身修养和工作能力,也要通过转变作风、端正态度来增强责任意识和服务水平,以集体的智慧、团队的精神、一丝不苟的态度和铁的纪律,确保每一个目标、每一个任务圆满完成。

建立决策权、执行权、监督权既相互制约又相互协调的运行机制,离不开监督这一重要环节。决策是否科学,执行是否到位,都要通过强化监督力来推动。因此,我们要建立落实"三着力一推进"的监督机制,成立以纪检、监察为主导的监督专责组,制定问责办法,对构建现代产业体系、统筹城乡发展、提升民生社会事业等各项重大决策、重点工程、重要事项的落实情况,进行全程的检查督促,对工作不力的部门及相关领导进行问责,确保我们决策科学、执行有力、服务高效。

(原载 2010 年 6 月 9 日《佛山日报》)

第 2 章　智慧佛山：信息化与工业化、城镇化、国际化融合之道

智慧佛山，文化先行

> 以文化的价值引领文化形象，提升文化魅力之城；以文化的创作创新创造，提升文化创意之城；以文化的智能服务，提升文化民生之城。

一个企业、区域乃至国家真正的竞争力是文化的竞争力，而一个人、一个企业家、一个区域、一个国家能够留给社会和历史的，就是精神文化产物。佛山要走向繁荣和智慧，既需要强大的经济力，也需要强大的文化力。尤其是在落实科学发展观、加快经济发展方式转变、推进"四化融合，智慧佛山"建设的新时期，更需要文化先行，超前引领，用大视野制定大规划，用大智慧构筑大工程，用大举措弘扬大文化，推动经济发展、文化繁荣和社会和谐。

以文"化"人，增强城市文化智慧力量

文化是经济社会发展的动力和灵魂。无论是顺应文化引领经济社会转型，还是实现文化繁荣以满足广大群众的精神文化需求，都要求文化先行发展。

改革开放 30 年，佛山人依靠"解放思想、实事求是"和"敢为天下先"的时代文化精神的引领，在改革开放中先走一步，造就了南海"五个轮子一起转"、顺德"三个为主"、"贷款建桥、收费还贷"、"靓女先嫁"等先进经验和先行示范，成为我国改革开放的先行区之一，创造了经济社会发展的辉煌成就，为文化发展注入了新的内涵和活力，推动了佛山从农到工、从内源型到内外源型、从产业低端到产业高端的转型发展。目前佛山人均 GDP 已突破 1 万美元，按照工业化进程阶段理论，佛山已进入后工业化初期。工业化转型、城市化加速、国际化提升是这个阶段最主要的时代特征

和发展趋势。

与经济社会转型相对应的是,文化的先导作用决定了我们必须通过创新思维,以时代人文精神和科学发展理念引领发展方式转变,这种社会转型时期的文化先行比以往任何时候都显得更为迫切。而且,随着人民群众物质生活水平的不断提高,文化需求和文化消费也呈现出多样化、多层次、快速增长的趋势。

而与这种趋势相对应的是,佛山文化发展与打造"智慧佛山"的要求还存在明显不适应。一是劳动者综合素质还不适应。佛山市劳动力大军由农业人口转为产业工人的居多,难以适应产业转型升级必备的科技文化素质的需要。二是城市文化品位不适应。突出表现在城市建设缺乏现代化城市和岭南水乡的特色和魅力,城市文化品位不够高,文化精品不多,文化影响力有限,离宜居城市还有一定距离。三是公共文化服务不适应。公共文化设施功能不够完善,服务内容和形式与群众的文化需求之间存在差距,公共文化产品供给不足。四是文化产业发展不适应。全市文化产业增加值约占生产总值比重的5%,还没有形成产业集群,文化创意人才缺乏,文化对其他产业的渗透、服务和支撑能力与产业转型升级的要求还有较大差距。

如果不克服缺乏整体策划、超前引领和战略部署的毛病,佛山的文化发展只能沦为空谈。

文化先行是发挥文化以教开智、以文"化"人的功能作用,增强城市文化智慧力量的需要。

文化的核心是引领价值取向和思维方式,通过文化的教化功能和先导作用,培育社会价值观,提高民众综合素质,转变思维发展方式,增强社会创造活力,改变仅靠汗水、勤奋换取财富的方式,以智慧赢得未来。

我们要看到,21世纪的发展,不再是用传统的思维来引领,不能只看到硬件的、有形的方面,还要注意到软件的、无形的方面,否则我们的发展只是在原有的基础上向前滚动,很难跃上一个新的平台。佛山发展到今天这个阶段,资本、标准、专利、软件、思维等看不见的、无形的生产要素已经

第 2 章 智慧佛山：信息化与工业化、城镇化、国际化融合之道

逐步成为推动生产力发展的重要工具。没有文化先行，这些都不可能实现。

文化是建设"智慧佛山"的重要力量

一个城市的形象和品牌是由它的环境、资源、文化、历史、经济、人文构成和决定的。

佛山是岭南文化发祥地之一，肇迹于晋，得名于唐，明清时期，就是中国的"四大名镇"、"四大聚"，是全国闻名的陶艺之乡、粤剧之乡、武术之乡，有着悠久的历史和人文基础、深厚的工商文化基础、优越的自然环境基础和企业品牌支撑，现在很多人通过香港电影中的黄飞鸿、叶问，知道佛山，了解佛山。

早在新中国成立前，一批又一批佛山乡亲下南洋、闯天下，凭着智慧和胆识，才有了今天180万同胞立足海外，诞生许多成功创业的传奇。同样，佛山在改革开放中秉承岭南文化传统的精神，敢闯敢试，在全国创造出一个又一个奇迹，使佛山古城焕发出勃勃生机与活力。这充分体现了佛山文化传承的活力和佛山人的大智慧，不仅代表着佛山的过去、现在，而且彰显着佛山的文化魅力和个性特色，引领佛山发展的未来。

2010年年中，佛山宣传文化部门请了清华大学"佛山城市形象与传播规划课题组"开展佛山城市形象策划，做了一个佛山知名度的民间问卷调查，选择知名度高和较高的加起来不到50%。这说明佛山城市形象的宣传推介工作力度还不够，群众对佛山的认知度还有很大的提升空间。比如，大家都认为佛山功夫很好，但这个名片如何用好？大家都知道叶问、李小龙、黄飞鸿，但这三位武术名家更多的是外来力量在推动宣传。目前，佛山的对外宣传还处于一种"自然"状态，而不是有战略有部署地向外推介。既然山东人有"闯关东"，山西人有"走西口"，佛山人为何不能有"下南洋"？既然有《广东九章》、《经典广东》等书籍，为何不能有《佛山九章》宣传介绍佛山？

"认知大于事实"，这说明单是有文化底蕴的传承和发展还不够，还要

善于把传统文化与现代文化对接起来,运用文化的手段去包装、去宣传、去推介,从而塑造出更具吸引力、更易被外界认可的城市形象。

文化是城市软实力的核心。随着文化与经济日益交融,文化的经济功能明显增强,经济的文化含量不断提高,文化在综合实力竞争中的地位和作用越来越突出,文化事业和文化产业发展,对于开辟经济发展的新途径、新空间,扩大消费,增加就业,构建新的文化形态,满足人民群众文化需求,实现可持续发展,都产生了重大的推动作用。

我们要充分利用佛山文化优势,结合时代发展要求,通过文化先行,进一步挖掘佛山文化的内涵、精华和特点,使文化发展成为构建现代产业体系、提升市民生活水平、加快"智慧佛山"建设的重要力量。

文化魅力之城、文化创意之城、文化民生之城

在认识了文化先行在"智慧佛山"建设进程中的重要意义之后,我们进一步明确文化先行的发展路径。那就是以文化的价值引领文化形象,提升文化魅力之城;以文化的创作创新创造,提升文化创意之城;以文化的智能服务,提升文化民生之城。

我们希望通过三到五年的努力,基本建立起适应"四化融合、智慧佛山"战略要求的文化发展格局,使佛山成为文化氛围浓郁、城市形象鲜明、文化发展主要指标广东省内先进、文化综合实力居广东省前列的"文化魅力之城、文化创意之城、文化民生之城",当好广东文化强省建设的排头兵。

佛山的文化先行,主要是从以下五个方面着力。

提升城市人文精神 重视智慧文化发展,着力在提高全民文化素养,促进人的全面发展上下工夫,让人民群众真正受惠于文化。同时加强主流价值观的引领,培育和弘扬新时期佛山人文精神,以文化民生引领文化发展提升。加强主流价值观的引领,就要真正把城市、社会、国家核心价值体现社会生活中,内化社会群体意识。

佛山"肇迹于晋、得名于唐",西樵山曾并存许多教派,这个其他地方难以找到的特点,与佛山整个经济发展、历史发展有关系,和佛山的通济和

第2章 智慧佛山：信息化与工业化、城镇化、国际化融合之道

谐也有很大关系。所以我们要在全社会确立起以和谐为取向的社会文化氛围，形成积极、健康、包容的社会心态和人文环境，促进社会的和谐发展和经济不断增长。

佛山的文化民生，要体现在智能教育包括中小学等智能学校，体现在智能文化包括智能图书馆，体现在智能医疗包括智能医院等方面。以文化民生引领文化事业发展的观念，是我们要求佛山各级党委、政府都需要牢固树立的意识。

塑造城市形象和城市品牌 文化底蕴和文化形象是构成城市形象、城市品位的核心。我们要充分发挥文化建设在提升城市形象、打造城市品牌方面的作用，提升传播佛山形象。

我们重视用文化先行的手段推动佛山城市形象的塑造和传播。加紧实施佛山城市形象塑造提升工程，突出城市个性和特色，在海内外不断扩大佛山知名度和影响力。

在城市规划建设上，我们努力注入更多岭南文化的元素。在规划上重视培育大城市文化形态和文化观念，同时在城市建筑风格上，融入更多岭南文化元素，高起点、全方位营造城市岭南文化景观。注重城市文化形象与城市功能、城市环境有机统一，在城市建筑、雕塑、广场、旅游景点、绿化以及广告、街名、店名等彰显岭南文化神韵，充分体现国家历史文化名城的深厚人文底蕴和艺术氛围。

以文化资源的整合打造特色文化品牌。继承和弘扬佛山历史遗产和优秀传统，依托丰富的陶瓷、民俗、粤剧、武术、醒狮、龙舟及历史名人等文化资源，创作一批具有时代特点、中国特色、佛山特征和较高水准的现代文化产品和优秀影视作品，比如打造像"走西口"、"闯关东"一样有影响力的"下南洋"。

加快文化"走出去"步伐，加强岭南文化与世界各地文化的交流与合作，不断扩大岭南文化的国际影响力，使佛山这个岭南历史文化名城在传承文化传统、融合现代文明当中焕发出更加灿烂夺目的光芒。

推进城乡文化一体化发展 我们按照城乡统筹发展的要求，力促公共

文化资源均衡配置,缩小城乡、区域文化发展差距,提升文化服务智能化水平,促进城乡文化一体化发展。

以基层文化设施全覆盖为目标,构建城乡"文化圈"。以数字化、网络化手段提升公共文化服务覆盖面,丰富文化服务内容,促进基本公共文化服务均等化,完善城市"十分钟文化圈"和农村"十里文化圈"建设。

推动公共文化服务面向群众,深入基层,共享文化发展成果。

运用信息技术提高文化创新能力,打造智能文化。加快文化与信息技术、互联网的对接,孵化新的文化生产方式,培植新的文化业态。通过实施智能文化工程,推进数字图书馆、数字祖庙、数字博物馆、"智慧驿站"等建设,开发地方特色数字文化资源,打造公共文化信息智能化服务平台,实现文化信息资源共建共享。我们搞智慧文化,就应该以信息化为手段,创新文化生产方式,开发出更多"智慧佛山"文化新品种。

推进产业转型升级　文化要和产业结合,必须把文化融进产业发展之中,融进社会进步之中,融进人民群众的喜闻乐见之中,这种文化才具有生命力,佛山的文化产业才能真正做大做强。

把文化产业打造成现代服务业的支柱产业。与此同时,促进文化创意与制造业的融合,提升传统产业的文化附加值。传统产品注入先进的文化和科技内容,能带来更丰厚的收益和回报。要以提高原创能力为目标,着力提升工业设计、工艺美术、服装设计、广告设计等创意产业的研发、生产和营销能力,通过文化创意给陶瓷、家具、家电、印刷复制、纺织服装等传统制造业的转型升级提供文化滋养和智力支持,为传统产品注入文化生命力和新的竞争力。如东鹏陶瓷与著名陶艺大师合作,将传统艺术精华和现代制陶工艺技术结合,开发陶艺壁画,大幅度提高了产品的文化含量和附加值。原来普通瓷砖每块6元,加上剪纸等各种文化元素之后,可以卖到每块480元,升值80倍。

加快文化资源与文化产业的对接,促进文化产业化发展。佛山的文化底蕴深厚,关键是怎么挖掘。如果我们不去挖掘弘扬,这些底蕴就只会成为沉淀的历史。要将佛山民间艺术瑰宝插上科技和金融的"翅膀",嫁接新的发展方式,让其产生组合拳的效果,焕发青春活力。充分挖掘整合岭南风貌建筑群和民间传统文化的产业价值和市场潜力,开发文化旅游基地和一批独具佛山特色的文化资源,将其打造成为著名品牌,提高产业化水平。

积极培育文化消费市场,扩大居民文化消费,也是我们着力的方向。

以文化改革激发全社会创造活力 社会创造活力,源自于文化改革和文化生产力的发展。要顺应时代发展要求,激发社会创造动力,着力构建充满活力、富有效率、更加开放、有利于科学发展的改革文化氛围。

我们重视完善文化体制机制改革,进一步激发文化事业的发展活力和可持续发展能力。完善现代文化市场体系和文化产业发展环境。着力构建文化人才高地,创新人才引进和激励机制,通过设置"特聘专家"、"管理顾问"以及名人工作室、创作研究机构等职位或机构,筑巢引凤,面向海内外引进高层次文化人才,形成文化创作人才、经营人才、创意人才团队。通过营造培育文化大师的良好环境,把佛山建设成为适宜著名学者、文化名人和各类文化精英生活、创作、发展的城市。

(写于 2010 年 10 月)

转变经济发展方式的"佛山之路"

实施"双转移"、"腾笼换鸟"战略,引进大项目、促进产业升级,实施科技进步、自主创新战略,利用金融手段建设产业高地,实施"四化融合,智慧佛山"战略。这五种转变经济发展的主要方式,促进了佛山可持续的科学发展。

佛山市面积 3 800 平方公里、常住人口 599.68 万,2009 年 GDP 近 5 000 亿元,居全国大中城市第 11 位,人均 GDP 超 1.1 万美元,产业发展进入工业化后期和后工业化初期,在呈现工业化转型、城市化加速、国际化提升的新形势下,加快转变经济发展方式显得更为紧迫。经过深入调研和先行先试的探索,现阶段佛山在转变经济发展方式中,主要有以下五种路径。

路径一:实施"双转移"、"腾笼换鸟"战略

佛山积极实施广东省委、省政府的"双转移"战略,通过实施"三个一批",引领产业加快转型升级。

一是关转一批。加快淘汰落后产能,关停整治了污染大、能耗高的陶瓷、水泥、漂染、小铝型材熔铸、玻璃等行业累计1 200多家企业,其中直接关停高能耗、高污染企业649家。同时引导劳动密集型企业向后发地区转移,近年来全市约有460个项目转移到清远、云浮产业园区,既为佛山产业转型升级腾出发展空间,又为转入地经济发展注入动力。

二是提升一批。通过信息化与工业化相融合,服务业与制造业相配套,推动传统产业向重型化、高新化、高端化转型。以陶瓷产业为例,2007年全市有400多家生产企业,经过三年改造提升,保留50家企业全部实现清洁生产和生产工艺再造,从生产基地变为总部、会展、研发、物流和信息基地。近三年佛山市陶瓷产量减少40%,产值、税收增长33%,能耗下降25%,排放二氧化硫减少20%。

三是培植一批。通过招商选资,主攻光电产业、新材料和现代服务业,培育新医药、环保、电动汽车产业,促进了液晶显示、新型电光源、太阳能、光伏等一批新兴产业的迅速形成。从而有效降低了传统产业的比重,佛山也成为国家新型工业化产业示范基地和国家级光电产业示范基地。同时,借助"三旧"(旧城镇、旧厂房、旧村居)改造,发展新城市、新产业、新社区,既提高了土地利用效率,又促进了产业转型、城市转型和环境再造。

路径二:引进大项目、促进产业升级

佛山在推进产业转型升级过程中,注重招商选资,重点瞄准战略性新兴产业、先进制造业、现代服务业的龙头项目,通过国际水平龙头大项目的引进,迅速培育新的产业集群,抢占产业发展战略制高点。如通过引进南海奇美电子平板显示模组项目(TFT-LCD),吸引芯片、面板、模具、塑料等

第2章 智慧佛山：信息化与工业化、城镇化、国际化融合之道

上游配套厂商以及下游的电视整机厂商前来投资，形成液晶平板显示器完整产业链，带动佛山家电产业升级；通过引进西安彩虹OLED项目，带动第三代显示产业发展；通过引进一汽大众项目，带动整个汽车配件制造业、产业集群和产业链条的发展。

目前，佛山通过引入世界500强企业47家投资项目87个，国内500强企业99家投资项目167个，形成一批在国内同行业当中可以实行技术、标准和品牌引领的龙头骨干企业，有效提升了佛山产业结构和水平。

路径三：实施科技进步、自主创新战略

佛山现有工商登记注册企业34.7万多家，其中工业企业超过10万家，但亿元产值以上企业只有2200多家，亿元产值以下的中小企业占了全市98%以上。

鉴于佛山产业结构的这种状况，佛山确立了夯实基础、创造品牌、注册专利、制定标准、品牌输出的引领和激励政策，鼓励和支持企业以自身产品标准打造行业标准、国家标准乃至国际标准，形成自己的核心技术，用自身的品牌专利标准，让他人为佛山企业做贴牌生产。

近年来，佛山市、区、镇三级政府每年拿出10亿元资金，直接奖励和投入引导企业加强科技进步、自主创新，2008年带动企业投入超过220亿元，增长47%；2009年在国际金融危机影响下，仍然带动企业投资超过308亿元，增长39%，从而以科技进步、自主创新引领了产业转型升级，使佛山成为"创新型国家十强市"、"中国品牌经济城市"和"中国品牌之都"，成为广东省地级市中唯一的国家驰名商标和著名品牌示范城市，累计专利申请量达到13万多件，专利授权量8.6万件，均居全国地级市第一，拥有中国驰名商标42件、中国名牌产品65个，居全国大中城市第四位。

路径四：利用金融手段建设产业高地

佛山借助资本力量和金融手段，让企业真正与资本市场有效结合做大做强。佛山实施了金融发展三项计划：

一是通过实施企业上市"463"计划,使佛山的上市企业数从2007年的13家增加到26家,并形成了一个由102家企业组成的上市梯队。同时支持企业并购也为转型升级找到好的途径和新的平台。

二是通过培育股权投资基金、中小企业担保基金、人才基金等,推动实业与金融的有效对接。目前,佛山共有各类基金15只,股权投资基金规模约12亿元,其中市、区两级政府投入引导资金1.26亿元,带动民间资本约11亿元,加快了企业在中小板、创业板的上市步伐。目前准备申报的企业有4—5家,辅导改制或拟改制的企业30多家。

三是通过实施金融创新,包括发展村镇银行、小额贷款公司等,为产业转型发展提供金融支撑。此外,我们借助联合国工业发展组织把佛山确定为我国唯一的产业集群与资本市场有效运作示范城市的契机,积极引入外来银行进驻广东金融高新技术服务区。

目前已有28个项目签约进驻,总投资65.79亿元。仅2009年10月份开始实施CEPA补充协议六以来,就有4家港资银行进驻佛山,从而有力促进了资本市场与企业转型升级的紧密结合,帮助企业建立起与国际接轨的管理机制,促进民营企业建立现代企业制度,推动民营企业实现转型发展并形成新的活力,民营经济对全市经济增长的贡献率达到61.8%。

路径五:实施"四化融合,智慧佛山"战略

佛山紧跟全球信息技术革命和智慧城市的浪潮,提出"四化融合,智慧佛山"作为引领佛山未来发展,贯穿"十二五"时期转变经济发展方式的战略突破口。

一是促进信息化与工业化融合,大力培育与信息化相关联的光电显示、射频识别(RFID)、物联网、工业设计、服务外包等新兴产业,改造提升传统产业。如顺德龙江有家具企业1700多家,产值超亿元的企业才几家,而维尚集团采用三维技术,提供个性化订制,改变传统家具企业"以货待购"的销售模式,变买方市场为卖方市场,仅两三年销售规模就超过3亿元。又如美的集团用物联网技术将家用电器改造提升为智能家电以取代

第2章 智慧佛山：信息化与工业化、城镇化、国际化融合之道

传统家电，也将带来家电产业的新革命。

二是促进信息化与城镇化融合，积极探索推进电信网、电视网、互联网的三网融合，发展智能交通、智能治安、智能城管、智能教育、智能医疗、智能文化、智能商务、智能政务等智能服务和管理体系，形成无处不在的U佛山，促进城市从管理到服务、从治理到运营、从局部应用到一体化服务的三大跨越，使佛山成为宜居宜商宜发展的智慧家园。

三是促进信息化与国际化融合，在微观层面引导企业以物联网、互联网和射频识别（RFID）等信息技术为依托，建立国际化的研发、生产、销售和服务体系，提高开拓国际市场的能力。如依托物联网把佛山打造成为陶瓷、家电国际采购中心。在宏观层面通过建设跨部门、跨行业、跨地区的"电子口岸"大通关信息平台，为企业提供电子支付、物流配送、电子报关、电子报检等"一站式"通关服务，为企业进入国际市场铺就"高速公路"。

2010年上半年，佛山GDP达2651亿元，增速13.8%，且先进制造业、高科技新兴产业和现代服务业比重不断提高，呈现出现代产业体系的优良结构和发展趋势。我们认为，上述五种转变经济发展的主要方式，促进了佛山的科学可持续发展。

（写于2010年9月）

把握所处发展阶段选择转型路径

在转变经济发展方式的问题上，选择什么样的路径，采取什么样的方式？首先是要适应发展的趋势，同时也要符合本地的实际，做到扬长避短，突出特色。

加快经济发展方式转变，必须清醒认识和深刻把握我们当前所处的发展阶段和发展趋势，所谓知己知彼，百战不殆，不断增强转变经济发展方式的坚定性和主动性。

不同发展阶段有不同发展方式

国际金融危机对我国经济的冲击，表面上是对经济增长速度的冲击，实质上是对经济发展方式的冲击。这场危机使我国转变经济发展方式的问题更加突显出来，我国经济已经进入到只有调整经济结构才能促进转变的关键阶段，转变经济发展方式已经刻不容缓。

加快转变经济发展方式，是党中央审时度势做出的重大战略决策。胡锦涛总书记指出，当前我国正处在后国际金融危机时期。这一时期的特征表现为，世界经济结构将经历深度调整，科技创新孕育着新的突破，发达国家积极抢占新一轮科技和产业发展的制高点。

正是基于对国内外发展格局重大变化的判断和决策，胡锦涛总书记2009年视察广东时，要求广东"坚定不移调结构，脚踏实地促转变"，寄望广东率先加快经济转型、产业升级和体制机制创新，抢占新兴产业发展战略高地，优先发展高新技术产业、先进制造业和现代服务业，形成新的竞争优势。这既是对广东的要求，也是对佛山的要求。

广东省省委书记汪洋说，广东在转变经济发展方式的问题上，比国内其他省份显得更加紧迫而重要。广东经济社会发展已进入深刻转型时期，呈现出一系列新的阶段性特征，传统发展模式已经发挥到极致，继续依赖传统的发展路径已难以实现可持续发展。面对国际形势深刻变化给我们带来的巨大压力，我们不转不行，必须利用危机的"倒逼"机制，全面提高自主创新能力，提升产业素质，抢占后危机时期的竞争制高点，才能在新一轮国际经济竞争中牢牢把握主动权，在科学发展的道路上迈出更大步伐。

世界经济发展史告诉我们，一个地方选择哪种经济发展方式，主要取决于其自身的发展阶段。不同的发展阶段有不同的发展方式，发展方式的差异也主要表现为经济发展方式的不同。回顾佛山改革开放30多年来的发展历程，我们经历了三次大的经济社会转型，走过了三个发展阶段，与之相适应，也经历了三种不同的发展方式。

第一个阶段是从农业经济到工业经济转变的阶段。这个阶段转变的

第2章 智慧佛山：信息化与工业化、城镇化、国际化融合之道

起点或者说转折点是在20世纪的80年代，在改革开放之前，佛山主要以农业经济为主，农业比重占80%—90%。这一阶段的发展方式，主要体现为农业社会的自给自足的发展方式。改革开放以后，通过工业化的迅速发展，农业比重大幅下降，工业比重大幅提高，实现了由农到工的转变。

第二个阶段是从内源型经济向内外源型经济有机结合发展转变的阶段。这个阶段主要是20世纪90年代以后，尤其是在小平同志南巡讲话之后，中国加入世贸组织前后，我们推动经济发展不断由内向外发展。这个阶段的转变既有引进来，也有走出去，参与国际竞争。通过请进来，我们拥有世界500强企业超过40家，投资项目超过80个。同时我们的民营企业也不断地走出去，其中最典型的就是美的在海外设立分支机构，到海外投资和占领国际市场。这个阶段我们现在也跨越过去了。到现在为止，我们的进出口贸易总额已经在广东省排第四位，而且我们的一般贸易占了53%以上。这个阶段工业化迅速发展、外向型经济不断扩张，与之相对应的主要是粗放型的增长方式，经济总量的增长主要依靠资源投入来实现。

第三个阶段是产业结构从低端向高端发展转变的阶段。现在我们正步入这个阶段，在经济总量、人均GDP不断提升的情况下，产业发展正加快从产业链条低端向产业链条高端发展。在21世纪初的时候，佛山人均GDP达到3 000美元，按照工业化进程的阶段理论，这个时期的特征主要是黄金发展与矛盾的凸显，发展的任务非常重，化解矛盾的任务也相当艰巨。到2009年年底，人均GDP超过1.1万美元，在这么高的平台、这么大的基数上发展，依靠的绝对不再是原来的发展路径。按照工业化进程发展的阶段理论，佛山整体上正处于工业化中期向后期转变或者说后工业化初期阶段转化的过程中，这个阶段的最大特征就是发展方式的转型，走科学发展的可持续道路。

顺势而为方能走出转型之路

佛山经历了由农到工、由内到外、由低到高三个阶段的发展。当前佛山的发展特征和发展趋势，与工业化后期或者后工业化初期阶段发展的特

征和趋势是相吻合的,这些特征和趋势主要表现在五个方面:

一是转变经济发展方式构建现代产业体系的趋势。这是我们在第三个阶段的发展当中逐步形成的一个格局,这个趋势的核心主题,就是结构调整、自主创新。通过淘汰一批、提升一批、培育一批,对先进制造业、新兴产业和现代服务业不断加快培植。同时,在构建现代产业体系的过程中,信息化与工业化、城市化、国际化的融合进程也在不断加快,形成智能化的产业城市与国际化进程的有效结合,最终达到"四化融合,智慧佛山"的目标。

二是广佛同城化携领加速融入珠三角一体化的趋势。《珠江三角洲地区改革发展规划纲要》的制定和实施,标志着珠三角一体化成为国家战略,珠三角的未来发展将出现世界级的城市群。在这个趋势当中,广佛同城化先行示范,携领珠三角加快一体化进程。2009年佛山和广州合作的项目达到52个,2010年达到69个,合作范围也从交通路网和产业方面扩大到金融和通信领域,预计2010年会有实质性的突破。珠三角一体化尤其是交通路网的一体化,带来了时间的缩短和空间的变小,所以我们现在考虑定位就要有新思维。比如说,佛山现代产业的发展,要考虑到港珠澳大桥、珠三角轻轨交通开通之后的一系列事情。因为到那个时候,香港到顺德的车程就是半个多小时,到我们这里就是一个多小时,从而在珠三角形成一小时经济圈。这个时间缩短和空间变小带来的巨大变化,是与广佛同城化携领珠三角一体化的发展趋势相融合的。

三是以农村居民收入倍增计划加速推进城乡一体化进程的趋势。2009年佛山GDP 4 814.5亿元,但第一产业贡献率只有2%,而农村居民户籍人口约占整个佛山户籍人口的50%,农村使用的各类土地资源超过了佛山3 848平方公里资源的54%。这给我们一个启示,佛山市已经到了解决"三农"问题的重要时刻,"三农"问题已经成为制约佛山科学发展的瓶颈。如果不搞好农民收入倍增计划,采取各种有效措施,把公共服务延伸到村居,把城市基础设施延伸到农村,那么,城乡一体化发展进程的滞后就将是佛山下一轮发展的主要障碍。因此,缩小城乡二元结构差距、加快城乡一体化进程将是佛山的必由之路。

第2章 智慧佛山：信息化与工业化、城镇化、国际化融合之道

四是进一步与国际接轨参与国际分工加速国际化的趋势。通过不断请进来、走出去，一方面我们的产业优势不断建立，产业国际化水平不断提升；另一方面，我们的企业在国际市场的战略布局不断扩大，国际市场份额也在不断增加，参与国际竞争的能力不断增强。与此同时，各级政府通过不断营造宜居宜商宜发展的环境，大大加快了国际化的步伐。

五是抓改革促发展和更多惠及民生的趋势。抓改革是佛山跟其他城市不一样或者说是力度特别大的一个特色。佛山是一个出改革经验的地方。随着科学发展、先行先试，与之相适应的新体制新机制也在不断加快建立和完善。佛山市五区同时开展大部制改革，33个镇街同时推进简政强镇事权改革，市级加快向区、区加快向镇街下放权限，包括事业单位分类改革、金融体制改革、财政体制改革、社会管理体制改革也在全方位配套推进，由此为发展注入新的动力和活力。同时借助改革发展的成效，更多地把财富汇聚到民生建设和社会事业发展，使广大人民群众能够更加充分地享受到改革发展的成果。

我们对佛山当前的发展阶段和发展趋势进行分析和判断，主要是让大家对急速变化的发展形势有一个清醒的认识和把握。势就是全局，就是趋向，就是未来。我们不但要适应这种趋势，更重要的是要驾驭这种趋势，顺势而为，使我们的各项决策都能符合大趋势，各项工作都能把握大方向，各项措施都能扎实有效，使佛山在转变经济发展方式的进程中能够一鼓作气，乘势而上，率先走出一条不同的发展阶段有不同的发展方式的路子。

佛山特色是转变经济发展方式的基础

在转变经济发展方式的问题上，选择什么样的路径，采取什么样的方式，这是很值得我们深入思考的问题。这个思考的基点或者说是前提，首先是要因应发展的趋势，同时也要符合本地的实际，做到扬长避短，突出特色。

佛山是我国改革开放的前沿地带和先行地区，经过30多年的快速发展，已经形成了跟其他地方不一样的鲜明特色。佛山人思想解放，具有改

革的思维和勇气,待人处事通济宽容,市场经济发育完善,民营经济发达,综合实力雄厚,毗邻港澳,国际化程度较高,这些特点无疑都是佛山抢占机遇、先走一步的基础和优势。中国社会科学院发布的《2010年中国城市竞争力蓝皮书:中国城市竞争力报告》把佛山列入中国24个未来10年最具潜力城市之一,也是基于对佛山这些优势的认同,认为佛山"激发民企创新精神,尽显空间发展优势。佛山区域地理位置优越,经济发展空间广阔。民营企业实力强劲,企业创新能力突出。在政府坚持发展实业理念的指导下,产业转型成功在望"。佛山在经济发展中形成的特色和优势,使其在转变经济发展方式当中具有很大的发展潜力,主要体现在以下几个方面:

第一,佛山是一个以工业经济为主体、制造业为基础的城市,具有很大的发展潜力。在2009年4 814.5亿元的GDP当中,第一产值只占2%,第二产值占62.9%,第三产值占35.1%,工业总产值超过了12 000亿元,规模接近广州、深圳。而且佛山已经形成了完善的现代工业体系,成为国家新型工业化产业示范城市。佛山以制造业为主体的产业特色,是我们转变经济发展方式与其他地方有所不同的特色所在,也是我们能够走出一条特色转变之路的优势所在。

第二,佛山以民营经济为基础,内外源型经济双轮驱动,具有很大的发展潜力。在佛山12 000亿元的工业总产值当中,民营经济的贡献率超过了58%,外资经济的贡献率接近36%,还有6%左右是国有经济部分的贡献。所以说,佛山是一个以民营经济为主体的城市,这也是佛山经济的最大特色。在国内,只有江苏的无锡和佛山的经济结构比较相似。2009年联合国在中国找一个产业集群与资本市场有效结合的示范城市,他们在全国调查摸底以后,就在无锡和佛山两个城市中确定,最后选定了佛山,经过一年多的运作,取得了非常好的、实质性的成效。这也证明了民营经济与外资经济的有效结合在国际化进程中的优势,对佛山加快转变经济发展方式具有很强的驱动作用。

第三,通过培植发展和做大做强,佛山的规模经济不断发展壮大,具有很大的发展潜力。截至2009年年底,佛山工商登记注册的企业有34.7万

第2章 智慧佛山：信息化与工业化、城镇化、国际化融合之道

多家，其中工业企业超过了10万家，上亿元产值的企业有2 200多家，其中10亿到100亿元的企业有250多家，100亿到1 000亿元产值的企业有6家，而且形成了一批在国内同行业当中可以实现技术、标准和品牌引领的龙头骨干企业，形成了以产业基地、产业园区、专业镇为群落的产业集群，并通过产业链条的延伸发展，使规模经济不断做大做强，形成较强的规模经济竞争力。

第四，通过科技进步、自主创新引领民营企业的发展，具有很大的发展潜力。佛山大部分是中小企业，亿元以下产值的工业企业占了全市98%的比重。我们通过拿来主义、联合开发和自主创新这三个路径，引导企业增强创新能力，鼓励大企业通过五阶段的发展，创造自己的品牌，注册自己的专利，把自己的标准尽可能变成行业标准甚至是国际标准，形成自己的核心技术，用自身的品牌专利标准，让他人为佛山企业做贴牌生产。近几年来，佛山市、区两级政府每年用在推动科技进步、自主创新的资金，加起来超过10亿元，带动企业投入资金在2008年超过220亿元，增长达47%以上；2009年超过308亿元，增长达39%以上。通过创新发展，佛山也因此成为国家的品牌大市。

第五，通过不断地改革创新，增创体制新优势，具有很大的发展潜力。比如，在金融的改革创新上，佛山提出了金融发展三项计划，取得了很好的成效。例如千灯湖金融高新技术服务区，到现在为止已经有23家金融企业进驻，总投资超过了65亿元，逐步形成了以银行证券、保险、基金、期货、结算，包含高科技提供数据的金融产业集群和产业链条。例如，在土地利用的改革创新上，佛山第一个在广东省乃至全国提出旧城镇、旧厂房、旧村居改造，几年来已经完成3.2万亩的"三旧改造"项目，实现了提高土地利用率、城市改造和企业发展的有效结合。例如，在CEPA实施的改革创新上，佛山作为试点城市，先行一步，较早地跟香港对接，取得最实质的效果，现在佛山与香港合作推进的项目就有23项。

第六，通过引进一批国家级、省部级的重大项目引领发展，具有很大的发展潜力。

在国家层面,佛山至少有四个方面在全力推进。一是"三旧"改造已经上升到国家的层面,国家正是因为佛山的"三旧"改造,把试点延伸到广东全省,给广东三年政策,得以有效解决过去的历史遗留问题,建设一个新城市,使土地资源利用得到可持续发展。二是2010年国家授予佛山国家环境保护模范城市的光荣称号,同时把南海作为全国环保工作示范区,这将给佛山的生态保护和环境建设带来极大的机遇。三是2010年年初国家正式授予佛山国家新型工业化产业示范基地,主要涉及光电显示和光照明,佛山抓住机遇乘势而上,把光伏产业一并纳入其中,把光电产业确定为战略性新兴产业加以培植和发展。四是佛山正在申报国家工商总局的中国驰名商标和著名产品示范城市,广东省同意把佛山作为申报排名的第一家,深圳作为备选的第二家,如果能够申报成功,这将是全国地级市当中的第一个,将对佛山实施品牌战略、标准化战略起到极大的促进作用。

在省的层面,一是广东省正式确定LED产业、光电显示产业、电动汽车产业为广东省三大新兴产业,其中LED产业基地正式落户佛山。二是广东省直接抓的一汽大众项目已经正式落户佛山南海。这个项目预计产值将会接近1 000亿元,由此带动产业链条、产业集群的发展,至少接近2 000亿元。三是在世界处于领先地位的高科技的云计算和多功能计算机芯片项目也落户在佛山禅城,这个高科技含量的项目将给整个佛山的产业结构调整增添新的生力军。四是佛山抢抓机遇,2009年与中科院签订全面合作协议,共建六个育成中心和产业孵化基地,推出了63个合作项目,2010年推出的合作项目超过170个。佛山与其他地方不同,是中科院直接与产业、企业对接的区域,具有更强的生命力,不但可以解决资金来源问题,更重要的是为科研成果转化为现实生产力提供了一个转化平台。这些项目的引进和实施,将使佛山的产业发展发生一个重大的变化。

克服障碍,只争朝夕

佛山有优势,但也有不少劣势。与珠三角其他城市相比,佛山辐射力

第 2 章 智慧佛山：信息化与工业化、城镇化、国际化融合之道

不如广州，高新技术产业不如深圳，大工业不如惠州，城乡一体化不如中山，城市环境不如珠海，中心城区不如东莞，自然生态不如肇庆，土地资源不如江门。佛山改革开放起步早，传统发展模式的惯性也比较大，容易为名所累，出现守摊子、小富即安、不思进取的现象。

长期依赖资源投入实现增长的粗放模式，也带来很多弊端，成为制约佛山经济发展方式转变的障碍。

一是人均发展水平还不够高。2009年佛山市人均GDP增长12.8%，在广东省和珠三角算是高的，但仍低于佛山市GDP增速（13.5%）0.7%。广东省委、省政府要求珠三角人均GDP增长要赶上和超过GDP的增长，希望佛山争取在一两年内带头突破。佛山市GDP和人均GDP均排在广东省第3位，在经济总量上佛山市近几年还无法与广州、深圳相比，2009年广州的GDP是9112.8亿元，深圳是8201.2亿元，是佛山的近一倍。在人均GDP上，佛山市与广州、深圳的差距不大，深圳是9.25万元，广州是8.82万元，佛山市是8.06万元，如果再加把劲是有希望赶上广州和深圳的。

二是产业竞争力还不够强。一方面佛山的产业发展总体上还处于价值链、产业链的中低端，高端产业不多，粗放型生产企业大量存在，高能耗、高排放、高污染和低效益的企业还没有得到彻底有效的调整。高新技术和新材料、新能源等战略性新兴产业比重不高。按照广东省最新的现代产业体系统计制度中关于高技术制造业的统计口径，2010年一季度佛山市规模以上高技术制造业占全市规模以上工业总产值的比重仅为5.5%。企业研发投入偏低，2008年佛山市全社会研究与试验发展经费占GDP比重为1.3%，离《珠江三角洲地区改革发展规划纲要》要求2012年达到2.5%的差距较大，导致自主创新能力不强，企业国际化竞争力较低。另一方面服务业发展不足，比重长期偏低，生产性服务业发展滞后于工业生产。2009年全市第三产业增速为16.1%，虽然高于第二产业3.7%，但占GDP比重仅为35.1%，远低于广东省尤其是广州、深圳等地水平。

三是节能减排和资源环境可持续发展的压力大。陶瓷、纺织印染、铝型材和水泥等传统产业耗能和污染较大。虽然2009年全市主要污染物二

氧化硫和化学需氧量排放量均完成广东省下达的指标,但经过前段时间的努力,目前节能减排的空间有所收窄,产业结构重型化趋势及重大项目的建设投产给节能减排带来新的压力。按照要求,2010年佛山市要完成比"十五"期末削减化学需氧量3.2万吨、二氧化硫5.4万吨的减排任务,压力还是非常大的。土地供需矛盾也十分突出,佛山市的土地使用率在珠三角算是比较高的,但也只有30%左右,土地可利用资源非常有限,全市建设用地规模已大大超过广东省下达的指标,未利用土地面积只有9%。按照现行的用地速度,佛山市很快就将无地可用,这对佛山引进大项目的"落地"会带来十分不利的影响。另外,油、电、煤、气等能源难以保障充足供应。大气、水等污染问题还没有得到根治,酸雨、灰霾天气频率较高,内河涌水质较差,森林覆盖率和绿化率也偏低。

四是城乡规划建设水平不够高。与长三角等先进地区对比,佛山在城乡规划建设上还有较大的差距。城市基础设施、服务功能、整体形象与经济发展水平不相称,城市建设风格特色不够突出。公共资源配置也不够优化,"城中村"和城乡结合部居住环境"脏、乱、差"问题突出。

五是区域和城乡统筹发展力度仍然不足。城乡居民收入差距相对较大,农民持续增收困难。2009年虽然全市农村人均收入增速首次超过城镇人均收入增速,高出了1.5%,但在绝对数上,城镇居民人均收入(24 578元)仍比农村居民人均纯收入(10 699元)高出1倍多。农地产出率虽然已经达到每亩1.5万元,居广东省首位,再挖潜的难度增大,但农业产业化程度和科技含量与台湾等先进地区相比,水平依然较低。农村居民尤其是全征地农民社会保障还处于低水平状态。农村文化教育、医疗卫生发展不平衡,与公共服务均等化要求有较大差距。西北部地区与东南部地区的发展差距仍然较大。

六是人才和科技资源不足,加快转变的技术支撑条件相对薄弱。无论是发展新兴产业和现代服务业,还是提高自主创新能力,最大的制约主要来自于人才和科技资源的相对缺乏,吸引高层次人才的环境优势不明显,自主培养人才的潜力没有得到充分挖掘和发挥。比如,佛山研究生以上学

第2章 智慧佛山：信息化与工业化、城镇化、国际化融合之道

历人口只占总人口的1.14%，低于广东省1.5%的平均水平。2009年佛山引进海外专家及留学生266人，与苏州引进1 411人、无锡1 000多人相比差距甚远。这种情况导致佛山的产业缺乏自主技术和核心技术，在产业竞争中受制于人，缺乏竞争力。

这些问题从总体上反映出佛山城市的综合竞争力还不够强。2010年4月份，中国社会科学院发布的《2010年中国城市竞争力蓝皮书：中国城市竞争力报告》（以下简称《蓝皮书》）显示，全国294个地级以上城市中，佛山综合竞争力的排名较2009年下降，从第15位下降到第24位，在珠三角9个城市中排在深圳（第2位）、广州（第6位）、东莞（第15位）之后。虽然报告结论和现实不一定完全吻合，但也从一个角度印证了佛山存在的问题。根据《蓝皮书》的分析，经济增长与经济规模并不代表城市竞争力的全部，佛山在产业层次竞争力、发展成本竞争力和收入水平竞争力这三项的排名不理想，其中产业层次竞争力排名90位，发展成本竞争力排名77位，收入水平竞争力排名49位，这在一定程度上反映了佛山现今的发展水平和发展现状，但从另一个角度也说明，佛山在高端产业、现代服务业还有很大的上升空间，对环境的保护、对资源的合理利用方面也有较大的进步空间。

2010年中，佛山市委政研室也搞了一份《2009年佛山市与全国主要大中城市国民经济主要指标对比分析》，分析了2009年GDP在3 350亿元以上的全国22个主要大中城市（不含港澳台地区），广东省有广州、深圳、东莞和佛山进入全国"22强"城市。通过横向和纵向的比较分析，尤其是应对国际金融危机之后所发生的排位变化，可以看出，在国内"22强"城市当中，佛山的整体实力处在中游水平。主要经济指标有一半进入前11位，在经济规模、人均经济总量、制造业、居民收入等方面有较强的竞争力。在增长速度方面，佛山表现尤为突出，12项主要指标当中，排位上升的有9项，上升幅度也比较大，突显佛山2009年率先突围的势头强劲。但佛山在第三产业、财政收入、固定资产投资、实际利用外资等方面，与其他城市相比，显得较为薄弱，均落在"22强"城市后面。

综合各方面的分析，我们认为，佛山正处在工业化中期向后期转变或

者说后工业化初期,处于产业发展从低向高的转变阶段。经历国际金融危机的动荡之后,对传统的经济发展方式有了更清楚、更深刻的认识,那就是"三个难以为继",即高度依赖国际市场的经济发展模式在复杂多变的世界经济环境中已经难以为继;缺乏核心竞争力的产业发展模式在日趋激烈的国际竞争中已经难以为继;单纯依靠资源投入、外延发展的粗放型发展方式在能源、土地等资源制约日益突出和环境容量接近极限的情况下已经难以为继。因此,加快转变经济发展方式,是大势所趋、时不我待的重大而紧迫的战略任务,是今后佛山一个时期经济工作的主攻方向。

要清醒地看到,面对工业化、城市化、国际化飞速发展、急剧变化的客观形势,不转,佛山将会逐步被边缘化,在同城化的进程中失去应有的地位;慢转,就会在珠三角一体化发展中错失时机,失去发展的先机和原有的优势;乱转,就会迷失前进方向,在新一轮的发展竞争中遭遇挫折和失败,贻误全局,丧失未来。所以,佛山必须增强紧迫感、使命感和责任感,及早谋划,迅速行动,因应后国际金融危机时期的重大格局变化和经济社会转型发展的大潮流,以只争朝夕的精神,举全市之力,力争在转变发展方式的过程中继续领跑珠三角,领跑广东。

(写于2010年5月)

从要素驱动到创新驱动

加快推进产业转型、城市转型和环境再造,努力实现经济发展从依靠第二产业为主向促进三大产业协调发展转变,由产业低端向产业高端延伸转变,由要素驱动向创新驱动转变,力争实现经济发展方式的率先转变。

如何加快转变经济发展方式?关键是要从佛山的实际出发,创新发展思路,明确转变目标,找出转变的正确路径,统筹兼顾,重点突破,先行先

第2章 智慧佛山：信息化与工业化、城镇化、国际化融合之道

试。当前和今后一个时期，佛山市要把转变经济发展方式作为经济工作的重中之重，围绕"四化融合，智慧佛山"的目标，以"三着力一推进"作为工作主线，加快推进产业转型、城市转型和环境再造，努力实现经济发展从依靠第二产业为主向促进三大产业协调发展转变，由产业低端向产业高端延伸转变，由要素驱动向创新驱动转变，力争实现经济发展方式的率先转变。

转变经济发展方式，不能只局限在经济发展上，也要体现在城市的提升上、文化的发展上、社会的管理上以及民生社会事业的促进上。所以，要把转变经济发展方式作为一个系统工程，包括加快政府的职能转变，以改革促发展。概括起来，就是推进"三着力一推进"。

着力转变经济发展方式，加快构建现代产业体系

佛山所处的后工业化初期阶段的一个重要特征，就是转变经济发展方式，构建现代产业体系。主要体现为：以先进制造业为主体不断引领产业升级，高科技产业、新兴产业比重迅速增加，服务业尤其是现代服务业快速提升。因应这一发展特征和趋势，佛山在改造传统产业，发展先进制造业，培植新兴产业，培育现代服务业，提升自主创新能力等一系列重大问题上，都要有新的思考、新的举措。

一是加快发展现代服务业，尤其是与制造业相联系的现代服务业和外包服务业。在佛山的三次产业中，第三产业比重较低，这是佛山的一个突出短板，要通过不断加快发展，实现第三产业有一个大的提升。佛山市现代服务业的发展和其他城市的路径不太一样，佛山不仅要发展生活性服务业，更要发展生产性服务业，将现有的服务业产业链条不断延伸。例如，配合1.2万多亿元的工业总产值，佛山的物流业这几年有了很好的发展，国际一流的物流公司韩国浦项和国内一流的物流公司上海宝钢，都到佛山这里落户发展。在物流业发展的基础上，佛山跟香港合作搞RFID，即无线射频识别系统，把它和物流结合在一起，在物联网这一领域实现加速发展，作为现代服务业的一个延伸。又例如，制造业是佛山的强项，全市工业企业超过了10万家，但是与制造业相配套的服务业比较弱，所以佛山要加大与

制造业相联系的现代服务业的发展力度,大力发展工业设计、信息分析、工业检测以及一些相关联的制造业服务业。佛山的目标不是仅局限在佛山,不仅要为自己 1.2 万多亿元的工业服务,更重要的还是要做工业服务外包,使佛山不仅成为一个制造业的城市,而且成为一个工业服务业的城市,为周边城市、周边省份甚至整个亚太区域提供工业服务外包,这是佛山在产业链条延伸当中的一个努力方向。再例如,金融业这一领域佛山完全是从无到有,还在不断地创新发展,依托广东金融高新技术服务区作为金融后台服务基地,逐步发展金融产业集群,建设成为后勤基地、信息分析中心、金融创新中心,最后延伸到金融服务外包,不仅包括在岸金融服务外包,还包括离岸金融服务外包,并逐步做强做大。从金融服务再延伸到金融服务外包,不仅辐射国内,还可以辐射到海外,这就是佛山整个现代服务业产业链条在延伸当中的新的思考和新的培植点。

二是以先进制造业为主体不断引领传统产业升级。当前佛山产业集群已经逐步形成,但是在产业链条方面,大部分传统产业或民营企业还停留在中低端。这几年,佛山通过淘汰一批、提升一批、培植一批,关闭高污染的陶瓷、水泥、漂染、熔铸等企业超过 1 200 家,通过实施"双转移",向外转移发展的企业 200 多家。同时,佛山突出培植产业集群,确定了"3+9"产业基地,通过拿来主义、联合开发、自主创新等三个路径,不断引领传统产业转型升级。

三是大力培植一批战略性新兴产业。对于发展战略性新兴产业,佛山在战略布局上明确提出,重点主攻光电产业、新材料和现代服务业,力争到 2012 年这三大新兴产业规模均要超过 1 000 亿元。另外,重点培育新医药、环保、电动汽车产业。这些新兴产业与佛山产业结合度都非常高。例如光电产业,国家把佛山列为新型工业化产业示范基地,主要是看中佛山的光电产业,包括光电显示、光照明和光伏。广东省已明确提出重点培植 LED、光电显示和电动汽车,其中 LED 产业基地就放在佛山。2009 年全国 LED 产值只有 827 亿元,广东省占了 390 亿元,其中 50 亿元在佛山,目前佛山已经有 230 多家 LED 生产企业。世界最先进的 LED 产业——美国旭

第2章 智慧佛山：信息化与工业化、城镇化、国际化融合之道

瑞公司也已经落户佛山，2010年下半年正式投产。加上原有的德国欧司朗、佛山照明、国星光电、南海昭信等企业，逐步形成了产业集群。又例如新材料产业，佛山陶瓷及其他建筑材料非常有基础，还有与LED相配套的固汞等新材料。常温下的水银都是液体的，把它转化为固体用作LED的原材料，世界上目前能做到的企业只有8家，在我们禅城、高明各有一家。也就是说，佛山在某些新材料发展方面已经达到了世界领先水平。加上纳米技术、高端化学原材料，佛山的新材料企业已经达到250多家。只要一鼓作气、不断努力加以培植，到2012年佛山新材料产值有望超过1 000亿元。例如新医药产业，佛山的中成药从古到今都有很好的传统和集群发展基础，影响也比较大，如果把这些和生物制药、微生物、基因等各方面的产业有效结合起来，应该会有很好的发展前景。例如环保产业，佛山的污水处理量和污水处理厂的密度在全国地级城市中是最高的，还有垃圾分类、大气治理，如果把这些有效结合起来，环保产业就会形成一个大产业。再例如电动汽车，广东汽车行业主要在广州，但是大部分零配件产业在佛山，佛山照明提供的电动汽车的关键配件也在这里，加上2010年引进的德国一汽大众，佛山从汽车配件到整车发展会有一个大的突破。

四是以自主创新来引领民营企业的发展。目前佛山产值超亿元的企业只有2 200多家，亿元以下规模的企业占了98%以上。由于大部分中小企业自主创新的能力、条件等各方面都不具备，所以佛山主张一个拿来主义，搞仿制；另外一个就是搞联合开发。例如，顺德龙江的家具制造企业有1 700多家，超亿元的企业只有3家，其他都是亿元产值以下规模的企业，像这样在一个区域形成的产业集群，主张搞联合开发，设立公共研发平台，支撑中小企业的技术开发。对于有条件的龙头企业、总部企业，佛山鼓励企业搞自主创新，通过五个阶段，做强做大。第一步是夯实基础；第二步是创造自己的品牌；第三步是注册自己的专利，尤其是发明专利；第四步是把自己的标准变成行业标准，甚至是国际标准，以自己的核心技术来打造自己的品牌。这种品牌专利标准不是佛山鼓励企业的终极目标，终极的目标是要用自身的品牌专利标准，让其他企业包括省外、国外的企业，为佛山的

企业做贴牌生产,从而真正成为规模化、国际化企业。

佛山发展的最终目标,是通过"四化融合",构建"智慧佛山"。当前佛山正处于工业化、城市化、国际化不断加快推进的进程中,除了要大力推进信息化与工业化相融合之外,还要着眼于信息化与城市化、国际化相融合,达到"四化融合"。如与国际化的融合,现在大量的进出口贸易、检验检疫通过 RFID 无线射频识别系统,以及与之相关联的物联网的发展,就能够有效地解决通关现代化问题。与此同时,还要把信息化与城市化的进程相融合,将互联网、物联网跟其他终端数据产业、数据城市等结合在一起,形成智能化的产业城市和国际化进程的有效结合,最后形成"智慧佛山"。

佛山提出"四化融合,智慧佛山",是基于世界兴起的智慧浪潮、国内智慧城市的发展和佛山城市发展的特色及理性思考。2008 年年底美国 IBM 提出"智慧地球"概念。所谓"智慧地球",是指把新一代的互联网技术充分运用到各行各业,把感应器嵌入、装备到全球的医院、电网、铁路、桥梁、隧道、公路、供水系统、大坝、油气管道,通过互联形成"物联网",然后通过超级计算机和云计算,使人类得以更精细、更动态地管理生产和生活,从而在世界范围内提升"智慧水平",最终形成"互联网 + 物联网 = 智慧的地球"。这一概念引发了全球新信息化的浪潮,欧美各国、日本、韩国、中国等纷纷将物联网发展上升为国家战略,抢占世界经济版图制高点。在国内,北京、上海、杭州等地纷纷启动智慧城市建设,力图在未来的智慧城市建设浪潮中赢得先机。佛山提出"四化融合、智慧佛山",是因为我们觉得佛山在整个现代产业体系构建的过程当中,不能只着眼于产业,而且还要跟与之配套的各方面进行有效结合,这种结合就是信息化与工业化、城市化、国际化的融合。因此,我们制定了《佛山市"四化融合,智慧佛山"发展纲要》,提出了"四化融合,智慧佛山"的目标、任务和发展路径,就是以信息化带动工业化,提高产业综合竞争力;以信息化提升城市化,增强城市发展竞争力;以信息化加快国际化,提高经济发展国际竞争力,从而促进经济发展方式、城市管理方式、社会生活方式的转变。

第2章 智慧佛山：信息化与工业化、城镇化、国际化融合之道

着力实施农村居民收入倍增计划，加快城乡一体化发展

经过近几年以"三化"解决"三农"问题，佛山城乡一体化发展逐步呈现出新的特征：一是通过"三旧"改造中的旧村居改造，城镇化呈现加快发展的趋势；二是通过简政强镇事权改革，逐步形成政府公共服务向农村延伸的趋势；三是通过实施"双百"和"六通"工程，城市基础设施建设加快向农村延伸的趋势；四是2009年农村居民收入的增长幅度首次超过城镇居民，显示出缩小城乡居民收入差距的趋势。因应这种趋势变化，要以增加农村居民收入为出发点和落脚点加速推进城乡一体化进程，主要是通过实施农村居民收入倍增计划、城市公共服务覆盖农村、城市基础设施向农村延伸这三个路径，实现城乡统筹发展。

第一，在实施农村居民收入倍增计划上进行突破。这里面主要是做好三个方面的工作。一是加快旧村居改造，推动"旧村居"向"新社区"转变，促进农村居民生活方式的不断转变和农村面貌的不断改善。二是推广高科技农产品，建设农业科技示范园，加大引进、试验、示范、推广力度，加快农业科技成果转化，帮助农民培植新品种，打开市场，增加收入。三是提高农业产业化水平，以发展工业的理念发展现代农业，建立一批现代农业基地，促进农业产业化和现代化，提高农村土地资源的利用率和农业经济的贡献率，使从事农业生产的农村居民既能获得稳定的租金收入，也能从产业发展中获取收益，最大限度地实现农村居民收入的可持续增长。

第二，在推进城乡公共服务均等化上进行突破。通过大力发展基础教育、公共医疗、社会保障等基本公共服务，促进城乡公共服务均等化，最大限度地破解佛山市农村面临的公共需求全面快速增长与公共服务供给相对匮乏的突出矛盾，最大限度地让广大农村居民分享到统筹城乡发展的成果，得到实实在在的好处。

第三，在城市基础设施向农村延伸上进行突破。加快农村公共基础设施建设，加强农村交通路网建设，完善村镇公共交通网络，促进供水供电、燃气、信息通信、道路照明等基础设施向农村延伸，在公交、道路硬底化、垃

圾污水处理等方面实现整体提升。同时,积极搞好农村生活环境和生态环境建设,加快构建城乡绿道网,最大限度地改善农村生产生活居住环境。

着力提升民生社会事业,加快和谐佛山建设

在现阶段以转变经济发展方式为特征的趋势不断加强的同时,城市发展、城乡一体化和民生社会事业也出现了新的转折点,其中一个重要体现,就是民生问题得到更多的关注,各级政府拿出更多的财力支持民生建设和促进社会事业发展,更加注重构建和谐社会。这几年,佛山各级党委和政府采取了很多惠民的措施,包括每年的政府工作报告都安排民生十大实事,包括搞渔民上岸、农田基本保护补贴、老人生活补贴等,取得了很好的效果。

佛山针对群众反映的热点难点问题,解决突出的民生问题,主要表现在四个方面:第一是治安问题。围绕广州亚运会的安保工作,在 2010 年 6 月底之前,部署了三次大的整治行动,全面扫除黑、赌、毒,以此全面加强平安佛山的建设,确保亚运安全、镇街一方平安。为了强化社会治安的控制面,佛山在城市的主要路面和重点区域部署巡警,而且作为一项长期的制度坚持下去。同时对争议较大的限摩问题,出台实质性的措施。第二是环保问题。借助广州亚运会以及国家赋予佛山环境保护模范城市、南海和佛山作为国家环境保护先进示范城市的契机,全力推进环境再造工作,力争水环境、大气环境和生态环境有一个明显的改善。第三是交通问题。进一步加快交通基础设施建设,构建包括公共交通、地铁、轻轨以及其他各种交通路网无缝对接的交通运输体系,并与亚运安保、环保有效结合起来,方便市民快捷出行和道路交通安全。第四是确保食品、药品安全,强化市场监管,保障人民群众的生命和健康安全。

以体制突破推进发展

转变经济发展方式最大的难点在于体制,如果没有体制、制度上的重大突破,就难以实现经济发展方式的根本转变。过去佛山能够先走一步,

第 2 章　智慧佛山：信息化与工业化、城镇化、国际化融合之道

取得辉煌成就，很重要的一点，就是得益于思想解放，大胆改革，敢于创新，率先在体制上进行突破。当年佛山发展刚起步的时候，就是通过敢为人先，大胆探索，采取市场化的办法，有效解决了资金、技术、人才缺乏的瓶颈问题。可以说，佛山与其他地方相比，有一个很大的特点，就是不断改革创新，不断先行先试，不断提供新鲜经验。比如，佛山在广东省作为标杆的顺德大部制改革、简政强镇事权改革，得到了广东省的充分肯定；比如佛山的"三旧"改造，其经验和政策从佛山推广到广东全省，等等。在加快转变经济发展方式的今天，仍然需要用改革开路，通过全方位推进改革，在佛山形成新一轮改革的浪潮，力争在广东全省率先构建起有利于加快转变经济发展方式的制度安排。

当前，佛山把改革的重点放在进一步深化行政管理体制改革上，以政府的改革，推动经济社会各领域的配套改革。佛山市最近已经进行了部署，总的要求是五个区的大部制改革要在 2010 年 6 月底完成，全市 33 个镇街全面推进简政强镇事权改革要在 2010 年 9 月底前完成，事业单位分类改革要在 2010 年年底完成。改革的目标，是要转变政府职能，建设服务型政府，提高政府的执行力。

在制度安排方面，各地、各部门围绕构建有利于转变经济发展方式的政策体系，全面清理本部门各项政策措施和制度规定，对不利于或者不适应加快转变经济发展方式要求的抓紧清理。同时，根据各自职能，抓紧研究制定有利于加快转变经济发展方式的政策规定，尤其是在投资、财税、土地、金融、环保、技术标准、知识产权等方面，构建促进经济发展方式转变的政策体系。

改革没有先例可循，有成功，也会有失败。对待改革，佛山本着"敢为人先、鼓励创新、敢于突破，宽容失败"的精神，尊重基层群众的首创精神，调动全社会各方面的积极性，善于总结经验教训，努力形成全社会齐心协力、共同参与的良好氛围。

（写于 2010 年 5 月）

思维方式转变和知识转型

作为经济领域的一场深刻变革,加快经济发展方式转变,必然带来思想观念的深刻变革。传统思维方式引导下的传统经济发展方式的路子,到今天已经走不下去了。

佛山能否在转变经济发展方式这场硬仗中取胜,很大程度上取决于佛山的各级领导干部有什么样的思维、什么样的眼光,知识结构能否跟上时代步伐和形势发展的要求。应该说,佛山的各级领导干部在"要不要转变"的问题上已经达成了比较一致的共识,现在是要在"会不会转变"的问题上下工夫。

确立现代思维方式 发挥超前引领作用

思维方式决定发展路径。有什么样的思维方式,就有什么样的发展方式,就有什么样的发展路径。思维方式是我们思考和解决问题的方法和手段,传统的思维方式习惯于从原有的知识和传统的经验中去寻找解决问题的理论和方法,容易造成思想的保守和思路的封闭。当前,在经济社会转型时期,我们还有不少同志的思维模式依然停留在旧的发展模式上,在解决市场经济条件下出现的矛盾和问题的时候,还是习惯于强调政府的行政力量,而不是用经济的方式、法律的方式、市场的办法去处理和解决问题。在实际工作中,嘴上说的是科学发展,但思路上还是传统思维,解决问题的办法还是沿用过去的老经验、老办法,缺乏新思维、新路径、新举措。

我们必须清醒地看到,作为经济领域的一场深刻变革,加快经济发展方式转变,必然带来思想观念的深刻变革。传统思维方式引导下的传统经济发展方式的路子,到今天已经走不下去了。随着经济的转型、企

第2章 智慧佛山：信息化与工业化、城镇化、国际化融合之道

业的转制、社会的转轨以及市场经济的日趋完善，政府通过简政放权、还政于民、还权于社会，职能正在不断转变，政府手中掌握的资源只会越来越少，在这种情况下，政府不可能也不应该再大包大揽，而是必须适应市场经济规律，加快角色转变，从过去经济的直接领导者、市场直接参与者的角色中解放出来，转变为经济社会发展的引导者、协调者、环境创造者，按照市场经济的规律模式去推动社会经济的发展。尤其是在当今经济全球化的背景下，我们遇到的很多是新情况、新知识、新问题，都是我们以前没有接触过的，通俗来讲就是"老革命遇到了新问题"，旧办法解决不了新问题。

因此，转变经济发展方式，首要的问题，就是要抛弃带有计划经济色彩的传统思维模式，以自我革命的精神，换脑筋、换观念、换思维，更新知识，更新能力，在实践中不断探索新模式、新路径、新办法，才能适应科学发展的新要求，适应经济发展的新方式，更好地完成转变经济发展方式这一使命。

"破"是为了更好的"立"。我们既要从传统的思维定势和发展模式的桎梏中解放出来，也要加快确立现代思维方式。

第一要按照科学发展观的要求，在处理转型发展的问题上做到统筹兼顾、协调发展，包括城乡的统筹协调发展、经济社会的统筹协调发展、区域的统筹协调发展、人与自然的统筹协调发展。

第二要遵循市场经济的规律，运用市场的办法，发挥市场配置资源的基础作用。政府过度介入市场、干预市场，只会抑制市场的发展，削弱民间的活力。政府要把精力放在营造公平的发展环境、公正的社会环境上，在改革的路径上要坚持市场导向，在发展的路径上要坚持市场主体，在资源配置的路径上要坚持市场主导。例如，佛山市连续举办的两届教育博览会，采取民间主导、社会投入、企业运作，政府没有拿一分钱，同样办得很成功。

第三要善于用世界的眼光、战略的思维来规划未来，以发展战略性新兴产业、现代服务业和先进制造业的理念引领新一轮发展，抢占产业发展

高地,构筑新兴产业人才基地,作转变经济发展方式、构建现代产业体系的领跑者。

第四要善于反思和总结经验教训。任何改革和发展,都不会是一帆风顺的,难免会遇到挫折和失败,我们还是要坚持小平同志的那句话,允许看,但要坚决试。失败了不要紧,关键是要善于吸取经验教训,在今后的工作中少走弯路,减少失误。

创新培养干部人才　加快知识转型升级

正确的路径确定以后,干部就是决定性的因素。应该说,经过近几年学习实践科学发展观,广大干部对走可持续的发展道路已经形成了共识。我们不仅要有发现问题的能力,还要有解决问题的能力,想得到更要做得到。当前,面对加快转变经济发展方式的新任务,一些干部的知识结构和能力水平还很不适应,甚至存在本领恐慌,"老办法不管用,新办法不会用"。有的干部知识结构单一,只熟悉传统产业,对现代产业相当陌生;有的干部习惯用行政命令推动工作,不善于综合运用经济、法律手段,破解科学发展难题思路打不开、办法不多。这就提醒我们注意,在推动经济发展方式转变的过程中,必须始终坚持把建设适应科学发展的领导干部队伍和人才队伍作为首要任务,采取各种办法和措施,加快促进干部人才知识结构的转型升级。

首先,要突出培训的核心内容。培训的主要目的,是让大家对"四化融合,智慧佛山"有一个充分认识,能够清晰把握其具体路径和最终落脚点。重点要加强对新兴产业、信息化、信息化融合工业化、信息化融合城市化、信息化融合国际化相关知识的学习,把构建现代产业体系、推进自主创新、统筹城乡发展以及培植战略性新兴产业等内容,纳入培训课程设置,邀请权威专家学者以专题讲座形式,结合佛山产业结构转型升级的现状,进行专题培训。领导干部要带头学深一点,学透一点,才能在实际工作中,不说外行话,不办外行事,才能在瞬息万变中抢抓新机遇,引领产业和科技发展的潮流。

其次,要创新干部培训和人才培养方式。着重从四个层面开展培训:一是加强佛山市几套班子的理论中心组专题学习;二是开展大规模干部培训,包括对部分企业一把手进行培训;三是选派干部外出培训学习,包括到国内高校和中国香港、新加坡等地的培训学习;四是加强个人自学和互联网上的学习。同时,要有预见地引进和培养高层次人才和高技能人才,因应佛山市产业转型发展,大力培养先进制造业、现代服务业和新兴产业急需的各类人才,强化转型的人才支撑。

考察注重"促转变"实践　用人强化学习的导向

检验学习培训的最终效果,要看干部是否开阔了思路、提高了能力、解决了问题、推动了工作。在具体工作中,要对干部学习的运用情况进行必要的考察,作为今后选拔使用的依据。要把"要不要转"、"会不会转"以及转变的实际效果作为考察和选用干部的重要依据,把具有现代思维方式、善于加快转变经济发展方式的一大批"能干事、干实事"的干部及时提拔到领导岗位,从干部和人才上为加快经济发展方式转变提供人才保证。对于观念落后、知识陈旧、缺乏实干能力的干部,要进行必要的调整,从用人的导向上体现知识转型的新要求。

转变经济发展方式是一项长期的战略任务,既是一场攻坚战,也是一场持久战,必须树立长期作战的思想准备,既要立足当前,也要着眼长远。同时我们也要看到,在转型时期,需要我们放弃一些原来拥有的东西,从现有的利益格局中突破出来,并且要对过去曾经适用的理念和经验做法进行自我否定,这是艰难甚至是痛苦的,如果没有自我革命的决心和勇气,没有敢为人先的智慧和本领,是很难取得突破和成功的,这对我们每个人来说都是一个重大的考验。

（写于 2010 年 5 月）

实施商标战略，推动发展方式转变

> 商标战略不仅是企业发展的核心战略，也是一座城市、一个国家的重要发展战略。国家设立商标战略实施示范城市也正是基于这样一种战略思考。以商标战略实施为切入口，引导佛山品牌经济发展，推动佛山经济发展方式转变取得率先突破，是佛山应对国内外激烈竞争的必然选择。

2010年，经国家工商总局认定，佛山市成为首批国家商标战略实施示范城市之一。建设商标战略实施示范城市，为佛山转变经济发展方式提供了新的机遇、新的引擎、新的抓手。我们把建设国家商标战略实施示范城市当成建设"四化融合，智慧佛山"的重要抓手，以及提升佛山综合竞争力的有效载体，大力培育国际商标，创建区域品牌，不断发展壮大产业集群，促进经济发展方式转变。

2007年以前，佛山市拥有国家驰名商标只有16件，到2010年，佛山已拥有驰名商标数量42件，翻了一番有余，在广东位居第2位，驰名商标涉及行业也扩大到15个领域，佛山还被授予中国品牌经济城市和中国品牌之都的称号。近两年，佛山还成功注册了三水黑皮冬瓜和高明合水粉葛等5个地理标志，位居广东省第1位。

在看到成绩的同时，我们也清醒地认识到，佛山建设国家商标战略实施示范城市仍然任重道远，要在全国53个示范城市中脱颖而出，任务极为艰巨。主要的差距和不足有：一是相对数量上，佛山市场主体近35万户，平均1万户只拥有约1件驰名商标，数量不算多，所占比例还偏低；二是驰名商标总量上虽然居全国前列，但具有国内外影响力的绝对强势商标还不够多，高附加值产品比重偏小，对经济发展的拉动作用还不够明显；三是个别区、镇（街道）对商标战略意义认识不足，对扶持企业发展的商标公共服

第2章 智慧佛山：信息化与工业化、城镇化、国际化融合之道

务经费投入力度不够,对创建区域品牌工作的重视不够,商标发展各项指标明显偏低;四是部分企业对商标重视不够,有些企业老总对商标运作和商标管理缺乏战略思考,有的甚至还没有将商标战略实施真正纳入企业的现实发展中,投入较少。

这些问题充分说明,把佛山建设成为国家商标战略实施示范城市还任重道远。

品牌是城市最响亮的经济名片

商标战略不仅是企业发展的核心战略,也是一座城市、一个国家的重要发展战略。国家设立商标战略实施示范城市也正是基于这样一种战略思考。佛山正处于"工业化转型、城市化加速、国际化提升"的关键时期,以商标战略实施为切入口,引导佛山品牌经济发展,推动佛山经济发展方式转变取得率先突破,是佛山应对国内外激烈竞争的必然选择。

把建设国家商标战略实施示范城市作为佛山转变经济发展方式的有力武器。佛山目前人均 GDP 超 1 万美元,已进入工业化后期,加快经济发展方式转变的任务更加迫切。转变经济发展方式,关键要从佛山实际出发,创新转型思路,找出正确的转型路径,狠抓目标落实。市场经济发展大致要经历产品经营、资本经济和商标经营三个阶段,发达国家早已进入商标经营时代。佛山被国家工商总局授予国家商标战略实施示范城市称号,对佛山破解经济结构不尽合理、企业品牌附加值低等困局意义深远。我们要加快推进商标战略实施,用好用足扶持性措施,加快构建高端化、高质化、高新化产业结构,促进经济发展方式由重规模向重结构调整,转变竞争力方向,由重数量、重创汇向重信誉、重自主品牌方向发展。

把建设国家商标战略示范城市作为建设"四化融合,智慧佛山"的重要抓手。温家宝总理曾说过:"世界的竞争归根到底就是知识产权的竞争"。当今世界,企业走出国门,在全世界优化配置资源,参与国际一体化竞争已成为时代趋势。随着佛山市经济国际化程度不断提升,不培育一大批拥有市场影响力的强势商标,就难以在全国乃至全球经济发展中占有一

席之地。2010年,佛山市委、市政府提出以"四化融合"建设"智慧佛山",即以信息化带动工业化,提高产业综合竞争力;以信息化提升城市化,增强城市发展竞争力;以信息化加快国际化,提高经济发展国际竞争力,从而促进经济发展方式、城市管理方式、社会生活方式的转变。实现"四化融合,智慧佛山"是一场硬仗、攻坚战,佛山建设国家商标战略示范城市要主动服务于"四化融合,智慧佛山"战略的实施。通过实施商标战略,打造一批拥有知名自主品牌的新兴企业集团和产业集群,促使佛山的产业转型升级,加快实现工业化;通过实施商标战略,培育一批在全国叫得响的高端一线品牌,并实现与城市的高度相关,从而加快佛山的城市化进程;通过实施商标战略,扶持一批拥有自主品牌的出口企业,增强企业参与国际竞争的能力,提升佛山的国际化水平。"四化融合,智慧佛山"的建设,离不开商标战略的支撑和助推。

把建设国家商标战略示范城市作为提升佛山综合竞争力的有效载体。以商标为核心的品牌是一个地区经济形象的典型代表,是城市经济实力的高度浓缩,是城市最响亮的经济名片。宜宾五粮液、绵阳长虹等已经成为商标带动城市崛起的典型。提起青岛,就会想起青岛啤酒、海尔电器等驰名商标;提起佛山,就会想到佛山陶瓷、顺德家电等区域品牌。商标保护状况也是品味一个城市文明程度高低和衡量该城市现代化、国际化水平的重要指标。经济发展环境,特别是商标政策环境、执法环境,往往成为企业做大做强、地方招商引资的决定性因素。同样的材料、同样的款式、同样的质量,贴上不同的商标标签,价格就天壤之别。中国制造业之痛,就在于技术上缺少自主权,标准上缺少制定权,价格上缺少控制权,附加值上缺少收获权。其中最重要的就是没有自主品牌。其实,品牌的基因就是商标,有商标不一定就是好品牌,有好品牌必定有商标。

佛山是我国制造业的代表性城市之一,要通过大力建设国家商标战略实施示范城市,让广大企业走商标战略之路,形成知名商标、知名商号遍布,证明商标、集体商标群起,驰名商标、著名商标林立,强势商标、国际商标拔尖的良好局面,从而建立起以自主创新、自主品牌建设为核心的经济

智慧佛山：信息化与工业化、城镇化、国际化融合之道

发展模式，不断提高佛山的城市经营效益、综合竞争力和知名度。

品牌消费的全球化趋势越来越明显

在全球经济一体化的现代贸易体系下，世界强势品牌已经充斥各国市场，品牌消费的全球化趋势越来越明显。世界级的品牌数量仅占全球一般品牌总数的3%，其产量却占到40%以上，销售额占全球销售总额约50%，个别行业甚至高达90%。结合佛山产业发展特点，佛山建设商标战略示范城市的主要目标是：让更多的市场主体拥有更多的知名品牌；让更多的市场主体赢得更多的市场份额；让更多的市场主体参与更多的国际竞争，让更多的农民获得更多的实际收益。

大力培育自主品牌，推动佛山成为参与国际竞争的先锋队。广东省省委书记汪洋同志到佛山调研时曾寄望：佛山要努力成为广东参与国际竞争的先锋队，珠三角一体化建设的主力军，探索科学发展模式的排头兵。过去几年，佛山市一直致力推进企业"五阶段发展"战略：先夯实基础，创建自己的品牌，再注册自己的专利，尤其是发明专利，最后将自己的标准变成行业标准、国家标准甚至是国际标准，用自己的核心技术来打响自己的品牌，让他人为自己贴牌生产。佛山市实施商标战略，终极目标是鼓励、扶持佛山企业用自己的品牌、专利、标准，让他人为自己贴牌生产。佛山市示范城市建设工作，还要继续做好品牌支撑要素的全面建设，加快推进发明专利、技术标准等自主创新体系建设，同时重点加快培育参与国际性竞争的国际知名品牌工作。商标是企业走出去的护照，参与国际一体化竞争的"通行证"。我们要将品牌国际化作为鼓励企业实施商标战略的重点，确立一批企业开展示范工作，围绕企业商标国际注册、商标国际保护和自主品牌国际化三个关键环节，积极为企业走出去做好国际商标注册服务、资助，指导好企业积极应对海外商标纠纷，运用好当地法律和国际规则制止海外商标抢注行为和商标侵权假冒行为。

大力发展农业品牌，着力实现农民收入倍增计划。佛山市委、市政府提出的"三着力一推进"，其中之一就是要着力实施农村居民收入倍增计

划,加快城乡一体化发展。商标战略示范城市建设,更要有"示范三农"建设,因为"三农"是城市化和工业化的重要基础,也是城乡一体化进程中的短板。我们必须加大发展现代农业的力度,大力推广"一村一品、一地一牌"的品牌战略,努力使品牌农副产品遍地开花。要在全市范围内进一步挖掘农产品资源,强化农产品商标和地理标志注册的宣传和政策引导,积极扶持农民、农村经纪人、农村经济组织、涉农企业进行农产品商标和地理标志注册,提高农产品附加值,增强市场竞争力;大力推行"公司+商标(地理标志)+农户"的产业化经营模式,充分发挥商标在农业现代化、产业化、规模化中的作用。用通俗的话来讲,就是要让一个蛋能卖一只鸡的钱,让一只鸡能卖一头猪的钱,让一头猪能卖一头牛的钱,让农民实实在在取得经济效益,实现收入倍增。

大力创建区域品牌,不断发展壮大产业集群。经过改革开放30多年的发展,专业镇和产业集群数量众多已成为佛山最具特色、最具活力的经济特征之一。专业镇和产业集群不仅发挥了可观的规模经济效益,也在提升佛山市产业竞争力、创造就业机会等方面发挥了不可估量的作用。但整体而言,佛山市传统产业高附加值产品比重小,品牌效益不突出,加快产业集群转型升级迫在眉睫。

2010年4月,国务院《珠江三角洲地区改革发展规划纲要》考核组到佛山调研检查时,既充分肯定了佛山落实《珠江三角洲地区改革发展规划纲要》所取得的成绩,同时也指出了存在的一些问题,其中缺乏大型企业集团和大型产业集群是佛山市经济发展亟须解决的重要问题。为此,我们一方面要通过引进全新高端产业、培植战略性新兴产业实现产业结构调整;另一方面要大力开展区域品牌创建工作,以区域品牌培植带动产业链整合,提升集群"自我造血"功能,以区域品牌建设引领现有优势产业集群发展方式转变,把产业集群优势转化为与地域紧密结合的品牌优势。

综合分析佛山目前主要产业集群的规模、发展现状、发展的前景、上下游产业链的构成、产业的社会影响力和区域带动力,认真选取对佛山经济社会发展有重大影响的产业集群,加快区域品牌创建,通过证明商标、集体

第2章 智慧佛山：信息化与工业化、城镇化、国际化融合之道

商标等公共品牌的管理、营销、推广、保护，提高区域品牌的持续竞争力。各区要紧密结合本辖区经济发展实际，各自确定试点单位，加大区域品牌创建工作的实质投入，提高产业集群区域品牌竞争力。被选取的"佛山陶瓷"和南海"盐步内衣"区域品牌试点，要为全市区域品牌创建工作提供更多经验。

大力服务新兴产业，不断推进新型工业化发展。近年来，佛山把发展战略性新兴产业作为调结构、促转型、保增长、构建现代产业体系的重要战略部署来抓，在新光源、新能源等领域的新兴产业得到了较快发展。2009年，这些产业的工业总产值约有1 400亿元，2010年佛山还荣获国家首批"国家新型工业化产业示范基地"称号。目前，佛山战略性新兴产业发展集中体现在"三光"产业（光电显示、光照明、光伏）以及生物医药、新材料等领域。其中，佛山的光照明领域（LED产业）发展迅猛，基本形成了产业集群雏形，是国内规模最大的电光源生产基地之一。我们还出台了《佛山市战略性新兴产业扶持办法（试行）》，给予重点发展产业重点扶持。相关部门要在考虑资金引导、税收激励、金融创新的同时，重点考虑佛山市战略性新兴产业发展过程中如何切入品牌服务，在企业中实施商标战略，使商标战略工作在推进新兴工业化的过程中早介入、早跟踪、早培育、早规范、早出成果。

成为首批国家商标战略实施示范城市，对于佛山来讲，既是一种荣誉、一种压力，更是一份沉甸甸的责任，我们要以此为契机，以科学发展、先行先试为引领，凝聚全市智慧，务求在以商标战略推动佛山经济发展方式转变上取得实效。

（写于2010年7月）

第3章 敢为人先：中国先发地区的道路和方向

第3章 敢为人先：中国先发地区的道路和方向

经营城市，把城市作为一种资源来管理

> 政府在市场经济条件下，按照经济规律，用资本化的手段、措施和管理方式，将城市发展中的可经营性项目推向市场、推向社会，以求城市建设与管理的良性发展。

21世纪是城市世纪。21世纪的到来将使城市在经济社会发展中的地位和作用更加突出。伴随着中国加入WTO后的经济转型和全社会固定资产投入的迅猛增长，经营城市——把城市作为一种资源来管理，已实实在在地摆到了各级政府的议事日程上。

城市是一种资源

虽然说源于20世纪90年代的新理念"经营城市"作为一种新的城市发展模式，至今还有争论，但它遵循了一条无可争议的定律——政府在市场经济条件下，按照经济规律，用资本化的手段、措施和管理方式，将城市发展中的可经营性项目推向市场、推向社会，以求城市建设与管理的良性发展。这是"经营城市"的精髓。其核心在于各城市建设发展中，借助于市场化、资本化和国际化的运作，既解决各级政府在现代化大城市建设中资金严重不足的瓶颈制约问题，又全面提升城市管理、城市功能、环境、品质及其承载力、辐射力、带动力和竞争力，进而全面推动社会进步。其理念——经营城市，应贯穿于城市发展的全过程。

可以这样来解读城市是一种资源这一理念。

首先，它是一种泛资源。这里包括城市的经济、历史、文化、地理、环境、人文、科技、形象、精神、政策、制度、理念，以及各个领域所产生的社会需求等。

其次，它是一种基础设施资源。这就是通常我们所说的类似路桥、地

铁、轻轨、交通、现代化中心组团、环境保护、体育场馆,甚至包括某些能源、水利、信息技术设施建设。该资源由有形的基础设施和无形的技术网络设施所组成,并由此影响着城市的外形、特征、品位、功能和作用。

最后,它是一种产业资源。各城市由于经济地理和自然条件的不同,决定着其以三次产业中的哪种产业为主要的发展方向。当然在现实的经济发展进程中,也不乏在发展第一产业或第二产业的过程中,伴随着强盛的物流业、会展业、金融业、旅游业、中介服务业和商业零售业等第三产业的案例。

在上述三个不同层面的城市资源中,至关重要的一点是各级政府领导,应清晰地认识到该城市资源性质可分为两类:一类是城市可经营性项目,诸如城市基础设施、交通、环保、供水、供电、供气、非义务性的教育、科技、文化、卫生、体育事项、主要标的的冠名权以及各种产业等;一类是城市非经营性项目,即除前类之外的其他项目,通常我们称之为公益性事业(当然前类部分项目中也包含有公益性事业的成分)。以此来界定政府在城市建设和发展中的职能。

对前一类,政府在经营城市中,应尽可能地通过资本化的手段、措施和管理方式,把它们交给市场、社会以及国内外各类投资者。

对于后一类,在那些市场达不到的领域,政府应责无旁贷地、全面地承担起对其建设、管理、发展的作用,这也是作为取之于民、用之于民的财政要弱化其建设性财政职能、强化其公共(公益性)财政作用的原因。

把城市作为一种资源来管理

可见,经营城市——把城市作为一种资源来管理,是把城市发展中的各种可经营性项目作为一种资源来管理。它包括两层含义:一是经营各种可经营性项目的载体的确定问题;二是经营、建设各种可经营性项目所需资金的筹集问题。

对于前者,我们通常可以以独资、合资、合作、股份制甚至国有民营等方式组建建设项目的载体。它不仅能根据市场需求、社会供给和国际经济发展的客观趋势进行有效投资,优化结构,促进经济和社会的稳步发展,而

第3章 敢为人先：中国先发地区的道路和方向

且能根据对市场的预测进行有效调控,防范风险,避免重大损失。因此,在我国城市发展方式的变革——实施经营城市的进程中,各级政府应对原有城市可经营性项目——"存量资产"的载体实行产权改造,让其按照客观规律和市场经济发展的要求,形成与运用资本市场手段相适应的载体,即将"存量资产"的载体改制成国有民营、股份制、合资、合作、拍卖给国内外投资者,使其成为独资形式等作为城市可经营性项目的载体;而对于新增城市可经营性项目——"增量资产"的载体,则应一开始就从独资、合资、合作或股份制等形式入手组建,使其能够按照经营城市的市场规划奠定好载体基础和发展条件。对于那些新增的城市可经营性项目,一时由于资金与投资者"短缺"而先用了财政资金或政府财政作担保向银行贷款的资金来组建的政府公司,则应在其投资建设的过程中及时、有效地进行转制。要防止"增量资产"的建设中重新走回国有体制管理载体的老路。

对于后者,我们则可以通过资本市场融资的方式解决项目建设资金的问题,如:(1)发行债券和发行可转换债券;(2)发行股票;(3)设立项目基金或借助于海内外的基金投资项目;(4)以项目为实体买壳上市;(5)项目资产证券化;(6)项目并购组合,捆绑经营;(7)租赁;(8)抵押;(9)置换;(10)拍卖。我们也可以通过项目融资的方式,招商引资,吸纳国外资金、民营资金、混合体企业集团资金来建设项目。

我们还可以通过收费权、定价权等手段,运用DBO（设计—建设—经营）、BOT（建设—经营—移交）、BOO（建设—经营—拥有）、BOOT（建设—经营—拥有—转让）、BLT（建设—租赁—转让）、BTO（建设—转让—经营）、TOT（转让—经营—移交）等方式实施特许经营权融资。

各级政府可根据不同的城市可经营性项目的特点和条件,采取不同的融资方式,或交叉运用不同的融资方式。例如城市的环境保护项目,对关系人民群众切身生活与生命利益的供水工程,政府应该100%或以绝对控大股的方式去建设、运营和管理;而对于污水治理工程,政府则可以采取"3P"的方式（当然也可以用独资的方式）——即政府的供水公司作为公共公司（Public）和私人公司（Private,可以是多个）组建成合作伙伴（Partner）,

向政府运用BOT或TOT等特许经营权方式进行城市污水处理厂和管网的建设、运营与管理;如果"3P"的载体模式、运营方式得当,成本小,收益大,则完全可以同时在适当的时期,将整个城市的污水治理项目作为一个上市公司来运作,发行城市污水处理项目或公用事业项目股票,既把城市公共事业项目的经营管理提高到国内国际水平和档次,又能借助于资本市场手段发行股票,把募集来的资金进一步用到环保项目上去,把城市的环保事业做强做大。这样,按照市场化、国际化的要求,各级政府运用多层次、多渠道的社会直接融资手段,再结合必要的银行贷款等间接融资方式,并运用财政在城市建设和发展中"四两拨千斤"的作用,城市建设将能克服资金的瓶颈制约。城市管理将能提升并科学地可持续发展,有限的财政才能真正作为公共财政用在人民群众日益需求的公益性事业上。

把经营城市作为政府行为方式的一次变革

应该要懂得,在我国不同的经济发展阶段,政府有着不同的城市建设与发展职能。

在计划经济阶段,政府对城市的建设和发展主要表现为"行政指令、政绩工程、非经济性"的方式。

在社会主义市场经济成长阶段,政府对城市建设和发展的作用主要表现为"政府推动、社会参与、市场运作"的方式。

在社会主义市场经济成熟阶段,政府对城市建设和发展的作用主要表现为"政府引导、市场运作"的方式。

现在我们所处的是从计划经济走向市场化、社会化、国际化的转型时期,即社会主义市场经济的成长阶段。在这个阶段中,政府应改变在城市建设和发展中"只为社会提供无偿服务型、共享型的公共产品;只投入、不收益;只建设、不经营;只注重社会性,而忽视经济性;只注重公益性,而忽视效益性,其长期结果是造成城市资源的大量损耗,城市建设的重复浪费,城市管理的低层次、低水平和无序性运转"的状况。

各级政府应该看到,我国现有的各类城市——其"存量",是我国各级政府长期巨额投资的一笔庞大资产;其"增量",是我国各级政府加速发展和提升城市管理的一笔巨大资源。应该用社会主义市场经济的眼光,重新认识和审视我们的城市;应该用社会主义市场经济的手段,改制、重组我们原有的"存量",营运、盘活我们将有的"增量"。

经营城市——把城市作为一种资源来管理,"政府推动、社会参与、市场运作",应是当前转型时期我国各级政府在城市建设与发展中的主要方向。

因此,在现阶段,各级政府应把经营城市当做政府行为方式的一次变革,在方式上应从计划经济时期的行政指令性调配城市资源转化为以市场经济和法律、法规手段来配置城市资源;在对象上应从对某一具体项目的微观管理转向对整个城市资源的规划、开发、利用、经营、管理和对整个城市人民群众生产、生活、生态环境的优化升级上来。以经营城市的视野规划城市,挖掘城市资源,打造城市品牌;以经营城市的手段开发、建设城市,拓展融资渠道,搭建投资平台;以经营城市的方式运营、管理城市,盘活城市资产,整合城市资源,使城市真正能够实现率先发展、协调发展、科学发展、可持续发展。

(写于 2004 年 3 月)

慎用传统银行思维调控现代金融发展

中国现阶段的金融市场,是以商业银行运行为基础,并存着一定规模的资本市场发展,形成以利率、汇率、现货、期货为主要市场要素的现代金融市场。我们应该用现代金融思维、政策、工具、措施来促进、调控、监管现代金融市场发展。

传统银行理论主要是围绕货币展开研究的。其重点是货币及其价格——利率问题。现代金融理论是在商业银行运作的基础上,结合资本市

超前引领：对中国区域经济发展的实践与思考

场的发展来展开研究的，包括利率、汇率、股票、期货等现代金融市场基本要素。其重点是研究资产定价，尤其是证券资产的定价问题。

我国在1983年前，由财政部监管传统银行业务，同时负责国债发行事项；1983年，中国人民银行开始独立并履行中央银行职能；1983年至1992年，中国人民银行监管传统银行业务，同时监管以国债为主体、股票市场刚刚萌芽的中国资本市场；1992年，中国证券监督管理委员会成立；1995年，《中华人民共和国商业银行法》颁布。经过数年演进，中国金融管理体系初步建立了一个监管框架——中国人民银行行使中央银行职能，中国银行监督管理委员会监管商业银行业务，中国证券监督管理委员会监管资本市场业务，中国保险监督管理委员会监管保险市场业务，谓之"一行三会"。

现代金融市场在中国正逐渐形成

到目前为止，中国的金融市场已逐步形成一个以市场为主导的，既包括现代商业银行体系——有流动性较强的货币市场，又包括一个逐步完善的现代投资银行体系——有以债券、股票、基金、期货等为要素的逐步发展的资本市场。

以2007年数据为例。

（1）银行存款。截至2007年年末，银行业金融机构本外币各项存款余额40.11万亿元，同比增长15.24%。

（2）利率。2003年，党的十六大报告提出：稳步推进利率市场化改革，优化金融资源配置。党的十六届三中全会进一步明确"稳步推进利率市场化，建立健全由市场供求决定的利率形成机制，中央银行通过运用货币政策工具引导市场利率"。

（3）汇率。自2005年7月21日起，我国开始实行以市场供求为基础、参考一篮子货币进行有调节、有管理的浮动汇率制度。2005年7月22日之前美元与人民币比率是1∶8.2765；到2007年12月汇率平均数为1∶7.3676，累计升值幅度约11%，并进一步加速升值。

（4）上市公司股票市值。截至2007年年底，境内上市企业1 550家，境外上市企业 148 家。沪、深两市总市值 32.71 万亿元(约合 4.44 万亿美元),增长 265.91%;流通市值 9.31 万亿元,增长 272.2%。A 股市场全年累计筹资 7 728 亿元,增长 217.8%。境外上市公司筹资额合计 1 075.08 亿美元(2007 年当年筹资 126.16 亿美元)。

(5) 债券市场。截至 2007 年年底,债券市场成交总额 62.91 万亿元。年末国债余额为 5.34 万亿元。2007 年共发行国债总计面值 2.35 万亿元,同比激增 1.46 万亿元。金融债发行额 1.11 万亿元。次级债发行额 376.5 亿元。公司债融资规模达 5 181 亿元(其中,短期融资券 3 349.1 亿元,企业债券 1 719.86 亿元,公司债券 112 亿元),较 2006 年增加 1 243 亿元,增长 31.6%。

(6) 基金。截至 2007 年年底,基金净值 3.28 万亿元。其中,59 家机构具备 QDII 资格(银行 23 家,保险公司 20 家,基金管理公司 12 家,证券公司 4 家),共计 455.88 亿美元的额度;49 家机构获批 QFII,共计 300 亿美元额度,目前共使用 99.95 亿美元的投资额度;社保基金总资产市值达 5 162 亿元。

(7) 期货。2007 年商品期货市场交易总额为 40.974 万亿元,金融期货正在酝酿推出过程。

可见,中国现阶段的金融市场,是以商业银行运行为基础,并存一定规模的资本市场发展,形成以利率、汇率、现货、期货为主要市场要素的现代金融市场。虽然其规模对比西方发达国家还有一定距离,但其要素具备、框架清晰、功能齐全,早已不是传统意义上的金融市场。

因此,我们应该用现代金融思维、政策、工具、措施来促进、调控、监管现代金融市场发展。

树立现代金融意识

众所周知,1929—1933 年的世界经济大危机,使众多银行倒闭,无数的银行存款者血本无归。美国 1933 年成立联邦存款保险公司(FDIC),颁布《1933 年格拉斯—斯蒂格尔法》(*the Glass-Steagall Act of* 1933)。其后 50

多年(1934—1985年),美国金融业(包括商业银行业和投资银行业)分业经营,分业管理,逐步发展。1985年后,美国商业银行间并购案例激增。1989年,J. P. 摩根开始涉足证券、保险、房地产业。1999年,美国1999年通过《金融现代化服务法案》,银行、证券、保险等跨业务的发展和"金融超市"机构不断形成。现代金融市场、体系与机构在分分合合中迅速发展。

在我国,现代金融体系包括:

(1)金融品种。除商业银行各类业务外,资本市场的债券、股票、基金、期货等各类产品正逐步齐全,并且正以品种增多、总量扩大的趋势迅速发展。

(2)金融机构。现在银行、证券、基金、期货、结算、保险、交易所等与海外各类金融机构并存,已呈现现代金融体系的架构。

(3)金融监管。"一行三会"是典型的货币市场与资本市场相结合的现代金融体系监管框架。

中国加入WTO五周年过渡期已经结束,国际金融机构的涌入,国内金融公司的发展,使业务竞争加剧,涌现出更多机构投资者。高科技成为竞争制胜的重要手段,跨行业、跨区域甚至跨国界的并购活动已经开始,同时出现提供全方位金融服务的"金融超市"机构雏形,人才竞争成为竞争焦点,金融发展逐步成为新一轮的经济增长点,金融风险也在扩大,等等。可以说,我国从传统银行业务向现代金融市场发展,引发了一系列的金融突变,并由此使中国的金融体系逐步进入一个新的历史阶段。因此,我们就应防止金融意识停留在传统的金融理论框架、金融业务操作与金融监管措施上。

货币供给量应考虑货币市场共同基金的因素

随着现代金融体系的完善,20世纪90年代初,美国根据货币供给量增长与经济表现之间的关系,把非机构货币市场共同基金和机构货币市场共同基金分别加入了原有的M2和M3定义中。它表明,在现代金融市场上,美国联邦储备委员会根据对美国经济和金融市场的分析判断,结合实际经济过程中出现的广泛的金融创新,有效地决定着货币调控政策和调控指标。如1971年他们决定采用M1、M2和M3为货币供给调节指标,并以M1为主;1987年后,随着金融创新不断涌现和管制放松,M1与经济表现之间的关系较弱,他们又在M2和M3中加入货币共同基金的因素,并以M2为主要调控目标;1990年后当M2与经济表现不一致时,他们又放弃使用货币总量度量指标M1、M2和M3作为调节指标,改用联邦资金同业隔夜拆借利率作为货币政策调节目标;等等。其灵活有效的货币供给调节指标等政策工具对经济发展起到了重要的作用。

中国的金融市场还没有发达到美国的那种程度。中国目前的广义货币量也还没有包括非机构和机构货币市场共同基金。中国当前货币政策一个相当重要的出发点是防止通货膨胀,但却使现行的货币供给量,包括信贷计划、现金计划等与经济运行的原有紧密程度受到了挑战,货币供给量的调控与经济增长方式发生了偏离现象。在我国现行的金融体系中,现实的资产结构发生了变化,利息对股票市场的影响越来越大,货币市场共同基金也成为影响我国货币供给的一个不可忽略的变量。虽然我国最终不一定以货币供给总量来调节宏观经济运行,但在实际进程中,也应注意到,既在现代金融发展现阶段上认清货币供给量中M1、M2和M3效果的有限性,同时又在这一阶段上结合实际,把非机构货币市场共同基金和机构货币市场共同基金加入到M2、M3中,并在运行中不断调整调控目标,从而促进货币供给或货币政策与实际经济运行相吻合。

宏观金融调控应以公开市场操作为主

现代金融体系的完善,使货币政策调控工具不仅包括对货币市场的调节要素,而且包括对资本市场的调节要素。在美国,货币政策调控工具不仅包括公众所熟悉的"三大法宝"——公开市场操作、贴现与再贴现、存款准备金率,而且还包括专门针对资本市场货币流通量的调节要素——证券投资透支比率,形成美联储四大货币政策调节工具。它表明,美联储通过对货币总量和信用总量调控的货币政策,在促进经济增长和控制通货膨胀方面扮演着非常重要的角色。

货币政策调控的目标,是要保持经济发展、物价稳定、充分就业和国际收支平衡所需要的货币流量和信用流量的平衡。这种平衡通常通过影响金融机构储备水准来实现。(1)公开市场操作。通过在公开市场上买卖政府债券,来影响货币总量和信用总量,并影响货币储备量和货币基础。(2)贴现率。以影响储蓄机构使用资金的成本,来影响贷款和投资活动,进而影响货币基础。(3)存款准备金率。其变化会影响货币乘数。(4)证券投资透支比率。其变动直接影响证券市场的投资活动。早期,贴现政策是美国调节货币和信用流量的主要工具;后来,美国不断运用其他调节工具,但发现公开市场操作与存款准备金率的功能相同,且前者在实际调节中更具有弹性,而后者的"刚性"易导致直接的货币供应减少、出现经济不景气和伴随高失业率时,1990年12月,美联储取消了对所有定期存款的存款准备金要求;1992年4月,又将活期存款的存款准备金率从12%降到了10%。加拿大、瑞士、新西兰、澳大利亚等国干脆完全取消了所有存款准备金的要求。公开市场操作成为现代金融体系发达国家中最重要的一个货币政策工具。

现阶段我国的货币政策工具多于他国,主要有公开市场操作、再贴现率、存款准备金率、利率政策、窗口指导或称信贷政策、中央银行贷款、信贷指导性计划和政策性贷款等八大货币政策调控工具。虽然我国在积极改革货币政策工具和货币政策传导机制,尤其是在1998年至2000年应对亚洲金融风暴的过程中,公开市场操作发挥过重要作用,其他各项货币政策工具及货币政策传导机制也发生了很大变化,但是,(1)货币政策工具太多,在实际应用中容易产生矛盾,甚至产生与预期相反的结果;(2)自2003年9月21日存款准备金率由6%调至7%之后,一直到2008年6月25日,共上调存款准备金率21次,达到17.5%。既出现让人感觉我国的宏观调控手段比较简单的认知,又出现信贷资产增长变慢,企业尤其是中小企业经济不景气,伴随部分企业倒闭而出现较高失业率的"刚性"结果;(3)更重要的是,在现代金融体系形成和发展的过程中,我们对主要货币

第3章 敢为人先：中国先发地区的道路和方向

政策工具的选择及运用，应更多地按照市场化原则来确定和执行，而非运用自身可调配的权力。以公开市场操作为主体，组合其他货币政策工具的实施，应该是我国在现代金融体系中进行宏观调控的一个方向。

金融政策及其工具的选择和运用，看似简单，实际却是一个复杂工程。一方面，在我国，现代金融体系的形成，货币市场与资本市场的互动影响，仍然是个新课题；另一方面，只要我们在市场化、国际化的方向中，不断探索、完善与现代金融发展相吻合的相关政策措施，出现的偏差就会少些。

（原载2008年7月28日《学习时报》）

金融海啸中佛山突围的"秘诀"

佛山作为受国际金融危机冲击最早的地区之一，经济发展遭遇到前所未有的挑战和压力。但佛山市委、市政府在危机面前不悲观，认为佛山有基础工业、民营经济、骨干企业、集群产业、名牌产品等五大方面的优势，经济发展的基本面并没有被改变，重要战略机遇期仍然存在。

2008年始于美国的金融危机，逐渐向全球蔓延，中国经济不能独善其身，珠三角的企业更是首当其冲。在这种情况下，"佛山制造"能否挺住，一直是外界关注的焦点。老子曾说过一句话，"祸兮福所倚"。所谓危机，实际上可以理解为有"危"有"机"，我们要做的就是化"危"为"机"，谋求更大发展。

我们是这样想的，也是这样做的。2009年，佛山完成地区生产总值4814.5亿元，同比增长13.5%，超过年初预定目标2.5%，领跑珠三角，实现率先突围。

珠三角的制造业有两种模式：一是珠江东岸模式（以东莞为代表），以加工贸易为主，"两头在外"特征明显；二是珠江西岸模式（如佛山、中山、

超前引领：对中国区域经济发展的实践与思考

珠海），有自己的市场网络和品牌，产业链条也较完整，产品以内销为主，且大多数企业为民企，并形成产业集群。佛山之所以能够保持快速稳步的发展势头，民营经济特色和企业的自主创新能力是重要法宝。

东西岸两种模式在金融海啸中表现不一，其深层次原因在于：第一，产业结构。佛山第二产业占比约65%，以工业制造业为基础，这种实体经济突出的产业结构具有旺盛的竞争力。第二，双轮驱动。民营企业具有较强的根植性，与外资企业双轮驱动。当前形势下民营企业发挥了重要支撑作用，具有非常强的抗风险能力。第三，规模企业效应。目前佛山超亿元产值的企业有2 200多家，10亿元到100亿元的企业有250多家，超百亿元的企业有6家。这些上规模的企业没有受到根本性影响。第四，企业家。佛山有一批摸爬滚打成长起来的企业家，具有非常高的智慧来解决目前面临的困难和问题。第五，产业升级，自主创新。佛山提出了企业五阶段发展战略，第一阶段是夯实基础，第二阶段是创造品牌，第三阶段是注册专利，第四阶段是制定标准，让自己的标准变成行业标准、国家标准乃至国际标准，第五阶段是拥有自己的品牌、专利、标准，让别人为我们做贴牌生产。

佛山作为受国际金融危机冲击最早的地区之一，经济发展遭遇到前所未有的挑战和压力。但佛山市委、市政府在危机面前不悲观，认为佛山有基础工业、民营经济、骨干企业、集群产业、名牌产品等五大方面的优势，经济发展的基本面并没有被改变，重要战略机遇期仍然存在，必须坚定信心，抢抓机遇，掌握应对危机的主动权。

美国次贷危机发生后，我们敏感地预测到，次贷危机可能发展演变为国际金融危机，并将严重影响实体经济。佛山市委、市政府高度重视，多次组队深入基层开展调研，召开了近20个座谈会，走访了100多家企业，与他们一起研判形势，并判断2009年国际经济将呈"U"形走势，我国经济将呈"V"形走势。及时出台了《佛山市关于促进经济平稳较快发展的若干意见》，推出10大类42项措施，加大投资力度，进一步扩大内需，有效促进全市经济平稳较快发展和经济转型升级。计划实施102项重大建设项目，通过政府推动、企业参与、市场运作的方式，带动全社会总投入约1 800亿元,其中 2009—2010 年投入约 1 200 亿元。

为让企业"冬泳"不"冬眠",政府加大对企业的扶持和服务。第一是落实优惠政策。积极落实国家出口退税、增值税转型、减免行政性收费、国家振兴规划等政策措施,使各项政策及时惠及企业。第二是解决市场问题。一方面鼓励和引导企业拓展内销市场,落实国家和广东省的"家电下乡"、"农机补贴"等政策,开展"广货全国行"及广佛同城促销等系列活动,促进佛山家电、机械装备、纺织等主导产品扩大市场;另一方面加大资金扶持力度,稳定外贸出口,鼓励和引导企业通过展会、经贸洽谈等方式拓展外销市场。第三是解决企业融资难题。积极抓好与 6 家商业银行签署 2 800 亿元的授信额度的落实工作,2009 年全年新增贷款总额超过 2 273 亿元,其中企业贷款 1 312 亿元。组织累计超过 3 000 多家企业参加政、银、担、企合作洽谈,为中小企业融资搭建平台。建立和完善融资担保体系,2009 年担保机构为 1 880 家企业提供融资担保约 83 亿元。

所谓弯道好超车,我们利用金融危机的倒逼机制,推动产业结构调整优化升级。我们认为,当前的危机是传统发展模式之危、科学发展模式之机。"保增长"是中心任务,但不能因为保增长,再回到粗放发展的老路上去,而是要利用金融危机形成的倒逼机制,促使佛山从传统发展模式向科学发展模式转变。

佛山是传统制造业基地,传统产业所占比重较大,但传统产业不代表落后,传统产业运用信息技术和先进适用技术进行改造,可以实现现代制造,形成强劲的发展势头。近年来,佛山以打造世界级的"陶瓷之都"、"白色家电之都"、全球平板显示产业基地,以及专业机械装备、金属材料加工与制品、家具、新材料、汽车及零配件、食品及饮料、轻纺、节能环保、医疗保健等国家级特色产业基地为目标,坚定不移地实施"三个一批",即淘汰一批落后产能,改造提升一批传统产业,培育发展一批新兴产业。

自主创新品牌和自主创新能力是最强的竞争力,也是抵御金融危机的最有效办法。佛山把提高自主创新能力作为应对当前金融危机、提升国际竞争力的中心环节来抓。2009 年我们把握佛山作为新一轮中科院与广东省全面战略合作重点示范市的契机,积极开展与中科院的战略合作,共建中科院佛山产业技术创新与育成中心,促成各类院企合作项目近 100 项。与科技部、广东省共建佛山国家火炬创新创业园,实施"技术改造技术创新百亿千项工程",组织全市企业实施 1 000 项技术改造技术创新项目,带动投资 100 亿元。到 2009 年,佛山组建了 5 个省部产学研创新联盟,共有产学研示范基地 33 个,引进高校驻佛山办事处 21 所,其中研究院 18 所,建立院士工作室 13 个;有各级企业工程技术研发中心 493 个,科技专业镇公共服务平台 19 个,科技企业孵化器 9 个。大力推进专利、品牌、标准建设,全市发明专利申请量和授权量分别为 1 853 件和 646 件,分别增长 17.7% 和 76.5%,新增中国驰名商标 9 件,参与制定并发布国家标准 105 项、行业标准 8 项。

改革是发展的动力,也是实现科学发展的重要保证。突如其来的国际金融危机虽有阵痛,但也增强了人们变革的紧迫感,加快了佛山深化改革的步伐,为深化体制机制改革提供了历史机遇。佛山市抓住《珠江三角洲地区改革发展规划纲要》出台的机遇,紧紧围绕"科学发展、先行先试"的主线,不断深化重点领域改革。第一,从解决最紧迫、最突出、最重大的问题入手,把群众反映最强烈的问题作为改革的着力点,着力推进医疗、社会保障等公共领域的改革。第二,突出转变政府职能,推动政府机构实行大部制改革,市级政府工作部门从 33 个减少到 31 个;顺德区改革力度最大,党政群部门由 41 个调整为 16 个。第三,支持顺德区开展综合改革试点工作,在经济、社会、文化等方面行使地级市管理权限。市直各部门还先后向顺德区下放 616 项行政审批和日常管理权限。第四,在南海狮山镇、顺德容桂街道开展"简政强镇"改革,两试点镇(街)除需由区统一协调管理的事项外,在经济发展、市场监督、公共服务、社会管理、民生事业等方面将享受县级经济社会管理权限。此外,行政审批、事业单位、投融资、财政体制等改革工作进一步加快。

高度关注民生,为应对国际金融危机,奠定坚实的社会基础。坚持以人为本,是科学发展观的核心内容。要实现扩大内需、拉动消费,关键是要让发展成果直接惠及人民群众,让人民群众没有后顾之忧,有钱花、敢花钱,

第3章 敢为人先：中国先发地区的道路和方向

提高人民群众的消费能力和消费信心，推动经济走上内需驱动型的良性发展轨道。一方面，优化财政支出结构，继续加大对"三农"、就业、社会保障、教育、医疗等领域的支持力度，加大对低收入家庭的补贴和救助力度。完善社会保障体系，加大对社会保障的投入，提高低收入群体的社会保障水平，提高养老金水平与优抚待遇标准。公共财政进一步向民生倾斜，2008年和2009年，佛山市一般财政预算公共服务和民生事业支出分别为201.47亿元和236.98亿元，占一般财政预算支出的比例分别为82.5%和88.76%。另一方面，政府每年向社会承诺办好十件民生实事。2008年，实施渔民上岸安居工程，解决了无房户渔民住房问题；拓展免费义务教育范围，将非佛山户籍人口子女的13类政策性借读生纳入免费义务教育范围；建立居民门诊基本医疗和职工门诊基本医疗保险制度，在广东省乃至全国率先步入全民医保时代；提高了企业退休人员基本养老金和低保标准等。2009年，建设保障性住房2440套；政策性农业保险水稻险实现全覆盖；居民住院医保实现市级统筹，门诊基本医保报销范围扩大；新建45个社区卫生服务站，完成205个社区卫生服务站信息化基础设施配套建设；开展生猪及肉品专项整治行动，食品安全得到有效保障；完成革命老区饮水改造工程132个等。近两年政府承诺办好的十件民生实事顺利完成，进一步解决了一批群众关注的热点问题，有效保障和改善民生，为成功应对国际金融危机奠定了坚实的社会基础。

2010年是巩固应对国际金融危机阶段性成果、保持经济平稳较快发展的关键一年，我们必须深入贯彻落实科学发展观，全面实施《珠江三角洲地区改革发展规划纲要》，以"促增长、调结构、抓改革、惠民生"为主线，以转变经济发展方式为核心，坚定不移调结构，脚踏实地促转变，着力扩大内需，着力构建现代产业体系，着力加快城乡、区域一体化发展，着力推进改革开放和自主创新，着力保障和改善民生，推动经济社会实现又好又快发展。具体要抓好以下几项工作：

（1）坚定不移推进结构调整，着力提高经济增长的质量和效益。调结构是2010年佛山经济工作的"头号工程"。一是优化需求结构。落实国家、广东省扩大内需的系列政策措施,加强房地产市场调控,加大财政对民生事业的投入,完善社会保障体系,提高城乡居民收入,增强城乡居民消费能力。促进出口贸易稳步回升,实施企业"走出去"战略,引导和支持企业在稳定传统市场的基础上,开拓国际新兴市场。二是推动城乡一体化发展。中央经济工作会议指出,以稳步推进城镇化为依托,优化产业结构。结合佛山市实际,大力推进统筹城乡一体化发展,推动公共财政向农村倾斜,公共基础设施向农村延伸,公共服务向农村覆盖,构建全新的城乡发展形态,提高城乡对产业、资源、人才和信息的综合承载能力。三是全力推进"三旧"改造。把"三旧"改造作为"调结构"的重要抓手规范有序推进。实施"三旧"改造"532 工程"(即 2010 年完成"三旧"改造项目用地面积 5 万亩,2011 年完成 3 万亩,2012 年完成 2 万亩),力争用 3 年时间实现"旧貌换新颜,三年建造新佛山","三旧"用地中共有工业和仓储用地 6.98 万亩(占 27.6%),通过"腾笼换鸟"引进科技型、创新型、高附加值的企业进驻,推动佛山制造向佛山创造转变。四是大力发展现代服务业。坚持生产性服务业与生活性服务业并举,积极实施服务业"314"计划(用 3 年时间,实施 100 个现代服务业重点项目,到 2012 年第三产业增加值占 GDP 比重达到 40% 以上),重点打造 12 个功能突出、规模领先、辐射力强的现代服务业片区,加快推进岭南天地、奥特莱斯、云东海等重点项目建设和城市商圈发展。五是加快发展战略性新兴产业。认真研究国家出台的产业导向政策和国家产业振兴规划,加快编制并实施佛山市 15 个重点产业发展规划,探索设立新兴产业培育发展基金,重点打造 12 个国内领先、辐射较广、自主创新能力较强的产业高地,抓好平板液晶显示、无线射频、光伏、薄膜太阳能、华南基因谷等一批重点项目建设。

(2)实施重大项目带动战略,着力推动经济平稳较快增长。一是积极做好重点项目安排、申报和立项。拟安排 2010 年佛山市重点建设项目 250 项,总投资约 3 101 亿元;初步列入广东省重点建设项目 59 项,总投资约 2 274 亿元;并上报了一批中央投资项目储备项目。二是加强重点投资项目的规划建设。制订详细的工作计划,加快启动,抓好投资计划项目,尤其

第3章 敢为人先:中国先发地区的道路和方向

是已落实资金的项目的建设。对已开工或已立项的项目要加强各项服务和检查监管,加快建设进度,力争早日完工;对未开工的项目抓紧完善各种手续,抓紧协调解决好用地、资金等问题,争取早日开工。

(3)继续深入实施《珠江三角洲地区改革发展规划纲要》,着力推动区域经济一体化发展。深入推进广佛同城化建设,认真落实《广佛同城化发展规划》,着力抓好重点合作项目建设,尤其是要以广州亚运会举办为时间节点,抓紧完成一批重点路桥建设和环境整治项目,同时大力推动金融、通信、物流的同城化建设,加强在文化旅游、社会公共事业等领域的合作发展。加快融入珠三角一体化发展,落实珠三角五个一体化专项规划,重点抓好佛山市与港珠澳大桥的规划衔接,配合做好珠三角配套铁路(轨道)、高速公路建设,推进珠三角区域年票互认、公交互通,加快融入珠三角路网体系。落实《广佛肇经济圈合作框架协议》,抓好首批37个重点合作项目建设。加强与港澳全方位交流合作,力争使佛山成为深化粤港澳合作的试验区,重点抓好与香港签署的23个现代服务业项目的对接。结合实施CEPA及补充协议,以举办CEPA示范城市对接论坛为契机,积极争取政策支持。利用佛山市加入广东省与新加坡合作理事会的契机,加强与东盟的战略合作,不断提升对外经济合作发展水平。

(4)加快重点领域改革创新,着力构建促进科学发展的体制机制。围绕消除制约科学发展、和谐发展的体制机制障碍深化改革,力争在一些重点领域和关键环节取得实质性进展。深化行政体制改革,完成各级政府机构改革,完善大部制运行机制,支持顺德区深入开展综合改革试点工作。继续深化行政审批制度改革,将行政服务内联五区、外延村居,提供更优质高效的服务。全面推进简政强镇事权改革,总结推广狮山、容桂简政强镇事权改革试点经验,探索在农村基层建立农村社区化管理模式,承接政府公共管理和服务职能。加快社会管理体制改革,大力培育发展行业协会、商会、公益慈善机构等社会组织。完善财政金融体制改革,加大财政对民生和社会事业的支持保障力度。深入实施金融发展三项计划,积极推进金融创新,大力发展资本市场,推动更多企业通过上市融资发展,打造证券市场"佛山板块"。

（5）加快发展民生事业，着力构建和谐佛山。一是继续推进环境保护和生态建设，巩固全国环境保护模范城市成果。生态环境是最大的民生，要配合广州亚运会的举行，全力推进区域大气和水污染联防联治，全面推动"绿道"规划建设，加强节能减排，着力建设宜居城市。二是扎实办好今年市政府提出继续加强保障性住房建设、全面实施新型农村养老保险、政策性农业保险和基本农田保护补贴，对中小学校校舍和特困农村家庭危房进行改造，加强公共卫生服务能力建设、提高企业退休人员基本养老金等十件民生实事。三是继续完善城乡一体化的公共就业服务体系，加快创业带动就业孵化基地建设，重点解决好大学生和困难群体的就业。四是大力发展文教体卫各项社会事业，加强社会治安和综合治理，加强食品安全、生产安全、疫情防控等工作，着力构建和谐社会。

积极建设现代产业体系

在土地、劳动力等生产要素供给趋紧、企业成本上升、产业升级压力增大、资源环境约束日益突出的形势下，必须推动经济发展从规模扩张转变为结构提升，实现资源的最优配置。

转变发展方式，推动科学发展，重要内容之一是促进产业转型升级。近年来，佛山市抓住有利时机，积极推动产业结构优化升级，建设与国际衔接又有佛山特色的现代产业体系，在先行先试中努力推动科学发展。

大力发展先进制造业。建设现代产业体系，应着力提高制造业发展水平。佛山市以产业结构高级化、产业发展集群化、先进要素集聚化为目标，积极打造"白色家电之都"、"平板液晶显示产业基地"、"陶瓷之都"3个世界级产业基地以及专业机械装备、医药与保健品等9个国家级特色产业基地，努力提高传统产业的技术含量，巩固和提升支柱产业的地位。此外，市

第3章 敢为人先：中国先发地区的道路和方向

财政每年安排1亿元资金用于扶持信息化与工业化融合项目建设，促进信息技术与先进适用技术紧密结合。发展先进制造业，改造提升传统产业，提高了佛山市制造业在世界产业分工体系中的地位。

加快发展现代服务业。发展现代服务业，是促进产业结构升级、培育新的经济增长点的需要。佛山市利用商务部"落实CEPA示范城市"和"广东CEPA先行先试试点城市"的机遇，重点与港澳合作，大力发展现代物流业特别是第三方物流，积极推进中国—新加坡（佛山）现代物流工业园、华南国际采购及物流配送中心建设，加快建设枢纽型现代物流园区，吸引更多企业落户佛山。积极引导创意产业与佛山市传统产业相融合，加快禅城创意产业园、南海动漫主题虚拟创业园、国家工业设计与创意产业（顺德）基地建设。努力推动金融创新，加快广东金融高新技术服务区建设，大力发展金融后台服务产业。整合各类会展资源，发展国际性专业会展。

提高自主创新能力。在经济发展新阶段，转变发展方式的重要任务之一是实现经济增长从要素驱动向创新驱动转变。为此，应重点扶持那些拥有自主品牌、市场竞争力强、自主创新能力强的企业，帮助其做大做强。佛山市利用经济科技发展专项资金，重点支持100家企业建设技术创新平台，积极支持中小企业"高、新、特、优"技术改造和技术创新项目。与科技部、广东省合作，共建佛山国家火炬创新创业园，支持大中型企业通过研发创新推动高新技术产业化，抢占世界高端市场。加强公共创新平台建设，加快建设以产业集群、专业镇、产业基地为重点的区域、行业创新服务体系，构建和完善包括产品研发等五大体系的产业创新平台。实施"技术改造技术创新百亿千项工程"，组织实施自主创新重大项目，加快企业技术改造，推进企业产品创新。组建佛山产业技术创新与育成中心，加强自主创新成果应用及产业化。推进国家知识产权示范城市建设，鼓励企业参与技术标准体系的研制。推进佛山国家高新区"一区六园"及其孵化体系建设，全力打造国家级孵化器。加强产学研合作，解决产业发展中的重大技术瓶颈问题。实施名牌带动战略，扶持竞争力强的企业冲刺中国名牌和世界名牌。培育发展自主品牌,鼓励、支持和引导企业实施品牌战略。

调整优化产业结构。目前,佛山市土地、劳动力等生产要素供给趋紧,企业成本上升,产业升级压力增大,资源环境约束日益突出。在这种形势下,必须推动经济发展从规模扩张转变为结构提升,实现资源的最优配置。为此,佛山市将附加值较低、处于产业链低端的劳动密集型产业向珠三角以外地区转移,建设佛山(清远)和佛山(云浮)产业转移工业园,以腾出更大空间承接国内外先进制造业、高新技术产业和现代服务业等高附加值产业,提高产业综合竞争力。从2009年起至2013年,佛山市每年将在新增财政收入或一般预算安排中安排不少于1亿元用于合作共建产业转移园,并不断完善推进"双转移"的政策体系和工作机制。

(原载2009年12月22日《人民日报》)

光电产业,佛山产业新军

佛山成为国家新型工业化产业示范基地,佛山的发展路径与国家发展战略以及广东加快经济发展方式转变、加快结构调整的思路非常吻合。佛山在新一轮的发展中提早规划,积极实施产业结构调整,把握住了时代转折中的机遇,瞄准光电显示等新兴战略产业,加大力度扶持、引进,走对了发展的路径。

2010年3月25日,广东新光源产业基地核心区动工。

而在此之前,由全球三大LED芯片厂家之一的旭明光电合资建设的佛山旭瑞光电奠基佛山;佛山获得"国家新型工业化产业示范基地"授牌。光电显示、光照明和光伏产业(简称"光电产业")等战略性新型产业,在佛山这个传统产业集聚的城市中从无到有,异军突起,让外界侧目。

这绝非偶然。

从国际国内因素和当前我国经济所处的阶段来看,加快经济发展方式

第3章 敢为人先：中国先发地区的道路和方向

转变，或许将成为整个"十二五"期间的重要议题。因为我们整个经济，尤其是面临后金融危机时代现代产业的构建发展，已经到了必须加快转变经济发展方式这一步。整个国家的战略，也到了这一步。佛山成为国家新型工业化产业示范基地，佛山的发展路径与国家发展战略以及广东加快经济发展方式转变、加快结构调整的思路非常吻合。佛山在新一轮的发展中，提早规划，积极实施产业结构调整，把握住了时代转折中的机遇，瞄准光电显示等新兴战略产业，加大力度扶持、引进，走对了发展的路径。

在整个光照明领域，佛山目前已有230多家企业，2009年产值200亿元，除了早已落户的欧司朗等国际大企业，2010年2月又引进世界顶级LED企业美国旭明公司，项目已在南海正式动工建设。这说明世界一流的企业和一流技术都看好佛山。

佛山光照明产业的原有企业，主要处于产业链条的中下游，现在配合引进的顶端上游企业，逐步形成了一个有序的产业链。而除了原有的佛山照明和雪莱特两家上市公司，2010年国星光电也将加入这个行业。这体现出产业的发展前景，也形成了佛山的强势。这一切表明，佛山半导体照明产业不仅已具备一定的产业规模、企业数量，拥有行业领先发展的企业，并且能够与资本市场结合做大做强。

再来看光显示产业。7.5代以上的OLED的液晶显示平板，据说世界上只有5家企业可以生产，佛山的南海奇美就正在引进。广东中显科技有限公司和香港科技大学合作的OLED已经在南海落户，生产中国第一只彩色显像管的彩虹集团也将OLED项目落在顺德，已经开工。

有3家顶尖的液晶、OLED企业落脚在佛山，整个产业产值在去年达到250亿元、增长18%，这说明佛山光显示产业不仅拥有世界上最先进的技术，而且形成一定的产业链条、集群，能够朝世界一流的光电显示基地目标发展。

相比较而言，以广东薄膜太阳能产业基地为主的佛山光伏产业，还处在起步阶段。但由于佛山具备光伏产业的配套工业基础和实力，凭借大项目的引进，佛山有望加快吸引薄膜太阳能上下游企业的集聚发展，形成完整的产业链条,将光伏产业发展成为佛山工业发展的强大引擎。

佛山"三光"产业从技术、产业链条发展的势头来看,一方面有掌握世界最先进技术的企业,另一方面开始形成产业集群、链条,所以佛山目标是很明确的:到 2012 年,光电显示产业产值将超过 1 700 亿元,光照明(新光源)和光伏(新能源)产业年产值超过 800 亿元,届时佛山国家新型工业化产业示范基地将建成国内最大、全球重要的"三光"产业基地。

企业集群和产业链条的逐步形成,为光电显示、光照明、光伏产业在佛山的发展指明了广阔的前景。当然我们也不能盲目乐观。目前光电产业发展在佛山同时呈现出两种局面:一方面国家和世界级的一流企业和一流技术已经开始落脚佛山,这是佛山成为国家级示范基地的一个重要原因;但另一方面,产业集群还不是很明显,整个产业规模还比较小,尤其是民营企业的技术还处于产业链条的中低端,产业链条的高端主要还是来自招商引资带进来的项目和外资企业。

而与其他产业相比,目前佛山光电产业所占比重还非常少。在佛山 2009 年 1.2 万亿元的工业总产值中,初具规模的光照明产业总产值只有 200 多亿元,光电显示的总产值为 250 多亿元,两者加起来只占工业总产值的 4% 左右。

如何真正让国家级产业示范基地名副其实?

目前,我们规划希望到 2012 年形成以液晶显示产业为主线、OLED 显示产业为亮点的光显示产业、光伏(新能源)、光照明(新光源)全产业链异军突起的"三光"产业立体发展格局。示范基地在产业布局上分为三大板块,包括以南海和顺德为主导的光电显示制造基地,以三水为核心的广东光伏特色产业基地,以及由南海主导、禅城区建设的广东新光源产业基地。各板块将依托现有产业基础,继续引进关联度大、辐射面广、带动性强的重大项目,培育本地龙头企业,向产业链的上下游延伸,打造特色鲜明的产业集群。同时重点培育 3—5 个具有较强国际竞争力的光电产业企业群,并将建设 2—3 个国家级产业技术服务平台和研究机构。

另外,需要得力措施。在平台搭建上,佛山有很好的产学研平台,比如

第3章 敢为人先：中国先发地区的道路和方向

我们与中科院合作推进的项目已超过100个。佛山还有国家专门批复的"一区六园"国家高新区，享有税务等一系列政策。除此之外，佛山有全国出名的专业镇平台，34个专业镇名称落实到33个镇街。这么多好的平台，如何在新型工业化基地发展中进行倾斜、利用，值得我们好好思考。

同时，相关的土地政策、贴息或者直接的投入辅助政策，我们还需要完善。佛山各级政府每年会拿出大约10亿的资金来促进企业科技进步、自主创新，2009年引领企业技改投入超过308亿元，增长达到39%之上。但是在"三光"产业上的扶持资金还比较少，这需要一市五区的扶持资金，以及科技孵化基金、人才引进培训基金等向"三光"产业倾斜。

引进、消化、创新是一条很重要的路径。在高新产业领域，世界一些先进国家确实走在我们前面，我们应该厚积薄发，迎头赶上。

以金融创新实现"困境突围"

> 佛山在金融领域的定位应该是：通过承接世界金融产业的转移，主动接受港澳及广深的金融辐射，大力发展金融后台业务和金融外包业务，逐步成长为粤港澳金融合作的金融创新试点基地和重要后台业务基地，成为国内经济金融协调发展、金融服务能力强的先进地区。

2009年在出口下滑15.1%的情况下，佛山GDP增幅仍然高达13.5%。面对金融危机，佛山依靠金融服务业的创新，实现了"困境突围"。

数字最有说服力。2009年，佛山市的制造业投资额为436.59亿元，比上年同期减少3%，同期第三产业投资额达907.90亿元，同比增加19.6%。第三产业的投资额超过制造业一倍有余。在2009年佛山市的GDP中，第三产业比重达到35.1%，增幅超过GDP整体增幅2.6%。这组数字传递出一个明显的信号:佛山市在制造业高度发达的"后工业化"时代,发展现代服务业实现经济转型的意味已日渐明显。金融服务业位居佛山现代服务业中优先发展的首位。

佛山金融创新的一个重要方面是采取积极措施,着力解决中小企业融资难问题。中小企业和民营企业是佛山经济的主体,而这些企业在金融危机背景下融资难的问题尤为突出,佛山市成立了中小企业融资服务中心,是广东省首家专门为中小企业提供网上直通车融资服务的平台。

同时,佛山市还建立和完善了中小企业融资担保体系,发展各类担保机构和再担保机构。截至2009年年底,佛山市担保机构累计为近7 000家企业提供了担保,累计担保金额约260亿元。另一项重要创新是在佛山全市范围内推广顺德区信用担保基金的做法。此外,佛山市支持金融机构针对中小企业不断推出各类创新信贷品种,部分银行推出"供应链金融"业务,建设银行与广东省再担保公司推出"速保通"业务,放大资产抵押的比例;南海区积极推进知识产权质押融资试点工作。另外,佛山市还积极推动股权融资,帮助中小企业解决融资难问题。

以落户南海的广东金融高新技术服务区为例,截至目前,已先后有100多家国内外金融机构就进驻金融高新区进行沟通和洽谈,涵盖银行、保险、证券、担保、基金、金融BPO等多个行业。其中,美国友邦保险公司亚太区后台服务中心(AIA)、中国人保集团南方信息中心(PICC)、香港新鸿基金融集团、招商银行后台服务中心等23个项目已签约进驻,涉及总投资额65亿元,总建筑面积达103万平方米。目前,AIA、PICC等5家入驻企业已正式动工建设,其中,中国人保集团南方信息中心项目已经封顶,美国友邦保险亚太后援中心项目进入全面施工阶段,新鸿基金融集团国际金融综合服务区、招行、光大等建设规划均已完成。广东金融高新技术服务区作为广州、深圳、香港的后台服务基地,今后在广东金融业的发展中将承担更大的职责和任务,充分发挥自身作为金融强省战略中的平台功能。

第3章 敢为人先:中国先发地区的道路和方向

在2008年、2009年的金融危机中,金融业主要起到应急解困的作用。2010年,金融创新工作的重点则要放在优化金融资源配置,放在金融如何支持加快产业结构优化升级、如何真正深层次解决问题和矛盾上。

2010年佛山将进一步细化金融业发展规划,制定任务性更强的3年规划,在粤港澳金融合作、广佛同城化、农村金融体系等方面提出更具体的措施。

首先,佛山今后仍将全面继续推进原有的金融发展三项计划中的创新项目,并根据实际情况,不断增加村镇银行、中小企业集合债、人才开发基金等新的创新项目,积极发挥保险、证券、期货机构在个人投资理财、生产生活保障方面的作用,让社会群众享受更为便利、高效的金融服务。

其次,围绕中小企业融资服务这一核心,通过创新探索、规范发展等方式,形成全方位的中小企业融资服务体系,解决融资瓶颈问题。创新运用金融手段与财政手段,积极鼓励、引导银行机构加大对中小企业的信贷投入。

再次,佛山还将继续做好农村信用社改制、小额贷款公司、担保公司、村镇银行等组织机构设立工作,进一步丰富、优化金融组织机构体系;做好小额贷款公司、担保公司的行业管理工作,同时,继续推进广东金融高新区建设。贯彻落实广东省省委书记汪洋关于广东金融高新区加快建设的批示,争取上级部门给予更多的政策、资金支持,集中资源,打造金融高新区的发展优势。

最后,佛山会全力加快企业上市步伐。佛山要以创业板推出为契机,扩大证券市场"佛山板块",鼓励上市公司实现再融资。

结合佛山的内外优势和资源禀赋,今后将主要从四个方面实现金融创新的突破:

一是金融创新结合佛山经济的特征。佛山的经济以制造业为主、以民营经济为主、以中小企业为主,所以佛山的金融创新之一就是针对佛山经济的特点,支持民营中小企业做大做强,解决中小企业融资难问题,推动企业通过资本市场融资。

二是充分利用佛山的地理位置优势。佛山地处珠江三角洲腹地,东倚广州,南邻港澳。佛山将利用这一独特的地理位置优势,一方面积极发展佛港澳金融合作,以落实 CEPA 为契机引进香港金融机构落户;另一方面大力推进广佛金融同城化,推动两地金融机构互设网点,并实现两地资金结算同城化。另外,佛山还将积极承接香港金融服务产业转移,努力构建粤港金融创新与后台支撑体系,做好各项配套建设工作。

三是积极为金融创新争取上级的政策支持。如争取到国务院把支持广佛同城化和广东金融高新区建设纳入《珠江三角洲地区改革发展规划纲要》;争取到商务部同意广东金融高新技术服务区以广佛同城的名义,享受"中国服务外包示范园区"的部分优惠政策等。

四是创造有利于金融创新的良好环境。佛山的金融工作局等部门在专业指导上优势明显,金融管理部门的主要负责人都是金融科班出身,均具有多年金融实际操作经验,其中有两位博士。同时佛山已与广东金融学院就在金融高新区设立分校区事宜达成初步合作意向,佛山还正申请在金融高新区设立博士后工作站。

佛山在金融领域的定位应该是:通过承接世界金融产业的转移,主动接受港澳及广深的金融辐射,大力发展金融后台业务和金融外包业务,逐步成长为粤港澳金融合作的金融创新试点基地和重要后台业务基地,成为国内经济金融协调发展、金融服务能力强的先进地区。

佛山多层次资本市场体系显雏形

佛山市政府按照多渠道、多形式、多市场推进的上市战略,确定了"上市一批、申报一批、培育一批、储备一批"的思路,采取境内与境外、主板与中小板、创业板、IPO 和借壳买壳并举的方针,大力培植上市后备资源。

自 1993 年佛山照明首发 A 股以来,到 2008 年佛山已有上市公司 14

第3章　敢为人先：中国先发地区的道路和方向

家。而在经济总量上与佛山基本相当的无锡，却有上市公司35家，还诞生了赫赫有名的"江阴板块"，江阴的上市公司累计达到18家，而它仅仅只是无锡的一个县级市。两者一比，佛山相形见绌。这并不是说佛山的企业不行，而是观念没有转变过来，老板们都喜欢闷头做生意。

佛山的民营企业在整个广东省是最发达的，可谓企业上市的"金矿"。民营经济发展有三个阶段：一是家族式的自身管理；二是以股份制为基础的管理模式；三是真正实行所有权与经营权分离，股东组成董事与董事会，有知识的人士形成一个管理阶层。目前佛山的民营经济大部分处于由第一阶段向第二阶段转化的过程中，这就客观要求借助于资本市场在做大做强的过程中实现与现代企业制度接轨。

当前好的资本市场为佛山民营经济的产业升级提供了难得的外部契机。一个资本市场的发展主要取决于三方面的因素：宏观环境、企业自身状况、社会供求。经过这几年的改革，目前这三个因素都已向好，国内整个资本市场逐步走向一条健康的、稳健的、持续发展的道路。国内经历过两个企业上市高潮，第一波是20世纪90年代中期，第二波在世纪交替期间，从2006年起又迎来了第三次高潮。过去佛山把握住了第一次机会但错失了第二次机会。在第三次机会面前佛山一定要抓住这个难得的历史机遇。

此外，从宏观层面上看，推动企业上市还有利于完善佛山地区的整体商务投资环境，实现佛山经济的跨越发展。企业上市后外部监管推动了规范化运作。通过这种连带效应，佛山的投资环境将更快地向国际化、市场化转变，最终有利于佛山整体的发展。

和谐社会的基础首先是和谐经济，而和谐经济主要体现在第一、二、三产业按照现阶段与区域的特征要求，呈现出它的合理比例状况。佛山提出的"三三三"产业发展战略，目标是第一、二、三产业比例协调，要在每一产业当中重点扶持三个以上的龙头企业，增强在国内、国际市场上的竞争力。借助于资本市场显然是有效实现这一战略的捷径。

企业上市，政府应当做什么？在我看来，"超前引领"是政府对企业、对经济、对市场最好的服务,这一理念已成为佛山政府的主要指导思想。

大多数企业迈过上市门槛的过程都非常艰难,一些历史问题成为上市最大的障碍。产生这种状况的原因主要有两个:一个来自于企业本身,另一个来自于当时的政策措施与外部措施。基于这两种情况,政府主要采取两种措施:第一是阶段性地客观分析和看待问题;第二是用发展的眼光来引领、解决问题,实事求是地帮助企业迈过这个门槛,促进企业做大做强。否则,企业拔不出手脚来发展,结果不仅限制了企业,也限制了一个区域经济的大跨步发展。

2004年至今,佛山市不断加大推动企业上市工作的力度,先后出台了《关于利用资本市场促进佛山市经济发展的意见》等一系列扶持政策。佛山市政府按照多渠道、多形式、多市场推进的上市战略,确定了"上市一批、申报一批、培育一批、储备一批"的思路,采取境内与境外、主板与中小板、创业板、IPO和借壳买壳并举的方针,大力培植上市后备资源。同时市、区两级政府分别出台了一系列上市优惠政策,通过技改贴息、财政补贴和奖励等方式降低企业改制上市成本,如南海区实现企业"零费用上市",除了上市成功后奖励100万元以外,还拿出300万元用以补贴企业支付上市的中介服务费用。

此外,我们还注重整合各方面资源,加速推动佛山资本市场的发展。2009年4月,我们与联合国合作开展"支持产业升级与资本运作国际示范城市项目"。目前,合作项目全面实施,联合国工业发展组织代表频频到访佛山市,共同探讨利用资本市场促进佛山产业升级的相关问题。现双方正就引入国际资本参与设立佛山创业风险投资基金、产业投资基金等进行探讨。

针对创业板上市,佛山市进一步加大了支持力度,落实各项扶持政策。2009年8月,推出了《佛山市企业上市绿色通道证管理办法》,据了解,广东全省还没有类似的制度。该管理办法主要是向进入上市操作阶段的拟上市企业发放绿色通道证,市政府及相关职能部门为持证拟上市企业在改制、辅导、申报、审核等工作中提供合法合规、快捷便利的政务

第3章 敢为人先：中国先发地区的道路和方向

服务。目前，已向南风股份、国星光电等多家拟上市企业发放了第一批绿色通道证。

让人欣喜的是，2007年3月，我们召开企业上市工作会议，提出"构建上市公司佛山板块"计划，以"集团突破、快速推进"模式引导企业上市的工程，目标是用3—5年时间，在资本市场构建出"佛山板块"。而两年后的10月30日，包括南风股份在内的首批28家创业板上市公司正式挂牌上市，对于佛山而言，这是一个具有里程碑式意义的事件——经过从2004年开始的多年艰辛努力，由22家包括了沪深主板、中小板、创业板和海外上市公司组成的资本市场"佛山板块"已初具规模，佛山地区的多层次资本市场体系已显露雏形。

佛山板块从数量上来看已现雏形。今后还将争取在佛山板块中，进一步形成顺德板块、南海板块等企业上市集群，并以质地优良、高速成长、规范动作等特点，使这一板块在中国乃至海外资本市场中产生重要影响。

未来的佛山资本市场，其结构特点将体现在几个方面。一是数量多，呈现板块效应。一批优质企业将率先通过规范运作达到上市目的，随着创业板的启动，大批企业将陆续登陆主板、中小板和创业板，这个量不是三五家，而是三五十家，形成一个群体，在30多万家佛山企业中起到表率和龙头作用。二是结构更加平衡。现五区仅有禅城、南海和顺德有上市公司，随着优质企业的浮出和企业观念的更新，三水和高明两区未来也将填补企业上市的空白。此外，在行业方面进一步平衡，特别是机械设备、电子、医药、陶瓷等支柱产业以及光机电、新型节能光源等新兴高科技行业将涌现出更多的上市公司，打造更多的行业龙头。同时，境内境外上市全面开花，各主要证券交易所都将有佛山企业的身影。三是以先进制造业为主。佛山是珠三角的"世界工场"，第二产业占GDP的60%以上，这种格局决定了佛山上市公司必将以制造业企业为主。同时，类似星期六鞋业这样的服务类、消费类上市公司不断涌现。四是以中小企业为主。这符合佛山市企业结构特点，也是中小企业加快发展的必然途径。五是以科技创新型企业为主。面临产业升级大好机遇的佛山，拥有众多知名品牌，研发实力雄厚，科技创新型企业在依托高新区"一区六园"发展、促进企业上市的进程中必然领先一步。六是以政府扶持引导为主。如南海区全面实施"雄鹰计划"，通过公开招标对"雄鹰企业"进行信用评级，近几年就培育出志高空调、星期六鞋业和南风股份三家上市公司。

中国三旧改造"佛山经验"

机制保障；规划先行；政府引领和市场调节双管齐下；因地制宜，鼓励基层灵活创新模式；以点带面，用示范项目带动全局；尊重民生，赢得基层和群众支持；广泛宣传，营造积极的舆论氛围。

改革开放以来，佛山用3倍的建设用地增加率换取30倍的经济增长，到2009年全市GDP达4814.5亿元，同比增长13.5%。在取得巨大成绩的同时，我们也不得不面对严峻的现实——土地供需矛盾日益凸显，已成为未来城市发展的资源瓶颈。而三旧（旧城镇、旧厂房、旧村居）改造无疑是破解此道难题的一招妙棋。

近几年来，佛山在"三旧改造"工作中不断摸索，取得明显的经济效益、社会效益和生态效益，得到广东省委、省政府和国土资源部的高度肯定。上级领导也多次表示要在广东全省推广"佛山经验"。

自2007年以来，佛山在广东省率先推进了"三旧"改造。三年来，全市共启动"三旧"改造项目730个，项目占地约3万亩，新增建筑面积多达2399万平方米。其中2009年全市启动改造项目229个，启动"三旧"改造土地面积1.2万亩，完成改造新建面积710万平方米。"三旧"改造工作体现了明显的经济效益、社会效益和生态效益。改造的成果可以概括为：为缓解金融危机的不利影响，实现全市经济率先突围做出了巨大贡献；促进了城乡建设面貌迅速改善；促进了土地资源利用效率大大提升；促进了土

第3章 敢为人先：中国先发地区的道路和方向

地利用结构和产业结构不断改善；使广大人民群众得到了实实在在的实惠。

通过"三旧"改造所取得的成效，我们总结出七条经验。

第一，机制保障。领导干部的积极性和必要的机制保障，是推开"三旧"改造这一庞大工程的首要前提。佛山做出在全市推开"三旧"改造的决定时，首先在市委、市政府层面成立了由分管市长任组长、各区以及市相关职能部门领导组成的市"三旧"改造工作领导小组，并设立市"三旧"改造办公室这一常设专职工作机构，抽调专人办公。各区、镇（街道）也成立了"三旧"改造工作领导小组及办公室。

佛山每年都制订全市"三旧"改造计划，并分解落实到所辖 5 个区和全部 33 个镇（街道），作为各级政府领导班子的工作考核目标之一。另外，建立市、区、镇（街道）三级纵向以及各有关部门之间横向的联系机制。

第二，规划先行。2007 年 6 月，佛山市委、市政府出台了《关于加快推进旧城镇旧厂房旧村居改造的决定》，紧接着，对全市"三旧"土地进行了摸底调查，统计出全市"三旧"用地有 25.3 万亩。"三旧"改造专项规划编制工作迅速展开。

值得一提的是，这份规划十分详细且全面，不仅明确了改造中长期目标，还编制了项目库档案。根据项目性质和所属的区位，确立了旧城镇改造、旧村居改造、工矿厂企改造、生态环境改造、都市农业和现代农业综合开发、主题文化公园建设等六种改造用途。经反复论证，《佛山市三旧改造专项规划（2009—2020）》于 2009 年 10 月正式出台。这些纲领性文件的制定，为佛山市"三旧"改造工作提供了制度保障。

第三，政府引领和市场调节双管齐下。佛山在自身出台系列配套政策文件基础上，又根据广东省政府《关于推进"三旧"改造促进节约集约用地的若干意见》制定了相关实施意见，推动"三旧"改造工作进一步规范化和纵深发展。政府的引领还体现在财政资金的扶持上，到目前为止，佛山各级财政已投入 80.6 亿元用于"三旧"改造。

同时，大力推广"政府出政策、所有者（使用者）出土地、开发商出资金"的市场化改造模式,在具体项目建设中实行"谁投资谁收益",充分调动社会各界参与"三旧"改造的积极性,以解决"三旧"改造所需大量资金的来源问题。目前,全市已启动改造项目,成功引入社会资金357亿元。在2009年佛山城市可经营项目投资推介会上,共推出"三旧"改造项目41个,投资额为188.58亿元。

第四,因地制宜,鼓励基层灵活创新模式。佛山支持和尊重基层以多种形式创新性地开展工作。两年多来,佛山已经形成了不下十种改造模式和样本。在旧城镇改造方面,有祖庙—东华里片区改造模式。在旧村居改造方面,有由村集体经济投入,改造后的产出利益归村组集体的"夏西村模式";有以土地入股、引入开发商联合改造开发的"石头村模式"。在旧厂房改造方面,有不拆不建、保留厂房原貌基础上,进行创造性的整治改造,引入新兴产业的"佛山创意产业园"模式;有自主改造、自主经营的"澜石金属交易市场"模式。

第五,以点带面,用示范项目带动全局。榜样的力量是无穷的,佛山在开始"三旧"改造初期采取了典型引路、以点带面的办法,全市"三旧"改造市级先进示范点工作计划诞生。

从2009年到2011年,佛山将建设30个市级先进示范的典型项目,如祖庙—东华里片区、佛山国际家居博览城等,旨在通过集中力量重点突破,树立起一批先进典型,带动一大批"三旧"改造项目的开展。

第六,尊重民生,赢得基层和群众支持。"三旧"改造与基层村组、村民切身利益紧密相连,因此,在推进过程中,一方面要尊重村、组的产权利益,另一方面又要服从政府的统一规划、统一开发,共享共赢。

这就要求政府部门做到两点:一是各级政府能够避免短视,注重远期和综合效益;二是平衡投资者和原所有者的利益关系。如禅城区祖庙—东华里改造项目是改造面积较大、涉及人口较多的旧城改造项目,该项目9 635户、3万多人的搬迁已完成99.7%,而且没有一例群众上访,就是因为能平衡各方的利益。

第七,广泛宣传,营造积极的舆论氛围。"三旧"改造的顺利推进有

第3章 敢为人先：中国先发地区的道路和方向

赖于基层群众的认可和理解。为此，各级党委、政府充分利用各种新闻媒体和宣传手段，通过村务公开、专题培训等形式，引导广大干部、群众、业主充分认识"三旧"改造对佛山发展的重要性和必要性，重点宣传政府的扶持政策和利益分配办法，激发社会各界对"三旧"改造的关注和参与热情。

2010年是"旧貌换新颜，三年建造新佛山"的开局之年，佛山要在巩固前三年工作的基础上，大气魄、大手笔、大力度推进。全市以实施"532工程"为目标——未来三年启动改造面积共10万亩，其中2010年启动5万亩，2011年启动3万亩，2012年启动2万亩。到2012年年底，全市启动"三旧"改造的项目用地面积达到全市应改造土地面积的50%，使"三旧"改造向更高层次、更广范围、更好质量方面全面迈进。

▶ "较大的市"，先发地区的"成长烦恼"

> 如果成为"较大的市"，就可以利用地方立法权，通过立法的形式建立制度规范，解决这些经济社会发展过程中出现的各种矛盾和问题，并将这些改革成果、改革经验和地方经济特色通过地方性法规和规章的形式确定下来。

2010年的全国两会，我再次建议国务院放宽"较大的市"审批权，让佛山尽早成为"较大的市"。这是我连续三年提同样的议案。之所以如此坚持，是因为此举有望更好地解决佛山经济社会发展过程中的瓶颈问题，真正实现又好又快的发展。

需要强调的一点是，佛山成为"较大的市"，不是佛山升级。所谓"较大的市"是一个法律概念，其最大的优势就是可以制定地方性法规，而立法权则可以保障一种自主性的改革。虽然"较大的市"尚无具体的量化指标，但一般认为，被列为"较大的市"，标志着城市发展达到了一定规模，在

超前引领：对中国区域经济发展的实践与思考

区域中具有影响力，亦有利于地方根据自身实际营造灵活有效的法制环境，提高政府工作效率。

佛山从2003年起就开始关注"较大的市"。当时佛山市政协委员李景明执笔写了一份名为《建议佛山着手申报较大的市》的提案，该提案引起了佛山市时任领导的关注和批示。地级市对"较大的市"的渴求，最直接的动力来自于《中华人民共和国立法法》（以下简称《立法法》）。按照《立法法》规定：较大的市具有制定地方性法规的立法权；而在国家尚未制定法律或者行政法规的情况下，较大的市还可以根据实际需要先行制定地方性法规。

近年来，佛山市以成为"较大的市"为目标，以科学发展观为统领，大力推进经济、政治、文化、社会建设，加快依法治市步伐，着力构建富裕和谐社会，并取得了明显成效。从经济实力、城市规模、区域影响力、城市管理水平、政府法制建设等方面指标来看，佛山市已经超过一部分"较大的市"。

申报成为"较大的市"，佛山市具备良好条件。佛山市地处珠江三角洲腹地，是我国乃至全球重要的制造业基地之一和广东省重要的交通、商贸、金融、科技、信息、教育、文化、旅游中心之一。2009年，佛山市积极应对国际金融危机，经济在逆势中实现率先突围，完成GDP 4 814.50亿元，增长13.5%。按常住人口计算，人均GDP 80 579元（折合11 795美元）。佛山市先后获得国家卫生城市、全国双拥模范城、国家历史文化名城、全国洁净城市、联合国人类住区优秀范例、国家园林城市、中国优秀旅游城市、全国科技进步先进市、中国品牌之都、中国品牌经济城市、广东省教育强市、广东省文明城市、国家环境保护模范城市等荣誉。在中国社会科学院发布的《2009年中国城市竞争力蓝皮书》中，佛山市的综合竞争力在全国各大中城市中排名第15位。从佛山市的发展情况来看，应该已经具备申报"较大的市"的基础和条件。

申报成为"较大的市"，将切实解决佛山市发展过程中的深层次矛盾和前瞻性问题。佛山市是我国改革开放的前沿城市和先发地区，经济社会转型较早，各种社会矛盾和问题也暴露得较早、较多。佛山市在改革

第3章 敢为人先：中国先发地区的道路和方向

开放先行先试、经济运行和行政管理探索发展中的诸多事务得不到相关法律支持，遇到了法律滞后的问题，有的甚至是法律上的空白。例如在广东省甚至全国率先开展的简政放权和审批制度改革、"三旧"（旧城镇、旧厂房、旧村居）改造、农村产权制度改革、强镇扩权改革、顺德区"大部制"改革和行使地级市管理权限的综合改革试点等，在改革中创造了不少"佛山模式"，有些还是国家和广东省的改革试点任务。这些改革都面临着机制和体制的创新，如果一切因循守旧，改革将无法推进。如果成为"较大的市"，就可以利用地方立法权，通过立法的形式建立制度规范，解决这些经济社会发展过程中出现的各种矛盾和问题，并将这些改革成果、改革经验和地方经济特色通过地方性法规和规章的形式确定下来。同时，还可以为一些后发城市解决同类矛盾和问题提供借鉴，为其他城市的改革发展创造经验。

此外，申报成为"较大的市"，将加快广佛同城化和珠三角一体化发展。2009年年初国务院颁布实施的《珠江三角洲地区改革发展规划纲要（2008—2020）》提出"强化广州佛山同城效应，携领珠江三角洲地区布局合理、功能完善、联系紧密的城市群"。目前，广佛同城化建设全面推进，两市规划、产业、交通基础设施等正加快对接，但两市规制上却无法统一，制度上存在明显差距。一些社会管理事项，广州市通过立法进行了规定，佛山市却只能通过制定规范性文件进行管理，两者的执行效力有别，形成了政策上的差异。例如"泥头车"管理、限行摩托车的规定等。如果佛山市也拥有立法权，可以最大限度地避免出现制度上的障碍，有利于两地政策的协调一致，促使广佛两地政策的无差异化，从而实现无缝对接，使广佛同城化真正成为珠三角一体化的突破口，在珠三角地区真正起到"携领"的作用。珠三角9个城市中，广州、深圳、珠海均有地方立法权，如果佛山也成为"较大的市"，拥有立法权，佛山市在推进广佛同城化和珠三角一体化过程中所发挥的作用将会更加充分，在促进区域发展中将扮演更重要的角色。

镇（街道）权利与经济总量不匹配，也是佛山"申大"的重要原因。佛山经济是全国闻名的"一镇一品"结构。在该结构下,佛山综合经济实力虽然已经跻入全国十强,部分下属镇(街道)的 GDP 甚至超过了个别地级市,但是,它们却仍然是科级体制,既没有审批权,也没有事项解决的权力,形成发展瓶颈。在这样的体制结构下,佛山经济社会呈现出"小马拉大车"的状况。

为此,佛山市政府希望通过"镇行县权"来解决矛盾。但此举意味着,必须改变组织法中对镇级政府权限的界定,因此需要国务院批准。如果佛山能成为"较大的市",拥有和省会城市一样的权限,并且拥有国务院特批的立法权,那么所有的难题将迎刃而解。

国务院机构改革推行大部委制,能够有效地提高政府部门行政、管理和服务的效率,促进在限定的时间内有效地解决问题,趋势上是非常对的,我们非常拥护。而从地方政府的角度看,则是希望既要有横向的大部制改革,也要思考纵向行政机构体制进一步深化改革的问题,从而真正促使经济进一步向前跨越。

广佛同城,珠三角一体化的点睛之笔

> 广佛可以定位为"双子城"。卫星城跟双子城有本质区别,广州、佛山类似纽约和新泽西、伦敦和都柏林。

从历史来看,广州与佛山两地,同根同源,曾是一家。从国际国内来看,车程在一小时之内的两个大城市,能够组团式发展,互相交错,人口还这么密集的并不多。从这点上看,我们打造广佛都市圈,打通广佛经济发展的纽带,进行错位发展,是有历史渊源和现实意义的。

早在 1921 年,孙中山先生在其著作《国际共同发展中国实业计划》中,就曾提到了"南方大港"的建设,把东起黄埔、西到佛山的地区建设为世界大港口城市。这是最早关于广佛一体化带动西部发展的计划。可见

第3章 敢为人先：中国先发地区的道路和方向

广佛的发展或者说是广佛都市圈的发展，是伟人的夙愿。现在，我们通过推进广佛都市圈的发展来带动西部发展的思路已经非常明确，并有了具体举措。这种思想体系和规划，不仅得到了广东省委、省政府的认同，还得到了广州和佛山两地人民的热烈响应。

按照《珠江三角洲地区改革发展规划纲要》的定位，佛山要立足自己，围绕着自身的产业特色和产业基础，把自己的产业做大做强。佛山不仅在工业、制造业方面要发挥自己的优势，在与佛山产业相联系的物流业、会展业、商贸业、现代金融业方面，也要发挥自身的优势，与广州错位发展。广佛可以定位为"双子城"。卫星城跟双子城有本质区别，广州、佛山类似纽约和新泽西、伦敦和都柏林。

按照《珠江三角洲地区改革发展规划纲要》的定位，"广佛同城化"走在珠三角一体化的前列，并且作为珠三角一体化的示范，"广佛同城化"携领珠三角一体化来提升整个经济、社会、文化水平。佛山将在这个过程中有效地通过交通基础设施的对接，包含科技、信息、网络、规划、布局的对接，以及教育、文化、体育、科技、劳动和社会保障等方面的对接。在广佛同城化中，佛山不仅能够干好自己的事，而且能够跟广州结合在一起，形成同城化，在携领珠三角一体化的方向中起到示范的作用。

根据区域发展的一般规律，基础设施的一体化是区域一体化的基础。从2007年开始，佛山启动了广佛轨道交通建设和首期9条与广州衔接的主干道路建设。2009年3月，签署了《广佛同城化建设合作框架协议》及城市规划、交通基础设施、产业协作、环境保护四个对接协议。随着广佛之间南沙海港、广州新客站、新白云机场海陆空三大区域性基础设施的建成投入使用，设施共享将成为广佛合作的战略选择。而围绕三大基础设施构筑的高快速路网、地铁轨道交通线网将推动广佛两市交通基础设施的全面一体化。

很多媒体称2009年为"广佛元年"，这一年，广佛同城不仅在政府层面得到具体推进，联合制订了《广佛同城化建设2009年度重点工作计划》，确定了52个重点合作项目，而且民众也从中得到了实惠。比如交通

超前引领：对中国区域经济发展的实践与思考

基础设施，有许多两地多年来一直在协商而没能解决的问题在广佛同城的推进过程中得到了解决。像佛山到南沙港途经番禺的黄榄干线打通了，对接广州新客站的南海三山港大桥已经开始建设，我们还在规划顺德连接新客站的大桥，以后佛山市区中心到新客站的车程只要20分钟左右。道路对接带来的实惠，两地市民都可以感受到。此外，取得的成效还有环保、教育以及医疗保险等一系列政策的对接。

2010年，我们在这方面的工作力度还会加强。在2010年4月7日举行的广佛第三次市长联席会议上，我们共敲定了2010年重点合作的69个项目，其中38项为2009年尚未完成的项目留转至2010年继续推进。关注度较高的广佛地铁首段在2010年六七月份试运行，并在广州亚运会前正式开通运营。

按照国际上通行的同城化概念，交通、物流、金融、通信等四个领域的同城化是最重要的议题。目前广佛在交通、物流两方面的合作有了明显进展，相比而言，比较紧迫的是金融和通信同城工作。

国内以及珠三角一些地区已经在这方面做了大量工作，例如河南省郑州、开封两市已经研究提出了金融同城化的具体实施方案，吉林省丹东、东港两市已实现交叉贷款和企业账户跨行通存通兑，武汉城市群实现了"票据大同城"，而珠三角内部的珠中江通信一体化实施方案也已报广东省发改委审查。

实事求是地讲，我们在这两方面已经落在其他城市后面，需要引起高度重视。2010年第16届亚运会的举办，将是广佛同城化首次"公演"，特别是拳击、花样游泳两个项目在佛山举办，在两市之间引起跨地区的人员、资金双向流动，对通信、金融等方面的同城需求倍增。因此，推动两市通信、金融同城化工作刻不容缓。金融同城争取尽快实现跨行通存通兑、取消异地存取款手续费，通信同城争取尽快实现资费同城化。

在广佛同城工作推进过程中，曾经有过"广州冷佛山热"、"佛山占广州便宜"之类的言论，我认为，佛山在交通基础设施方面确实"沾了广州的光"，但同城过程中，更多的利益是相互的。我在包括市长联席会议的很

第3章　敢为人先：中国先发地区的道路和方向

多场合都说过,佛山非常关注交通对接,广州会更加看重佛山的环保治理,所以应该说在两个城市的合作中,利益是双方的,互补也是双方的,因此带来的便利和实惠也应该是双方的。

当然,同城化的过程中有促进作用,也有竞争压力。比如医疗,同城化一放开,可能对佛山的医疗卫生就是一个压力了。广州的、省直的医疗设施水平、医疗水平可能会高过佛山,佛山怎么办?我们认为,整个社会是多层次、多层面的,人民群众的需求也是多层面的,而这正好符合同城化过程当中两地共同携手、不断发展、有效促进。如果这种同城化能够继续发展下去,不仅是对广佛同城化的其他方面起了一个带头作用,而且对珠三角一体化也起了一个很好的带头作用。

广佛同城化建设在拥有独立权限的不同城市政府之间展开,涉及一些具体问题时不可避免地会出现一些分歧。但迄今为止,这些问题都获得了妥善解决,这有赖于双方将原则性与灵活性较好地结合起来。例如广佛同城化建设的金沙洲市政道路对接问题上,就是本着双方各自压一压、让一让的态度来解决对接错位、高差不等的问题;建设广州西江取水工程中,佛山主动承担一些代价,有力配合了各项工作顺利开展。同城化的终极目标是百姓的福祉最大化。

赴香港地区考察心得体会

> 香港的管理体制是由三种组织机构:政府机构、半政府机构和民间机构组成的。管理方式灵活自立,又能贯彻政府意向,是香港管理最成功之处,也给内地政府的机构改革指明了方向。

作为国际金融中心与国际化大都市,香港无论从政府管理、经济发展、城建规划,还是环境保护及与内地城市的合作等方面,都有诸多值得内地城市学习与借鉴之处。尤其与香港毗邻的佛山和顺德,地缘相近、人缘相亲、文化相容、经济相通,了解香港、学习香港有着更为迫切而重要、实际而有效的意义。

受香港特区政府邀请、经国务院港澳办批准、佛山市委市政府同意,我于2005年2月21日至2月26日访问香港政府,直观地了解和体验了香港的管理与发展,此番访问感受颇深、获益匪浅。

定位决胜未来

在短短五天半的时间里,我访问的部门有28个之多:房屋与规划地政局、市区重建局、贸易发展局、工商及科技局、中华总商会、环境运输及工务局、财经事务及库务局、经济发展及劳工局、投资推广署、数码港、环境保护署、粤港合作统筹小组、香港交易所、科学园、创新科技署、廉政公署、政制事务局、立法会、律政司、工业贸易署、政府经济顾问、金融管理局、房屋署、城市规划及建设署、中央政策组、教育统筹局、旅游事务署、卫生署。

定位决定着发展方向。无论是一个国家和地区,还是一座城市的发展,倘若定位发生偏差,势必遭遇南辕北辙甚至削足适履之尴尬,对经济社会的发展是一种伤害和阻遏。

作为国际商务繁忙的世界著名金融中心,为进一步推进发展,香港仍不失时机地在2000年重新推出自身定位——"亚洲国际都会"(Asia World's City),并与此相应地采取了配套措施,成立了"投资推广署"、"创新科技署",加强了"旅游事务署"等机构,为香港繁荣发展奠定了方向。

香港审时度势的定位观,成就的是持续的繁荣,这对内地城市有着极好的借鉴意义。有些内地城市,将定位作为一种概念,谁主政谁定位,并不因循区域发展特色和规律,结果不光事倍功半,还造成前进道路上的迷失,而迷失是致命的,它会使一方经济社会发展错失很多良机。

香港管理体制的三种组织机构

先从香港管理体制说起。香港的管理体制是由三种组织机构:政府机构、半政府机构和民间机构组成的。就半政府机构而言,政府以三种类型

第3章 敢为人先：中国先发地区的道路和方向

对其资助：一是机构组建时，政府资助一笔款项，此后靠自负盈亏发展壮大，例如市区重建局；二是机构成立后，政府用一定政策与该机构每年的经营效益挂钩，促其发展，例如贸易发展局和其获得的"出口重价税"纳税政策；三是机构成立后，政府根据逐年实际情况拨款资助，例如教育统筹局的办学方式。半政府机构的决策以"理事会"、"董事会"、"委员会"的形式进行，政府委派2—3人在其中行使职能。可以说，只要跟经济发展相关的半经营性机构，香港政府都把它们推向了市场；同时，政府又采取不同类型的方式扶助；另外，管理方式灵活自立，又能贯彻政府意向，是香港管理最成功之处，也给内地政府的机构改革指明了方向。

为了能更直观地传达考察的心得与思考，我权且将此次访问的28个部门大体纳入政府管理、经济发展、城建规划、环境旅游和粤港合作五个方面，其职能和定位定然有交叉之处，只是为了方便说明问题。

我们来看看香港政府部门的具体职能。

"中央政策组"专为特首、政务司长、财政司长三人服务，核心成员8人，既研究社会问题，又探讨对内地合作事宜，也做民意测验，同时对突发事件提出处理意见，在香港发展中起着重要作用。

"立法会"有60名议员，四年一届（类似美国众议院和英国下议院），1985年以前由总督委任；1985年后由行业直选部分委员，但大部分仍由总督委任；1991年开始，社区直选30名议员，行业直选30名议员。主要职能是：（1）立法；（2）批准政府开支；（3）监察政府工作。还有对终审法院法官和高等首席法官的任免权及对行政长官的弹劾权。

"政制事务局"属政府的综合性部门，既负责落实推广《基本法》、制定政制发展、负责选举工作，又进行官员问责制和处理对外事务等。"官员问责制"区别于"公务员问责制"，主要对政府3司11局负责。自2002年7月1日推行后，已有财政司、卫生福利局、保安局三位官员被迫辞职。

"政府经济顾问"设在财政司下属"经济分析与方便营商处"内，主要进行经济分析和政策措施研究。目前重点课题有：香港宏观经济、失业、财政预算、房屋、土地、交通、环保、CEPA实施、泛珠三角安排等。

超前引领：对中国区域经济发展的实践与思考

香港的财政年度是每年4月1日开始。"财经事务及库务局"的主要职能是平衡预算、刺激经济、公共开支、增加收入。其收入来源主要靠税务、政府收费和土地收入三部分。原有200多亿港元的财政赤字目前已主要靠土地出卖而基本解决。实行财政集中收付制度。绩效财政的实施主要依靠审计署和立法局进行。

"廉政公署"类似内地的检察院反贪局。成立伊始就既对政府部门又对私人部门展开反贪（贪污的含义是：政府雇员没被批准所受利益；私营雇员没被雇主同意所受利益）。1 250多人分布在三个部门：执行处（900多人）——立案调查；防止贪污处（50多人）——健全制度；社区关系处（180人左右）——宣传教育。目标是使他人"不敢贪"、"不能贪"、"不想贪"。公署专员由特首直接管理。

"教育统筹局"有四种办学模式：一是100%公办，政府拨款，教师是公务员；二是按一定比例政府拨款，委托其他教育团体办学，教师聘用制；三是按每年实际招收的学生人数给予政府资助，委托社会教育团体办学；四是100%私立学校。它有效地节省了政府财政，灵活调动了社会各方面力量办教育。

"卫生福利及食物局"管辖"卫生署"和"医管局"。2003年"非典"出现后，"卫生署"成立了"卫生防护中心"，下设监测及流行病学处、感染控制处、公共卫生化验服务处、公共卫生服务处、紧急应变及信息处、项目管理及专业发展处以及科学顾问组。医疗卫生、疾病防治，成为香港的大课题。

经济发展注重创新

科技创新是香港经济发展的强大引擎。我们学习香港的经济发展模式，首先要学他们对科技创新的重视和鼓励。为了转变发展模式，更好地推动科技创新，香港专门成立了创新科技署。

"创新科技署"成立于2000年，职能是管理协调科技园公司、数码港、生产力促进局、设计中心等部门，并制定创新科技发展新策略。目前，重点

第3章 敢为人先：中国先发地区的道路和方向

研究课题是：汽车零部件制造、物流、纺织与成衣、纳米技术与先进材料等。其科研发展所需大量资金来源问题，是人们争议的焦点之一。

其中，"数码港"（Cyberport）构思于1998—1999年，于2004年逐项完工，面积24公顷，分商业区和居住区。与美国硅谷的相同之处是：(1) Internet内部网宽畅方便，属信息高速公路；(2) 数码港内部如同一个大实验室，知识产权开发、产品试验、商业推广连为一体；(3) 科技产品多样，科技手段先进，可探索、创建一个全新的、多维的科技世界；(4) 以点带面，一站式基础支援服务——从资讯、咨询、开发、应用至产品推广，汇聚海内外流动网络商、设备供应商及资讯科技公司，促进彼此合作，将成为新的经济增长点。与美国硅谷的区别之处是：(1) 硅谷由私人企业推动，香港数码港由政府推动；(2) 硅谷面积大，数码港面积小；(3) 硅谷没有明显规划，数码港建设、发展规划性强；(4) 当初硅谷与Internet联网发展商业业务为主，数码港现转向以数码娱乐，包括影像、音乐、动画、广告等产品开发为主，成为资讯科技实验平台。

而"科学园"则100%政府所有，投资120亿港币，2001年开始运作，主要用以吸引海内外公司到此研发（租让设备按小时收费）。目前提供的研发平台有：电子、精密工程（光电、纳米技术）、生物科技（中药为主）、软件与通信等四方面。同时还有大埔、元朗、将军澳等三个工业园区和一个科技中心与之相匹配。

"贸易发展局"是1966年成立的机构。政府资助，独立经营，自负盈亏。主要履行三项职能：(1) 提供市场推广平台（展览会）；(2) 研发市场信息与机会；(3) 商贸配对服务。目前服务对象主要是中小型企业——成长型公司；服务方式逐步由大型化、普及性转为个性化、专业性发展。

2000年成立的"投资推广署"，主要目的是为香港招商引资。目前，内地、美国和日本企业来港甚多，我曾动议，佛山或顺德，可与香港"投资推广署"共同前往欧洲联合进行"模具或机械装备业"的招商引资，以促进佛山和顺德新产业发展。

"香港交易所"有"主板市场"与"创业板市场"，为内地企业来港上市服务。佛山、顺德的企业赴港上市,以"创业板市场"为宜。它既没有对企业盈利的特别要求,也没有行业限制,只限定企业领导人相对稳定2年、上市融资不低于3 000万港币、上市后需完善法人治理结构等。内地证监会对企业在香港创业板上市也没有特别限定。

"工业贸易署"类似内地的"外经贸局"。主要职能是多边谈判(例如WTO、APEC谈判)、双边谈判和服务中小企业发展。就服务中小企业而言,政府专门设立了担保基金、培训基金、市场推广基金和发展基金,用以推动香港30多万家中小企业发展。

支柱产业仍有空间

香港历经了这样几个发展阶段:20世纪60年代至70年代,以制造加工业和出口为主;20世纪80年代开始,以金融业、物流业、旅游业和专业服务业四大支柱产业为主;进入21世纪,香港在发展四大支柱产业的同时,开始投资高附加值的高科技、知识型产业。后一阶段的发展,一方面代表了香港乃至世界经济发展的潮流;另一方面,高科技、知识型产业的管理运作机制以及财政投放力度(例如香港"数码港"、"科学园"以及"创新科技署"促进科技发展的管理机制与财政投入),引人思考。

我认为,目前香港的支柱产业仍然有许多拓展空间。

金融业是香港四大支柱之首,它奠定了香港国际金融中心的地位,并由此促进了其他产业的发展。但是,香港周边国家和地区金融业竞争激烈,香港的股票市场也只是在全世界排名第八位。目前香港在金融业发展战略中缺乏与内地资源互补,从而创建世界前五大国际金融中心的根本措施,因此很可能导致香港金融业水准徘徊不前。

在香港四大支柱产业——金融业、物流业、旅游业和专业服务业中,我向"经济发展及劳工局"咨询了物流业,包括基础设施、地理位置、服务网络和法制制度。发展物流业,最关键之处是构建服务网络,包括客源、资讯流向、跨界运输、仓储服务、货运代理(包括第三方、第四方物流)、DTTN(数码贸易运输系统)服务和一条龙服务。为确保服务网络有效运行,设施、资讯流通、对中小企业客户培训、帮助中小企业解决融资问题、吸引人才提高物流业水平等至关重要。目前,香港物流业最大的问题是成本太高,与内地通关便利不够。

城建规划科学前瞻

香港寸土寸金,面积的限制和人口密集,令香港承受着交通、居住两大沉重的压力。压力考验着政府的智慧,聪明和民生的政府总能将压力巧妙化解。人口密度居于世界城市前列的香港没有因此乱成一团,反而交通顺畅、居者有其屋,这取决于规划的科学性和前瞻性。这点从其机构的设置上可见一斑:与"房屋"有关的部门就有"房屋与规划地政局"、"房屋署",足见政府对市民居住情况的重视;而在城建和规划方面的灵活经营,也成功地解决了建设资金等问题。

"房屋与规划地政局"于2002年由房屋局与规划局合并而成,其主要职能是房屋规划、土地注册和防范地震。其履职中最成功之处,一是结合香港房屋情况,非常成功地进行了市政、道路、地铁网络规划与建设;二是推出了公共房屋的建设、销售、出租措施。教训之处在于新界的土地使用由于历史原因已没法纳入规划之中。

"房屋署"最成功之处是推行了"公共房屋"建设、出售、租用等措施,既逐步解决了"居者有其屋"的问题,又为公共房屋、社区商铺建设解决了资金问题。

"市区重建局"是个政府资助、独立经营、自负盈亏的机构。主要职能是对城市房屋的重建、保存、修缮、更新。所需大量建设资金来源于政府资助、银行贷款、自身经营、投资合作、房产业主出资等五个方面。合约管理、经营灵活、以收养支是其进行市区重建的成功之处。

而"城市规划及建设署"则巧妙地把地铁建设与地铁相连的房地产开发捆绑经营,从而解决了地铁建设经营亏本问题。

环境旅游相辅相成

在环境保护方面,空气污染是香港当前要着手解决的一个棘手问题。

香港岛目前的生活污水仍主要直接排放入海。香港的固体垃圾2002年才开始简单分类,人工进行;填埋场数量不够;垃圾处理效率不高。这些都与香港的国际化大都市地位不相匹配。

"环境运输及工务局"涉及的主要议题是空气、水质、废物、生态等四个方面的环保问题。空气污染现已成为香港街谈巷议的主要话题,香港政府着手治理汽车排放、发电排放、企业污气排放以及与广东珠三角共治"空气盆"。在污水处理与垃圾填埋方面,香港落后于其他发达城市,原因之一是政府难以协调与民众利益格局(如提高污水垃圾处理收费)。到"环境保护署"访问时,我感觉其职能与"环境运输及工务局"重叠。

"旅游事务署",其推介语是——"亚洲国际都会"(Asia World's City)。我认为,香港旅游资源需要整合提升;同时,要将旅游设施、旅游服务、旅游推广放在同样重要的位置;另外,"家庭旅游"具有巨大发展潜力。目前香港在大力开发迪士尼乐园、大屿山东涌吊车工程、湿地公园、多媒体灯饰和其他多元化景点。希望旅游景点的开发与环境保护紧密结合,使之相辅相成,以良好的环境促进旅游。

粤港合作前景广阔

自改革开放以来,香港与内地的联系越来越密切,合作领域越来越宽广。尤其是粤港合作,已经渗透了经济携手、文化联姻的诸多领域,粤港合作的前景十分广阔。

"粤港合作统筹小组"于1998年成立。有17个专责小组。政务司司长负责与广东、深圳、"9+2"泛珠三角合作事宜,财政司司长负责与上海、天津等地合作事宜。重点集中在CEPA实施、内地企业赴港投资、"泛珠"合作、人才科技交流、环保、口岸发展等事项。

同时,此次访问的"中华总商会",也在香港与内地、香港与广东的合作中发挥着重要作用。"中华总商会"是香港四大商会(中华总商会、中华厂商会、工业总会、香港总商会)之首,成立于1900年,团体、个人、商号等各类会员 6 000 多个,属民间社团。曾宪梓是前任会长和现任名誉会长。该社团对香港政府搭建内地桥梁、提高华商地位等做出了较大贡献。

香港、广东两地的产业、经济、城建、环保等多方面合作具有地理、文化、机构等方面的便利条件和优势,前景广阔。佛山、顺德可借助香港金融业、物流业、旅游业、科技业、专业服务业的平台,全面发展地方产业。

(写于 2005 年 3 月,时任佛山市委常委、常务副市长、顺德区委书记)

第4章 媒体对话：让资本之光照耀产业高地

第4章 媒体对话：让资本之光照耀产业高地

▶ CCTV2《对话》栏目：佛山是一只响当当的蓝筹股

2010年6月29日晚，CCTV2《对话》栏目播出以佛山转型为主题的节目，主嘉宾佛山市委书记、市长陈云贤在节目中表示，2009年佛山GDP为4 814.5亿元，有家居的地方就有佛山的家电，有建筑的地方就有佛山的建筑材料，但是佛山一定要转型，要让资本之光照亮佛山的企业。

CCTV2《对话》栏目

佛山为什么一定要转型

央视《对话》主持人陈伟鸿：用证券市场的话来说，佛山应该是一只响当当的蓝筹股，您认同这一判断吗？

陈云贤：我完全赞成。佛山2009年工业总产值超过12 000亿元，进出口贸易总额超过380亿美元，进一步具备了国内和国际的竞争力。

主持人：在过去的30年中，佛山始终保持着15%的高速增长，这样一只绩优股，为什么一定要转型？

陈云贤：佛山最大的优势既在于民营企业，也在于传统产业。但是佛山最大的劣势也在于传统产业和民营企业。比如说传统产业发展的同时，带来了一直相伴随的粗放式经营、劳动密集型经营，带来了高成本、高耗能、高污染，相对效益比较低的状况。民营企业是我们的发展之根，原来是家族式的，如果不转型，可能仍然是家族式的。如果在这一过程当中，我们的制度创新、技术创新、组织创新不跟上去，很可能在这一轮竞争中落后，甚至被淘汰。

对话过程中，嘉宾广东昭信集团有限公司董事长梁凤仪、广东蒙娜丽莎陶瓷有限公司董事张旗康等纷纷谈及他们最初转型的做法。广东万和新电器有限公司董事长卢楚其则从进入该行业开始讲起，谈及价格战让多家企业"很受伤"，后来及时地主动转型。

广东社科院竞争力评估中心主任丁力：广东过去30年主要看东莞，看深圳；未来30年，要看珠江西岸，主要是佛山。因为民营经济和制造业的基础是很难能可贵的。同时也要看到，这30年，我们主要是靠汗水赚钱，多数企业还在拼成本，拼价格，未来我们的转型是转什么？实际上就是要从靠汗水赚钱，变成靠智慧创造财富，这个转变是很难的。即使像日本、韩国，他们的经济转型也用了二三十年的时间。

主持人：从靠汗水赚钱，变成用智慧来创造财富，路径选择也多种多样。

陈云贤：我们提倡三方面并举：第一就是传统产业的改造提升；第二是培植先进制造业；第三就是让资本之光照亮我们的企业。

小富即安会导致落后

主持人：佛山的企业多不愿意上市到底是出于什么考虑？

佛山市金融局副局长曾昭武：（有些企业的厂长、负责人）最早去找

第4章 媒体对话：让资本之光照耀产业高地

他，他说第一我不缺钱；第二我在行业里排得很靠前。

丁力：(这是)小富即安的心态——我能赚到钱，为什么要拿到市场上去分给股东呢？还有原罪。这个原罪不一定是罪恶滔天，很可能只是一点点小罪，甚至擦点边，但是不合法，于是就带来了对上市的种种制约，要洗白，怎么洗，这个问题估计陈书记也在琢磨。

陈云贤：某些原罪问题，怎么样在法律允许范围内有效地解决，这不只涉及一个部门，而是涉及多个部门和国家有关政策，我们协调相关的部门，看能不能尽量解决。但是这个确实是目前我所知道的，大部分佛山企业上市的一个瓶颈和制约因素。

主持人：你希望通过上市让企业得到什么？

陈云贤：眼前大家看得到的就是募集了5个亿、10个亿、20个亿的资金，更主要的是借助这个过程，建立现代企业管理制度。20世纪90年代，顺德有3家规模相当的家用电器企业，其中一家是大家都熟悉的美的，在1993年、1994年进行股份制改造，走向了现代企业制度管理的方式，发展到现在，2010年美的的产值肯定可以超过千亿元大关。与之相竞争的其他企业，由于错过了当时资本市场与产业相结合的机遇，相对来说落后了。

主持人：对已经上市的企业而言，上市到底给他们带来了什么？

广东科达机电股份有限公司总经理边程：上市以后必须要寻找新的增长点。

并购风险应该如何来管控

曾昭武：佛山属于龙头的企业至少过百家，未来收购兼并的市场机会是非常大的。

主持人：这样的并购，这样的和资本市场的对接，为我们的转型升级提供了什么样的力量？

陈云贤：应该说既找到了好的途径，又提供了新的平台。兼并收购是我们企业家在做强做大过程中可以考虑的一个很重要的策略与路径。

主持人：对今天的佛山来说，有一个名字大家不愿意再提起，那就是顾雏军，当年他也通过资本运作的方式，控股了当地的科龙电器，进而组成了一个格林柯尔系。但是风光过后，在2008年，大家看到他因为挪用资金、虚假注册等锒铛入狱。在资本和产业对接的过程当中，风险到底应该如何来管控？

陈云贤：首先，企业自身要有扎实的基础和健全的机制。其次，要防范兼并陷阱。

主持人：让资本之光照耀产业高地，是不是可以这样解读，就是我们这个产业高地可能是缺少资本之光照耀的，是资本之光照耀得不够的地方？

陈云贤：为了让企业真正地与资本市场有效结合，我们采取了内外两种方式。对内，我们提出了"金融3P"，也就是三项发展计划：第一项发展计划就是企业上市的"463"发展计划；第二项就是我们培育了大量的风险投资基金、科技创新基金、中小企业担保基金等，与企业有效地对接；第三项是进行大量的金融创新，包括村镇银行、小额贷款公司跟其他金融创新形式，更重要的是还得到了国务院的重视，把佛山南海千灯湖作为广东省的金融高新技术服务区。对外，我们借助联合国工业发展组织，把佛山确定为中国唯一的产业集群与资本市场有效运作的示范城市，不断引进外来银行，包括外资银行进驻佛山。

主持人：今天我特地带了一本书，是陈云贤先生写的《风险收益对应论》。当今天我们看到资本之光已经成为推动佛山产业高地转型升级的力量之一的时候，我们也很想知道，在您看来，这是不是一个最佳的时机？

陈云贤：应该说在国家指导我们产业转型升级的过程当中，利用资本市场做强做大，借助资本市场有效地进行企业和企业的兼并收购，我认为在产业转型升级的过程当中，是一个很好的时机，而且这个时机，不仅是现在，还会延伸到"十二五"规划的过程中。

主持人：当我们看到资本之光已经逐渐照耀了整个佛山的产业高地的

第4章 媒体对话：让资本之光照耀产业高地

时候，我们也想知道，下一束，或者再下一束，还会有什么样的光芒照耀到我们转型升级的过程当中？

陈云贤：我们已经到了工业化的后期，或者说后工业化的初期阶段。在这个阶段，我们的定位就应该是要信息化与工业化融合，信息化还要跟城镇化、国际化融合，所以我们佛山市委市政府提出：四化融合，智慧佛山。

《广州日报》：知识经济要靠看不见的脑

2009年9月3日，佛山市委书记陈云贤接受中央及省市媒体的联合专访，畅谈佛山经济发展方式转变、城市形象塑造以及"四化融合，智慧佛山"的深刻内涵。对于佛山的发展方向，陈云贤以一句"自然经济靠的是看不见的天，市场经济靠的是看不见的手，而知识经济则要靠看不见的脑"精辟概述。

谈到动情处，他还感慨，"我们这一代知识分子，学了那么多，又在实践中摸爬滚打。除了实在做事之外，有义务思考经济学脉络的发展与突破"。

不能只重外表而忽视内在的血液质量

记者：佛山现在把产业发展同城市发展相融合的实践，令我们对"四化融合，智慧佛山"中的"智慧"一词有了新的理解。这是不是在冷冰冰的生产要素之外，要赋予产业一种新的灵魂？

陈云贤：20世纪80年代，我在北大读博士，研究中国资本市场发展模式，毕业时别人给我戴了很多高帽，说我开创了这个先河、填补了那个空白。当时我们国家资本市场姓社姓资的问题还没解决，但我已研究了资本市场前沿发展的一些问题，其中就碰到对传统经济学的理解问题。

超前引领：对中国区域经济发展的实践与思考

比如生产要素，传统经济学讲的是土地、生产工具、人，但是现在如果讲到生产要素，脱离资本行得通么？根本行不通。资本就像人身体的血液一样重要，但当我们见到一个人的时候，往往只是见到他的肌肉和身体轮廓，而没看到血液质量如何。他有没有"三高"？有没有白血病？这些软件的、无形的、思维性的东西，恰恰是当今经济发展、城市建设不断前进的很重要的组成部分。如果把这些软件因素考虑进去，整个经济学的体系将发生根本性变化。

知识经济要靠看不见的脑

记者：提出建设"智慧佛山"，是不是就要把这些无形的要素融入发展中去？

陈云贤：佛山经济总量发展比较快，已经到了工业化后期或者说后工业化初期，到了这个阶段如果还是用传统思维，只看到硬件的、有形的、躯体的方面，而忽视了软件的、无形的、程序性的要素，很可能会带来城市定位的困惑，或者使前进方向进入误区，城市发展也就很难再上新的台阶。

为什么我提出要大家看《未来是湿的》这本书？大家知道，《世界是平的》这本书影响很大，它告诉我们眼光不要仅仅局限于一个区域，通过高科技的服务外包，即便远隔千山万水，一个电脑就能解决问题。《世界是平的》告诉我们，人的思维要延伸开来，而《未来是湿的》则告诉人们，人的思维要纵向深化下去。自然经济靠的是看不见的天，市场经济靠的是看不见的手，知识经济则要靠看不见的脑。

这就是说，我们既要看到有形，也要注意无形，既要看到躯体，还要注意思维。佛山现阶段所提出的"智慧"，是在原有基础上结合了现在的高科技因素，它是互联网与物联网、数字化与智能化有效结合的智慧，它体现在佛山产业发展、城市建设和国际化竞争的方方面面。所以说，"智慧佛山"既符合佛山实际，又体现了政府的超前引领。

第4章 媒体对话：让资本之光照耀产业高地

转型"阵痛"有如新车"磨合期"

记者：目前佛山正在大力调整产业结构，促使经济发展方式的转变。但在这个过程中，我们也发现，2009年和2010年上半年，佛山的一些主要经济指标的增幅均出现一定程度的回落。这是不是转型过程中出现的"阵痛"？如何去克服？

陈云贤：任何一个区域的经济发展、城市转型、环境再造都会有一个"磨合期"，或者说转折期，这就像你买了一部新汽车，肯定也要有个"磨合期"，磨合到一定阶段，它就会越跑越快，但是在零部件的磨合过程中，不可能让它跑得太快。

这就告诉我们，不管是佛山还是其他区域，任何一个经济转型，都会带来一定的"阵痛"，但是有一点，如果你有备而来，这种阵痛或成本就会小得多；如果你没有准备，这种转折的成本就非常大。经济学上的成本有两个，一个是实际成本，另一个是机会成本。在转型过程中，不管实际成本损失了多少，更重要的是与机会成本的比较。

如果从这个角度来看，佛山转变经济发展方式的路径，应该说是适应了佛山经济自身发展的要求，走在前，抓在先。

政府应当超前引领

记者：在这个过程中，政府应该做些什么？

陈云贤：政府应当超前引领。我们一直是用这种思维和眼光来确定我们的政策，部署我们的工作。不管是自主创新、招商引资，还是用金融手段建设产业高地，这些经济发展方式转变的主体都是企业，而政府则要依据法律法规和市场经济规律，进行超前引领，在某些方面提供一些配套措施。

这种"政府超前引领"所取得的成功，在区域经济发展实践中，佛山尤其是顺德是一个典范；在国家层面，新加坡则是一个典范。当然，这种超前引领要与计划经济时代的行政干预区分开来，它是基于市场经济规律和各项法律制度框架的引领。

记者：政府"超前引领"，是不是也体现了您的一种思考？

陈云贤：回顾经济学的脉络，先有亚当·斯密的"看不见的手"理论，再有凯恩斯的"政府宏观调控"经济理论，在此基础上，经济学由原来的一个主流变成了两个分支，形成了微观经济学和宏观经济学。我们这一代知识分子，学了这么多，又在实践中摸爬滚打，除了实在做事外，有义务去思考经济学理论上的发展与突破。

在亚当·斯密和凯恩斯多是事中或事后调整的理论之后，我们为什么不能提出用政府的超前引领，来有效减少实际成本与机会成本的损失？

这也是我到政府工作多年来，除了实际工作之外，在理论上不断思考能否在经济学脉络上实现突破的一个重要观点。

可唱响"下南洋"提升佛山知名度

记者：佛山已引入专家团队对城市形象进行定位与塑造，那么在您眼中，佛山又是什么样子？

陈云贤：佛山的城市定位与城市形象塑造，都是一个动态的过程，两者需要有效配合。前一段时间，北京市政府一位中层干部来佛山挂职，一看到佛山就特别振奋，说到这边有个城市，再到那边还有一个城市，这是因为我们是"2+5"的组团式城市，这恰恰在其他地方看不到。小小的佛山，既有近海远洋的交通，又有高速公路、地铁轨道，还有飞机场，形成了一个丰富的立体交通框架。

所以我说，初到佛山，一眼看不透，越看越可爱。我确实感到，佛山是一个藏龙卧虎、生机勃勃、充满活力的城市。但是，确实很难用一句话来概括佛山、讲佛山的个别特点。比如康有为，"有为佛山"可能名扬海内外；李小龙，西方人都爱他的武术，在国际上影响也大，但这都是某个方面。如果从系统层面来讲，还需要进一步思考，大家共同探讨。

记者：佛山应当怎样改善城市形象，进一步提升知名度？

陈云贤：电影《唐山大地震》，展现了唐山灾后重生、凤凰涅槃的全过

第4章 媒体对话：让资本之光照耀产业高地

程，起到很好的宣传效应，让人感慨万千。佛山一直立于改革开放的潮头，但是外人对佛山的了解却很少，这跟我们缺乏有效的引领分不开。

佛山户籍人口365万，但是海外乡亲却超过150万，香港很多大富豪都是顺德人，几个大政要都是南海人，佛山乡亲在香港的超过80万。所以我多次讲过，山东有闯关东，山西有走西口，为什么佛山就没有下南洋？可以考虑把"下南洋"定为一个主题，将这个主题有效唱响。当然这个工作要做起来，比闯关东、走西口要难得多。

（原载2010年9月6日《广州日报》）

《中国证券报》：以多层次金融服务体系推动"中国创造"

抗御风险，企业要自主创新，政府要超前引领

《中国证券报》：在国际金融危机冲击下，佛山2008年仍历史性地创造出广东全省最快发展速度，与珠江东岸形成鲜明对比，作为佛山市长，您认为其中深层次原因是什么？

陈云贤：在成本上升、汇率上扬、金融海啸连番打击下，佛山区域经济显示出良好的抗风险能力。2008年全市GDP为4 333.3亿元，同比增长15.2%，全社会工业总产值达11 658.31亿元，首次突破1万亿元大关，同比增长20%。

珠三角的制造业有两种模式：一是珠江东岸模式（以东莞为代表），以加工贸易为主，"两头在外"特征明显；二是珠江西岸模式（如佛山、中山、珠海），有自己的市场网络和品牌，产业链条也较完整，产品以内销为主，且大多数企业为民营企业，并形成产业集群。佛山之所以能够保持快速稳步的发展势头，民营经济特色和企业的自主创新能力是重要法宝。

超前引领：对中国区域经济发展的实践与思考

东西岸两种模式在金融海啸中表现不一，有其深层次原因。第一，产业结构。佛山第二产业占比约65%，以工业制造业为基础，这种实体经济突出的产业结构具有旺盛的竞争力。第二，双轮驱动。民营企业具有较强的根植性，与外资企业双轮驱动。当前形势下民营企业发挥了重要支撑作用，具有非常强的抗风险能力。第三，规模企业效应。目前佛山超亿元产值的企业超过2000家，10亿元到100亿元的企业有250多家，超百亿元以上的企业有6家。这些上规模的企业没有受到根本性影响。第四，企业家。佛山有一批摸爬滚打成长起来的企业家，具有非常高的智慧来解决目前面临的困难和问题。第五，产业升级，自主创新。佛山提出了企业五阶段发展战略，第一阶段是夯实基础，第二阶段是创造品牌，第三阶段是注册专利，第四阶段是制定标准，让自己的标准变成行业标准、国家标准乃至国际标准，第五阶段是拥有自己的品牌、专利、标准，让别人为我们做贴牌生产。现在佛山拥有中国驰名商标25个，中国著名商标65个，在全国地级市中名列前茅。

《中国证券报》：作为一市之长，您认为当前应采取什么样的政策取向，来帮助传统产业抵御内外风险？

陈云贤：在当前形势下，政府要"超前引领、主动有为"。这一点我深有体会，事实证明，自由经济"看不见的手"会有失灵的时候；而凯恩斯理论中的政府干预多局限于事中事后的调节。如何弥补这两者的不足，我认为关键时刻政府不能缺位，而是要积极发挥"超前引领"的职能，即依据市场经济的内在规律，以超前的思维和政策举措主动引导微观企业发展，使其避免支付过高的实际成本和机会成本。佛山的具体做法有下面五点。

第一，深入调研了解情况。2008年，佛山市主要领导与81个不同类型的企业座谈，走访至少130多家企业。从调研中看到出口导向型企业、中小企业和房地产相关行业三类企业受影响很大，于是有针对性地出台了一系列帮扶措施，帮助它们渡过难关。

第二，加快产业转型。一是对高污染高耗能的企业关闭不手软；二是

第4章 媒体对话：让资本之光照耀产业高地

继续加大传统产业"两转型一再造"的力度，充分利用传统产业优势，通过创新投入和技术升级，推动其从劳动密集型向资金、技术密集型转变，从低加工度向高加工度升级；三是争取引进一批企业形成产业集群，使整个产业调整真正向现代产业体系的方向发展。

第三，以多项政策加强和鼓励企业自主创新。

第四，搭建平台，帮助企业开拓国内或国外市场，尤其是中东市场、俄罗斯市场、东盟市场、南非市场、南美市场等。

第五，加大财政扶持力度，促进中小企业技术创新和转型升级。借国家增值税转型改革之机，鼓励企业加大研发投入，引进新设备和先进制造技术改造传统产业，安排资金对企业购买先进设备给予一定的贴息。

《中国证券报》：政府在金融服务领域有什么有效的创新举措呢？

陈云贤：在融资服务体系中我们有一个重要创新是设立中小企业信用担保基金。担保基金按照"政府引导，市场化运作，风险共担"的原则设立，财政出资设立，招标委托专业担保机构和银行管理，政府推荐企业，由担保机构和银行审核，按照市场化方式确定是否发放贷款，担保费用不超过2%。风险则由政府、担保机构和合作银行共同分担，如一笔贷款发生代偿，政府最多将承担30%的损失。这种模式改变了以往财政资金"撒胡椒面"、资金使用效率较低的状况。目前，全市累计拿出超过2.5亿元的财政资金设立担保基金，已有51家中小企业成功通过中小企业信用担保基金向银行获得贷款，贷款总额突破3亿元。五年来，佛山担保业累计为5 000多家各类中小企业提供近180亿元融资担保。担保贷款资金运行质量良好，代偿率连续五年低于全国和广东省水平。下一步我们还将与国家开发银行合作，为工业园区的优质企业提供出资联保、担保融资业务。

同时，全力支持优质企业上市。目前佛山已有2家创投公司，还有2家正在筹集。这些机构资金主要都是投向本地优质企业。我们还在制定拟上市绿色通道制度。对于拟上市企业，如符合产业发展方向、环保规定、无违法违规行为,政府将协调一揽子部门解决其困难。目前,联合国工业发展组织已选定佛山市作为"支持中国产业集群与资本运作(佛山)国际示范项目",2009年第一、二季度的工作重点就是推动规模引进产业投资资本与产业投资基金建设,推动佛山资本运作方案与产业优化升级方案建设,从而进一步加快佛山产业集群发展,提升资本运作水平,优化产业结构,提升区域核心竞争力。

建立多层次金融服务体系推动"中国创造"

《中国证券报》:作为人大代表,您曾呼吁必须要从"中国制造"向"中国创造"转变,您认为在这一过程中金融市场体系担任什么角色?

陈云贤:经济发展和企业壮大,是以从"制造"向"创造"的转变为基础的,并且离不开金融市场强有力的支持。在此转变过程中,需要建立一个多层次的金融体系。该体系至少包括以下四个方面

第一,能够提供全面金融服务的银行体系,具有较强的金融业务和金融产品的创新能力,直接服务各类企业,尤其是针对中小企业推出更多的创新产品。

第二,建立多层次资本市场体系,能够高效配置优质资源,鼓励优质企业通过资本市场实现跨越式发展。包括积极推动创业板、发展创业投资行业和产业投资基金、发展期货市场等。如政策允许,我们还将力推债券市场的建立,以提高融资效益和增加融资渠道。

第三,建立与当地企业配套的政策性金融服务体系。佛山近年来的实践包括:建立制度化的补贴机制。通过税收优惠、财政补贴、贷款援助等方式给予金融服务机构或中小企业支持;完善融资担保体系;鼓励各类金融创新,积极发展创业风险投资基金。预计在未来3年,佛山将成立10家扎根本地的创投机构,募集资金50亿元,向100家本地企业投入资金;发挥产权交易市场积极作用;探索设立小额贷款公司、村镇银行、金融租赁公司,引导民间资本阳光化;探索产业投资基金、中小企业集合债券等融资方式,帮助一批成长性好的中小企业集合发债融资,为企业中长期项目投资

第 4 章　媒体对话：让资本之光照耀产业高地

提供资金支持。

2008 年我们制订出台了《佛山市金融产业发展规划（2008—2015）》，明确了佛山在金融领域的定位。

在《珠江三角洲地区改革发展规划纲要（2008—2020）》中提出支持建设广东金融高新技术服务区，大力发展金融后台服务产业，建设辐射亚太地区的现代金融产业后援服务基地。在具体运作中，金融高新区洽谈企业近 100 家，已进驻 11 家，其中中国人保集团南方信息中心、美国友邦保险公司亚太区后援中心已奠基开工建设，新鸿基金融集团、广东三泰电子等 8 个项目正处于设计或审批阶段。

在金融突破带动经济发展上，确定以推动资本市场发展和提升直接融资比重为突破口，重点实施佛山金融发展三项计划，即推动金融市场发展的创新试点计划，引导创业风险基金、产业投资基金和担保基金发展的基金引导计划，加快企业上市的"463"计划（4 年国内外上市 60 家，融资 300 亿元）。目前，三项计划中各项创新项目已全面部署推进落实，部分项目取得阶段性成果。

《中国证券报》：您认为资本市场应该如何改革创新才能更好地促进企业发展？您如何看待创业板的推出？

陈云贤：当前和今后相当长的一个时期内，"新兴加转轨"仍然是我国资本市场的基本特征。建议未来应主要从三个方面稳步推进资本市场发展。第一，稳步推进改革创新，进一步夯实资本市场平稳运行的基础；第二，揭示市场风险，进一步加强投资者教育的广度和深度，全面树立风险意识和法律意识；第三，大力加强市场监管和执法力度，进一步维护市场秩序。

在此框架下，要发挥好资本市场高效配置资源的优势，以下几个方面工作十分必要：一是如何更好地发挥资本市场的融资功能，包括 IPO 询价制度的完善、创业板尽快推出、再融资制度的改革和债券市场的建立等；二是鼓励兼并重组，鼓励上市公司通过资本市场实现跨越式发展，当前正是兼并重组的好时机，拟上市企业可以通过买壳上市进入资本市场，上市公司也可以通过各种方式兼并相关企业,倍数增长;三是完善市场稳定机制,包括推出股指期货,培育更多的机构投资者;四是与境内外资本市场接轨,包括尽快推出港股直通车、推动境内外从业资格互认、便利国内企业登陆境内外证券交易所等。

关于创业板的推出问题,现在有各种各样的担心,我认为一个市场能否成功真正要考虑的核心因素有三个:一是是否符合宏观经济政策;二是微观经济发展状况;三是社会资金的供求平衡。从目前来看,宏观经济政策取向是刺激经济增长、扩大内需,因此宏观经济政策对创业板的推出是正面的。微观方面,中小企业中有很多具备自有品牌和核心技术,这正是创业板很好的后备资源。目前市场真正担心的可能是资金供求平衡问题。但是如果我们认为当前资金流比较充足,而且如果推出创业板能够更多地吸引储蓄转化为投资,那么创业板的推出就是水到渠成的事情。其他的风险,是任何市场都会遇到的,不在此列。

全球呈"U"形年底入谷底,中国走"V"字低谷正形成

《中国证券报》:作为一名金融学者,您对国际金融危机下一步将如何发展演化及其影响作何判断,中国政府、金融界及企业应在哪些方面做好应对准备?

陈云贤:我认为,本次金融危机的形成起源于20世纪80年代西方金融监管指导思想的转向,其实质是国与国之间利益争夺加剧的必然结果。在此次危机过后,中国的全球经济地位会进一步提升,但美国的金融、经济地位不会改变,对此我们要保持清醒的认识。

从国际经济形势的角度来分析,2009年上半年应该比2008年更严峻。因为2008年1—9月份,主要是美国市场出问题,第四季度欧盟市场开始出问题。按照经济周期和历史经验,基本上2—3年出现经济上的徘徊,甚至进入衰退期。美国次贷危机从2007年下半年开始,到2008年刚好是一年半,所以2009年它不会很好。欧盟是2008年第四季度开始,2009年会更糟糕,只有到2010年下半年才可能慢慢开始好。所以,我们

第4章 媒体对话：让资本之光照耀产业高地

分析国际经济的走势呈现一种"U"字形，尤其2009年是在形成谷底的过程中。

《中国证券报》：如何看待这次冲击造成的影响，从珠三角经济最前沿能看到中国经济触底的征兆吗？

陈云贤：国内经济形势和国际经济形势既有相同之处也有区别之处。相同之处在于国内经济对进出口贸易的依存度达到40%，所以国际经济形势会影响国内的经济状况。但不同之处在于国内经济2008年出现调整或变化，并不完全是国际金融危机影响的结果，很大部分在于近年国家宏观调控政策对传统产业的触动。国家出台了40 000亿元投资等十大举措来推进中国经济加快发展，佛山也相应出台了1 800亿元投资，着重从十个方面推动经济平稳较快地发展。从2009年2月份反映出来的情况看，库存已基本消化，发电量、企业用工、订单及房地产交易量价都有明显回升，调查显示有1 000亿元资金已进入数以千计的企业。所以我认为这样的合力会促使中国经济呈现"V"字形，最低的低谷应该是在2008年第四季度到2009年第一季度这一段时间内形成，然后慢慢向上。可以说，中国经济最困难的时期已经或正在过去，几个月后就会明显向好的方面转化。因此，现在恐慌的心态是不足取的。

《中国证券报》：作为一名曾经的投资银行老总，您认为当前中国企业是否应该到欧美市场展开收购？

陈云贤：全球经济2010年下半年才有望复苏，所以我不主张国内金融企业过早"出手"，到国际市场收购。目前来说最好还是保存实力，伺机而进。但在佛山，我们很多制造业优势企业已经大步走出国门，在五大洲投资设厂，去进行它们的全球战略布局了，这是很有眼光和胆识的。

（原载2009年3月10日《中国证券报》）

《21世纪经济报道》：扩大工业品下乡促进内需

佛山市是中国制造业聚集地、珠三角中心城市之一，全国人大代表、佛山市市长陈云贤2009年来北京参加"两会"前，刚刚走访了130多家企业。

他在接受本报记者专访时表示，"金融危机之下，对于出口企业的困难，政府可以为企业做的、考虑的，还有很多"。

综合走访企业的状况，陈云贤2009年向人大提出了《关于扩大工业产品"下乡"范围的建议》、《关于改进现行出口退税政策的建议》以及《关于恢复部分金属制品和铝合金型材出口退税率的建议》三个议案。

扩大工业品下乡促内需

《21世纪经济报道》：针对出口企业目前的困难，您为什么会提这三个议案？

陈云贤：工业品下乡扩大内需，需要扩大化，不能仅限于家电领域。要根据农村所需要，跟农村的宅基地建设相联系，特别是宅基地建设的材料，比如陶瓷、家具、铝型材等，扩大工业品下乡的范围。

还有就是出口退税过程中，前几年为了控制经济过热，国家把一些出口退税的品种削减了。但现在为了扩大出口，能不能将这些产品恢复退税？这个时间只需要2—3年就可以。

再有就是出口退税的政策问题。2008年调高出口退税后，实际上并没有惠及国内的企业，反而被国外的企业当做中国出口产品成本下降的一个因素，要求出口企业降低价格。所以我们要考虑能不能改变原先出口退税的方法，转而对出口企业采取补贴的方式。

《21世纪经济报道》：当前国家以"家电下乡"促进内销市场，您在议案里建议扩大工业品的下乡范围，您是怎么考虑的？

陈云贤：在当前形势下，我国启动内需的最大潜力在农村。据统计，占

第4章 媒体对话：让资本之光照耀产业高地

全国人口70%以上的8亿多农民，只消费了全国1/3的商品。国家统计局的测算表明，农村人口每增长1元的消费支出，将为整个国民经济带来2元的消费需求。

连续四年的"家电下乡"累计可拉动消费9 200亿元。但单纯的"家电下乡"措施，对我国经济的拉动作用较为有限，加上农村和农民需求的多样化，非家电一项所能满足。因此，建议在实施"家电下乡"的基础上，扩大与农民生活息息相关的工业产品下乡范围，尤其是扩大以陶瓷、涂料为代表的建材产品以及家具、纺织服装等产品。将这些产品纳入下乡范围，将对我国经济社会产生重要的影响。

《21世纪经济报道》：这对国家拉动内需和发展内源型经济是否有比较大的意义？

陈云贤：是的。中央此前提出了一系列的行业振兴规划。但振兴行业发展除在信贷、税收、创新等方面加大政策扶持外，关键是加大行业产品及与其发展息息相关的产品的销售。

将这些产业纳入工业产品"下乡"范围，将有力拉动行业及与之相关产业的发展，牵一发而动全身，带动整个国民经济持续平稳较快增长。

此外，发展内源型经济，能有效提升国家经济发展底蕴和抗风险能力。家电、建材、家具、纺织服装等行业，是我国的传统优势行业，且大多是由根植性强的民营企业经营，对当地的经济发展有举足轻重的作用。

把这些产品纳入"下乡"范围，不仅能解决广大农村的生产生活需求，还可以促使这些产业在继续巩固城市市场的基础上，把销售网络延伸覆盖到全国2 800多个县域，不断提高产品的知名度和市场覆盖率，加快整个行业的发展。在此基础上，还有利于扩大就业，缓解就业压力。

《21世纪经济报道》：佛山拥有多个著名家电品牌，您认为目前"家电下乡"有哪些可以改善的地方？您对"工业品下乡"的具体建议又是怎样的？

陈云贤：我认为首先应该扩大工业品下乡的扶持力度，而且这些工业品应该围绕着农民宅基地建设来进行，这样才能有效扩大内销。

除此之外,我认为应把自主创新产品纳入下乡范围。工业产品下乡首选自主创新产品,这样不仅能拉动国家经济发展,还能激发国内企业自主创新的热情,有利于培养知名品牌及世界著名品牌,推动企业产品转型升级。

《21世纪经济报道》:事实上,"家电下乡"已经进行了半年多,农村的一些配套设施并没有跟上来。

陈云贤:是的。我建议"下乡"的投标企业应有多层次性。我国城乡发展、区域发展差距较大,各地农村的消费水平和消费能力也存在较大差距。因此,在下乡产品的招投标过程中,一定要考虑到消费层次的多样化,既要有符合我国东南沿海发达地区农村消费水平的中高档产品,又要有符合中西部及少数边疆欠发达农村消费水平的中低档产品。

再一个是加大销售网点,做好售后服务。当前销售网点太少,售后服务能力较弱。因此,要增设销售网点,做到网点进村,及时解决质量监管和售后服务问题。

此外,提高补贴标准,扩大补贴范围。目前实施的"家电下乡"补贴标准为13%,许多农民反映补贴标准太低,补贴的手续较为麻烦,补贴的品种也较少,一定程度上影响了农民购买"下乡产品"的积极性。

出口退税未真正惠及企业

《21世纪经济报道》:对我们国家采取的一些包括出口退税的促进出口的措施,目前企业的反应和实际效果是怎样的?

陈云贤:2008年以来,我国连续5次大规模上调纺织服装、机电、钢材、化工等产品的出口退税率。2009年1月,我国这5次出口退税率上调所涉及商品共计出口485.5亿美元,下降11.1%,跌幅低于同期全国外贸总体出口降幅17.5%的水平,占同期我国外贸出口总额的53.7%。尽管2009年1月份出口退税上调商品出口值继续下降,但若剔除春节因素影响,出口值比去年同期增长15%。由此可见,上调出口退税率对拉动外贸出口的作用效果还是比较明显的。

第4章 媒体对话：让资本之光照耀产业高地

但不管（退税）是调高还是增大，都会让国外企业认为我们的出口成本减低，以此迫使我们的出口企业给予更低廉的价格。我们国内政策的初衷是好的，但在国外，在市场竞争过程中却成为别人的把柄。现行的国家出口退税优惠政策，本来是想帮助国内企业，但国内企业未能真正受惠，反而是国外的采购商享受了优惠政策，而没能减少国内企业的成本压力。

所以我们不妨采取一些比较灵活的补贴方式，如多级政府补贴。这有利于扩大财政补贴的空间，第一，国外没有（反补贴）依据；第二，更灵活；第三，让实惠真正到了我们国内的企业。

《21世纪经济报道》：您建议的这种补贴是怎样的？

陈云贤：我建议用另外的补贴方式来帮扶出口企业。

现行的出口退税政策明确实施至2009年年底，2010年应稳定在国内外接受的范围（总退税额2/3以内），这部分退税优惠政策是用来降低出口价格，增强与国外同类产品的竞争力，将剩下的部分（总退税额1/3以内），由出口企业完成出口订单收汇后，向政府有关部门申请领取补贴，由当地政府相关部门考核和评定并得到批准后，企业才可以获得补贴。

补贴的形式可以是返还企业为员工支付购买社保费用、对企业相关的扶持和资助、出口结售汇奖励，房产、物业使用税等。采取了补贴的形式，企业才能够真正受惠，因为企业必须具备条件才可以获得补贴，国外的采购商就难以压低国内企业的出口价格了。

（原载2009年3月10日《21世纪经济报道》）

《南方日报》：引领中国金融业的发展趋势

"广东金融高新技术服务区"落户佛山市南海区，佛山由此进入广东省金融业发展的整体布局，这对于佛山这个传统制造业基地而言，其意义不言而喻。

作为曾经的广发证券董事长，拥有经济学博士学位的佛山市市长陈云贤是公认的金融专家,他将如何领导"广东金融高新技术服务区"的具体实施?记者于日前采访了他。

记者: "广东金融高新技术服务区"落户南海,也可以理解为广东省委、省政府推动广佛经济合作的举措,您怎么看待广佛经济圈加速融合背景下的金融业发展?

陈云贤: 在整个金融业发展的趋势当中,金融不仅要有主营业务的主要基地,比如说我国的上海、深圳和广州,都聚集了大量的国际金融寡头。但是在金融业的发展中,还需要存在高新技术的备份中心,也就是我们正在筹建的金融高新技术服务区。这就像纽约是美国金融业的核心区,但是这个核心区的高新技术备份区是在新泽西州。这种金融格局的设置,是科学的、合理的、严谨的。

伴随着中国加入WTO五周年,我国金融业的发展与国际接轨越来越紧密,如果要吸引国际金融寡头进入广东,客观上要求建设一个金融高新技术备份中心。严格来讲,这个备份中心只能在异地不能在本地,广东省把金融高新技术服务区设在南海,我认为这是一个内行人做出的决策,是高瞻远瞩而且符合科学发展观的决策,对广东金融业下一步发展非常有利。

至于高新区具体怎么发展,国内外都有现成的模式可以参考。首要基础是信息技术的备份中心,其次是与之相连的信息分析中心,然后是金融业的研发中心,最终形成金融业的创新中心。前面三个都是为金融主业的中心功能发挥作用。最后一个则逐步形成了金融业产业系统的一个产业集群,包含了银行、信托、证券、基金、保险、期货等。

广东金融高新技术服务区落户在南海千灯湖,我们希望以此为契机,首先让它发挥金融业高新技术备份中心的作用,同时借助这种功能向研发、信息分析、金融创新甚至主体业务方面延伸。更重要的是,借助这些功能在金融产业系统中形成一个集群,引领广东乃至中国金融业的发展趋势。

记者: 金融高新区除了定位为广东省的后台之外,还定位为佛山市前台,怎么理解"佛山前台"的内涵?

第4章 媒体对话：让资本之光照耀产业高地

陈云贤：广东高新区的确是广东省金融业的后台，你所讲的"佛山前台"，是从发展第三产业的角度考虑的。佛山全市的GDP在2006年达到了2 926亿元，但是第三产业只占34.4%。日本的第三产业在1979年的时候就超过了62%，现在台湾地区的第三产业超过80%，香港地区的第三产业超过90%，这就告诉我们，一个区域进入后工业化时代后，第三产业的比重往往超过第一产业和第二产业的总量。目前，佛山还处于工业化中期，或者说工业化中期向后期转化的过程当中，第三产业是今后佛山经济增长的热点。从国内外的发展趋势来看，佛山第三产业至少存在10%—15%的上升空间。

第三产业如何发展，除了非生产性服务业外，更重要的是居于工业和服务业之间的产业，比如说金融业。佛山发展金融高新区到底有多大优势？我认为在整个经济发展中有不少可以与它相配套的经济支撑。第一个配套就是佛山的工业和企业，佛山工商登记在册的各类企业超过26.7万家，90%左右都在第一产业和第二产业内，而且大多数都是中小民营企业，这些企业对资金的需求非常大。2006年我们全市储蓄存款余额是4 400多亿元，2007年上半年股票市场这么火暴，但是佛山的存款余额不降反升达到4 600多亿元。这就说明佛山发展金融业的基础不仅来自企业发展，也来自民众手头上多余的社会资本。

佛山的区域优势非常突出，借助于区域优势、产业强势和强大的社会资本，形成了促进金融业发展的客观条件。当然还有一个很重要的条件，就是佛山还是全国信息化管理先进城市，南海更是全国城市管理信息化政务建设的模范城市，这些都成为建设广东金融高新区的软硬件条件。

记者：作为广东省政府规划的项目，金融高新区将如何进入市场化运作，佛山将如何营造适合金融业发展的生态环境？

陈云贤：对于这一点，我们的主导思想是"政府引领，企业参与，市场运作"。这种方式包含了今后不断与国际接轨，也包含了引导国际金融寡头落户佛山。

任何一项工作的推进，尤其是一些重大措施的落实首先在于规划先行。金融高新区落户佛山后,将面向广东全省甚至整个华南,我们希望国家金融主管部门以及广东省各部门可以多帮助我们,和我们一起共同策划如何实现它的功能定位,真正促进我国银行、信托、证券、基金、保险等相关金融业务的有效发展。

我认为完整的金融市场应该包含四大要素:现货、期货、利率和汇率,但是相对而言我国目前放给市场的还只有现货,包含股票和债券两大品种,延伸到其他品种的业务还微乎其微。我国金融业的发展总共才十多年时间,在现货、期货、利率、汇率都逐步走向市场化、国际化的进程中,还存在很大发展空间。我们广东尤其是珠三角,毗邻港澳,可以学习和借鉴香港金融业的发展,在内地金融业的发展提升中有所作为。

记者: 佛山市和南海区作为建设金融高新区的具体实施者,希望从省里获得哪些支持,在将来的招商引资工作中又会提供怎样的优惠政策?

陈云贤: 在广东金融高新区的推进过程中,我们将遇到一系列问题需要解决。比如网络通信,金融高新服务除了网络设置软件之外,更重要的是通信宽带、网络通道和其他辅助设施。我们首先要有效解决技术设施问题,我们希望省里在解决这些实质问题时能够有政策倾斜,让驻扎在千灯湖的金融企业能够进入网络通信的快车道。

另外,我们还希望省里在国内外主要金融机构进入千灯湖时,能够扶上马、送一程,让它们获得比较快的安置,可以快速发展,在最短的时间内推进各项业务。同时,在整个发展中,佛山各条路网的建设,如何与广州各条路网对接,还有双边联合执法等问题,都需要全力推进。

总之,我们总的目标就是争取使金融高新区能尽快地有效地实施,让金融企业在这个区域内尽早地获得效益。

记者: 金融高新区在吸引外资金融项目上有何设想?

陈云贤: 金融业全面开放后,我们就确定了2007年的一项任务是引进一家外资银行来佛山设立分支机构。2007年6月份,我们举办了佛山外资金融服务业暨投资环境推介会,向40多家外资银行、保险公司推介金融高新区,反响良好。恒生银行、友邦保险也到金融高新区实地考察。下一

第4章 媒体对话：让资本之光照耀产业高地

步,佛山将继续做好引进外资金融机构的工作,也考虑将首家进入佛山的外资银行设在金融高新区内,扩大金融高新区的影响,进一步带动发展。

记者：就您从事金融业的实践经验来看,如果南海发展金融服务业存在难点的话,您认为会体现在哪些方面？

陈云贤：我认为最主要的难点还是金融人才的匮乏问题。毕竟佛山作为传统的工业城市,金融业发展较为滞后,金融人才存量有限。现在佛山正着手制订中长期的人才培养计划,并将和中大、华工、暨大等高校联合培养大量的金融专业人才；同时,积极引进具有金融专业经验的专才,特别是通过CEPA机制吸引更多香港金融专才,为相关高层次人才以及金融企业聘用的专业人员提供优质高效服务,逐步建立一支满足金融高新区发展需要的金融人才队伍。我们在扶持政策中特别强调一点,对在金融高新区工作的金融机构的高层次人才、高级管理人员给予工资外津贴和个人所得税地方留成部分补贴,子女入学、入户等方面优惠。

另外,我们还要让金融服务区跟其他第三产业互相配套,让进驻我们金融服务区的企业能够真正感受现代化大城市的氛围。我们更希望金融区通过完善各项配套设施,让拥有高技能的金融人才除了发挥自身的业务能力之外,还能够在金融高新区扎根。

（原载2007年8月1日《南方日报》）

《佛山日报》：佛山"金融岩浆"一触即发

"我把佛山比喻成一座'火山',金融业就是它炽热的'岩浆'。一旦暗流涌动的岩浆冲破地表压力,其产生的巨大能量将使整个世界为之瞩目。"佛山市委书记陈云贤日前接受《佛山日报》记者专访时表示,未来金融业将爆发巨大能量助推佛山实现跨越式发展,而2010年佛山市将着力在农村金融体系建设、区域金融合作等六个方面进行金融创新。

超前引领：对中国区域经济发展的实践与思考

金融要当好"智慧佛山"的排头兵

记者：在2010年的佛山"两会"上，金融工作再次被提升到全新高度。我们知道，您多年来一直为佛山金融业的发展奔走呼吁，在您眼中，金融业的发展能给佛山带来什么？

陈云贤：谈起这个话题，要从金融自身的特点说起。大家知道，金融在经济生活中起着重要的资源配置和优胜劣汰的作用，社会发展的每一步都离不开金融的支撑。2010年5月，佛山市政府提出"四化融合，智慧佛山"的发展理念，这更需要"智慧佛山，金融先行"，担当好桥头堡和排头兵的角色。

我把佛山比喻成一座"火山"，金融业就是它炽热的"岩浆"。火山爆发前是默默无闻的，而一旦暗流涌动的岩浆冲破地表压力，其产生的巨大能量将使整个世界为之瞩目。第一，金融业的发展能使佛山城市知名度和竞争力得到大大提升。2007年以来，佛山上市公司数量达到14家，比过去十几年增加了一倍多，佛山因此成为众多媒体关注的焦点。第二，金融业的发展能促进佛山经济发展方式的转变和产业结构的调整。过去的几十年佛山完成了由农业大市向工业大市的转变，未来的几十年，我们还要借助金融手段，使第三产业迎头赶上，与第二产业并驾齐驱。第三，金融业的发展能帮助企业做强做大，打造更多"佛山名片"。如美的电器经历了资本市场的历练，发展速度惊人，现已迈入产值"千亿元俱乐部"，成为国际知名品牌。第四，金融业的发展能为佛山民众带来更多实惠和便利支持。"智慧佛山"中的一项基础内容就是"智慧金融"，通过它，老百姓可以享受"一卡通"、网上银行、通存通兑等切切实实的好处。未来几年，佛山也将投入更多资金和技术到"智慧金融"体系的建设中。

金融发展今年要有"六个新"

记者：在"四化融合，智慧佛山"的背景下，佛山金融界对"金融创新"前所未有地关注。您认为，佛山金融创新之路应该怎么走？有哪些具体思路？突破口在哪里？

第4章　媒体对话：让资本之光照耀产业高地

陈云贤：就金融创新而言，企业关注的主要是业务创新和服务创新，而政府更关注的是如何因势而变，及时引导调整发展思路，以适应当代社会发展要求。

2010年，我们给全市金融工作部门提出了六个"新"的工作思路：一是农村金融体系建设要有新突破；二是金融高新区建设要有新进展；三是企业上市和资本市场发展要有新成效；四是区域金融合作要有新举措；五是金融改革创新要有新亮点；六是金融规范发展要有新机制。

2009年，我们正是通过各方面努力，将在广东省已开设分行的外资银行可在省内设立异地支行写入CEPA补充协议Ⅵ，并最终吸引汇丰、东亚、恒生、永亨等4家外资银行集体进驻。虽未被纳入首批跨境贸易人民币结算试点城市，但我们积极推动企业、银行开展相关业务，目前人民币跨境结算业务稳居广东省第二位，美的集团通过中国银行香港分行实施了2 000万元人民币境外放款，成为全国首笔资本项下人民币境外放款业务。因此我们说，唯有创新才能先行一步，占得先机。下一步，我们还将在引进金融人才、开设更多新型金融机构等方面加大支持力度，为佛山市金融业的发展提供良好的外部环境。

力争5—8家企业年内上市

记者：您曾经有一句名言——"让资本之光照耀佛山产业高地"，带动佛山产业升级转型是金融业发展的重任之一，而推动企业股权融资则是主要方式。2009年我们已经有4家企业发行上市，2010年佛山上市梯队的计划如何？

陈云贤：通过不断的宣传与示范作用，越来越多的佛山企业家和职能部门认识到，企业上市不仅是进入资本市场融资的手段，也是企业建立规范发展、持续发展的新平台、新机制和完善公司治理结构的大好时机。

基于此，2010年佛山市采取市领导挂钩企业上市重点镇街的方法，在各区推荐的基础上，确定在禅城区南庄镇等镇街内重点抓一批拟上市企业，以点带面，突出成效，并提出争取10家左右企业上报，5—8家企业成

超前引领：对中国区域经济发展的实践与思考

功发行上市的目标。

2010 年到目前,佛山市已推动 5 家企业在海内外上市。2010 年 4 月 12 日,德宝地产在新加坡成功发行上市;2010 年 6 月 24 日,中国联塑登陆香港证券交易所;盛路通信、国星光电分别于 2010 年 7 月 13 日和 16 日登陆 A 股中小板。其中,盛路通信为三水区首家上市公司,填补了三水区无上市公司的空白;2010 年 9 月 27 日,亚洲陶瓷在伦敦证交所创业板上市。截至目前,佛山市共有上市公司 27 家,其中顺德和南海各 9 家,禅城 8 家,三水 1 家。另外,万和新电气已向中国证监会上报申请材料,4—5 家企业准备申报,辅导改制近 10 家,拟改制企业 20 余家,意向企业 80 余家。

同时,佛山市正在积极争取成为"新三板"试点地区,如获批复,将为本地企业融资壮大、规范发展开辟新的通道。

民间资本大有潜力可挖

记者:藏富于民是佛山的优势,佛山目前已经在小额贷款、担保、村镇银行等方面做出尝试,今后将如何利用各种金融创新手段发掘这一资本富矿?

陈云贤:佛山现有常住人口 600 万,但居民储蓄存款去年达到 4 000 多亿元,人均约 8 万元,民间财富可见一斑。但一直以来,佛山的存贷比均较低,仅约为 60%,大量闲置资金未能得到有效利用。虽然近年来佛山成立了小额贷款公司、担保公司、村镇银行等新型金融机构,但以注册资本计算,6 家已成立的小额贷款公司共计 9.9 亿元,担保公司共计约 8 亿元,1 家已成立的村镇银行为 2 亿元,合计不到 20 亿元。因此,佛山在利用金融创新手段发挥民间资本优势方面还有很大潜力可挖。

利用金融创新手段挖掘民间资本为我所用,一是要推动设立更多小额贷款公司。通过争取更多指标,进一步加大政策支持力度,以利用小额贷款"短、平、快"的特点,有效解决本地中小企业和"三农"融资难问题。二是要扩大村镇银行试点。借鉴顺德农商行作为主发起人设立高明顺银村镇银行的经验,一方面争取设立更多村镇银行,一方面鼓励本地农村信用社改制为农商行后"走出去",在其他城市设立村镇银行。三是要鼓励民间资本投资本地企业。设立民间创投公司,对本地优质中小企业进行筛选,通过民间资本力量扶持其壮大发展,实现社会、企业、投资者共赢。四是要鼓励设立财务公司、消费金融公司、金融租赁公司等,集中力量办实事,办大事。五是鼓励理财活动,通过设立财富中心等,创造更大的社会价值。

(原载 2010 年 9 月 21 日《佛山日报》)

广东省政府新闻发布会:用好政策机遇,努力谋求突围

广东佛山贯彻《珠江三角洲地区改革发展规划纲要》发布会

时间:2009 年 9 月 21 日

主题:佛山市贯彻落实《珠江三角洲地区改革发展规划纲要》新闻发布会

发言人:佛山市委副书记、市长陈云贤

主持人:广东省省委宣传部副部长、广东省政府新闻办主任李守进

主持人李守进:各位记者大家上午好!广东省人民政府新闻办公室今天在这里举行贯彻落实《珠江三角洲地区改革发展规划纲要》(以下简称《纲要》)新闻系列发布会的第五场新闻发布会。我们邀请了佛山市委副书记、市长陈云贤先生就"把握《纲要》实施机遇,努力谋求率先突围"的主题,介绍佛山市贯彻落实规划纲要的情况,并就媒体关注的问题回答记者的提问,今天发布会时间在一小时左右。

下面先请陈市长通报有关情况。

以《纲要》为契机引领佛山持续发展

陈云贤：各位新闻媒体的朋友，非常高兴在我国 60 周年华诞庆祝之际向省委省政府、社会和人民群众以及各位新闻媒体汇报佛山的各方面工作，共同探讨我们在工作当中某些需要进一步完善、深化的事项。

大家都知道，佛山位于珠三角的西岸，现有土地面积 3 800 平方公里，人口有 593 万，下辖禅城、南海、顺德、高明、三水五个区。整个佛山发展当中至少有三个非常优异的特点。第一个就是它的地理优势，佛山紧邻广州，不仅到广州的中心地带只要 1 小时车程，而且到广州的白云机场、南沙港跟新火车站等都在 1 小时的车程之内。到香港坐船也只要 1 小时 50 分钟，坐车两个半小时，到澳门也是在一个半小时的车程之内。地理位置优越。

第二个很大的特点就是佛山具有较长的历史和深厚的文化底蕴，古代佛山被称为"中国四大名镇"之一，配对的是江西景德镇、湖北汉口镇、河南朱仙镇和广州南海镇。我们的粤菜、狮艺等岭南特色在佛山发展得很快，大家所熟悉的李小龙、黄飞鸿等也都成为佛山的名片。

第三个很大的特点就是它在改革开放 30 年之后已经形成了较强的工业产业集群和工业经济的基础。在 2008 年佛山 GDP 有 4 333 亿元，增长 15.2%，其中第一产值只占 2.2%，第三产值占 32%，工业总产值为主的第二产业占 65.6%，佛山就此形成了以工业经济为基础的城市。在工业总产值当中民营经济的贡献率超过 57%，外资经济的贡献率达到 36%，剩余的 7% 左右是国有经济贡献率。

在整个经济发展过程当中，现在整个佛山工商登记注册的企业有 33.7 万多家，而在这个过程当中亿元产值以上的企业超过 1 800 多家，10 亿元到 100 亿元产值的企业有 250 多家，100 亿元到 1 000 亿元产值的企业有 6 家，形成了以中小企业为基础、规模企业不断壮大的格局。

2008 年对外贸易占进出口贸易总额 422 亿美元，其中一般贸易超过 53%，加工贸易达到约 46%，其中第一市场在美国占 14%，欧盟占 18%，并

第4章 媒体对话：让资本之光照耀产业高地

经过香港港口贸易达到22%,主要也是到美国和欧盟,这就形成了佛山进出口贸易的特点——接近55%的进出口贸易总额在美国和欧盟。

在这个过程当中,我们不断地引领企业做强做大,不断地引领企业抵御国际金融危机,更加借助于国务院批准颁布的《珠江三角洲地区改革发展规划纲要》的实施,我们认为这不仅是一个压力,更重要的是一个机遇,一个发展的挑战,所以我们在广佛同城化、珠三角一体化、粤港澳深化合作的过程当中拿出我们的举措,引领整个佛山经济持续、不断地发展。到2009年1—8月份全市GDP超过3 000亿元,整个增长幅度达到12.6%,其中一个可喜的变化是我们第三产业产值由2008年年底的32.2%上升到2009年8月份的33.9%。第一产业产值从2008年的2.2%下降到2009年1—8月份的1.9%,其余约64%仍然是第二产业。

所以,我们说佛山是一个以工业经济、制造业经济为基础的城市,佛山是一个以民营经济为基础,民营经济和外资经济双轮驱动的城市,佛山是一个以中小企业为基础,同时规模经济在不断发展壮大的城市,佛山也是一个外经贸进出口贸易总额在广东省位居前列的城市。

在抵御金融危机的过程当中我们采取了一系列的措施,同时抓住了落实《珠江三角洲地区改革发展规划纲要》的契机,引领佛山持续、不断地发展,从而有了在2008年珠三角地区整个经济增长排首位的基础上2009年1—8月份仍然居于珠三角地区经济增长的首位。我们感谢省委省政府正确的领导,也感谢全社会和广大人民群众对佛山的关爱和支持,也感谢在座的新闻媒体对佛山方方面面的关注、支持和指引。今天我就通过简短的时间向新闻媒体通报佛山基本的情况。

我们佛山的目标是建设现代制造基地、产业服务中心、岭南文化名城、美丽富裕家园。所以在这个过程当中我们不仅要克服金融危机,而且要沿着我们既定的目标方向逐步推进,这就是现在的佛山和未来进一步要发展的佛山。

我就向大家通报到这里,谢谢。

主持人李守进：感谢陈市长的情况介绍,陈市长不单是经济学方面的

超前引领：对中国区域经济发展的实践与思考

博士，也是媒体名家，新闻发布会之前我们商量用更多时间让大家提问，下面有接近40多分钟，媒体朋友可以就自己关注的问题踊跃提问。

抵御危机：佛山意识早、行动快、有成效

南方日报记者：陈市长您好，2009年1—8月份佛山GDP的增速在12%以上，同时我们看到第三产业所占的比重出现了首次增长，请问根据您的判断，佛山的经济是否已经突围？根据哪些标准去判断佛山经济是突围的？在突围的过程中佛山得到了什么？您认为在哪些方面我们还要继续突围？谢谢。

陈云贤：刚才我说过了，我喜欢媒体互动，现在我倒过头来问你一个问题，突围的标准是什么？这就告诉我们，在抵御整个国际金融危机的过程当中，我们应该有短期的措施，也应该有长远的举措。从短期的措施来看，大家都知道美国的次贷危机产生于2007年的八九月份，到2008年年底差不多一年半。而恰恰欧盟的危机产生于2008年的第四季度，到现在差不多才一年的时间，这就告诉我们国际金融危机的走势应该是呈U形的方向。佛山作为中国经济当中的一个区域，我们拿出的举措、所得到的成绩，短时间来说，我认为是意识早、行动快、有成效，所以在2008年取得了15.2%的增长幅度基础上2009年上半年得到12.2%，1—8月份得到12.6%的增长幅度，这就体现了佛山在抵御国际金融危机当中，目前的措施得到了保证，促进了区域经济的可持续、不断的发展，可以说取得了很好的成效。

当然，更重要的观点，刚才讲到，不论国际金融危机的走势呈什么形状，或者说中国经济的走势在应对国际金融危机当中呈什么形状，至少可以告诉我们当前的金融危机是否还没有结束，是否会进行第二次探底，这在国际也是一个争论的问题。在地方政府取得短时间、有效的、可持续的发展的同时，我们更多地在思考危机的后期或者说后危机时代地方政府应该要做什么。所以说，短时间我们可以骄傲地讲我们保持了佛山经济可持续、稳定的向前发展，在后危机时代抓住这个契机，第一建立

现代产业体系,第二对生态环保的建设,第三对城乡一体化的推进,在这个过程当中将改革开放的成果更多地惠及于人民群众、社会事业、民生事业的完善,这也是我们目前在做,并作为后危机时代我们要完善并达到的目标。所以我觉得你这个问题很好,我只能够从这个角度来回答。短时间来说佛山取得了很好的、可持续的不断发展,这也是在现在和未来的方向上我们针对后危机时代需要确定和实现的目标,同时也在不断推进实施,不断取得实效。

先行先试:建立现代产业体系,探索体制改革路子

《广州日报》记者:陈市长您好,请教您两个问题:第一,作为改革开放核心地带的佛山,将在接下来的时间里怎样按照《纲要》的要求,在哪些方面着手进行先行先试?第二,上周顺德的大部制改革已经拉开了序幕,我想请问您,它对于佛山市一级的改革会有什么启示,佛山市一级大部制改革具体会有什么思路,大概会在什么时候启动?谢谢。

陈云贤:第一个问题讲到先行先试,我们跳出问题来思考。现在我们的国家包括佛山是处于一个什么样的阶段?刚才我们说了佛山是一个以工业经济、制造业经济为基础的城市,但是现在中国的制造业、中国的工业经济应该是处于工业经济的中期阶段,佛山先走一步,最多是中期向后期的转化阶段,远远还没有到后工业社会。在走城市化的过程当中,真正拖我们后腿的或者说真正需要我们着力去解决的是城乡一体化的问题。比如,佛山户籍人口365万,约占49%的是农村居民,而恰恰各类土地被农村居民占有的部分占佛山3 800平方公里的约54%,而整个农业经济的贡献率不超过2%,这就告诉我们农村的问题、"三农"的问题、城乡一体化的问题,城乡二元化结构差距缩小的问题是整个城市化进程当中急需解决的问题。作为改革开放先发之地的佛山,尤其是顺德和南海,正在走国际化道路,不断地参与国际竞争,也更多地借助这个契机占领国际和国内市场,在国际化进程当中如何促进民营企业和外资企业的不断发展,并借这个过程与国际接轨,完善我们在国际市场上各方面的政策和措施。倒过头来珠

三角地区《珠江三角洲地区改革发展规划纲要》就要结合这些特点先行先试。

第一就是根据《珠江三角洲地区改革发展规划纲要》确定佛山的地位,建立现代产业体系是我们各项工作的重中之重。佛山不仅要对传统产业进行改造提升,还要大力发展和引进一批高新技术产业,从而真正让现代产业体系不断形成和发展。按照省委省政府的指引,这就是真正的"三促进一保持",在保持经济稳定、协调发展的基础上促进自主创新,促进产业的改造提升,促进现代产业体系的建设,我们希望在这方面能够先行先试。第二,在《纲要》中确定了佛山、中山、惠州三个市作为城乡一体化先行先试的城市,也就是缩小了城乡二元结构差距,拿出措施真正走城乡一体化道路。佛山在走工业化、城镇化道路当中尤其需要解决城乡二元化问题,我们希望能够在这方面先行先试,从而让改革开放的成果惠及农村居民。第三,在走国际化道路的过程当中到底如何进一步发展?这里既要有效打响自己的品牌,立足自己的发展,也要能够有效地跟国际接轨,所以《纲要》中有一点很重要的就是通过广佛同城化、珠三角一体化并走粤港澳深化合作的道路不断发展,佛山也希望在这方面先行先试。但是很重要的一点,不光是在工业化、城市化、国际化的进程当中先行先试,更重要的是政务环境、制度措施、政策举措也能够在符合党的方针政策的方向、符合客观实际的情况下大胆地先行先试,才能有不断的发展。这就涉及你刚才说的第二个关于现在大部制改革的事项。

我们认为顺德的大部制改革至少做到了以下几点。第一在转变政府职能方面能够为佛山各个区域包括为广东省甚至全国探索一条路子。第二,在优化组织结构方面也能够为佛山、广东甚至全国探索一条路,因为它的整个组织机构改革是从政府延伸到党委机构,从41个变成16个。第三,能够在扁平化管理方面为佛山甚至广东、全国探索出一条道路,因为在这16个职能部门当中就是由党委和政府的主要负责人兼任各个部门的局长,从而简化了很多不必要的程序,有效提高了政府效率。第四,真正探索建立党政的决策权、知情权和监督权,既分工精细又统一协调、高效运作的新机制,在这方面我想也能够为佛山、广东甚至全国探索一条路子。第五,真正在推进政策配套改革方面为佛山、广东乃至全国探索一条路子。所以,我们说判断一个区域体制改革的方向要看它是否有利于促进生产力的发展,是否有利于惠及人民群众和企业,是否有利于持续、平稳建设和谐社会等问题,如果能够按照这种方向来推进,我们认为这种改革都能够成功。

至于你刚才讲的什么时候开始推进,实际上现在已经开始推进了。上个星期四我们市委市政府的主要负责同志跟顺德区委区政府的主要负责同志一起召开了顺德各级干部会议,正式把改革方案、推进措施、部门分工以及人员安排全部完成,希望在10月底能够全部到位,从而在既定的时间内按照既定的目标有效地发展。

发展三产:提升金融业会展业,深化粤港澳合作

《香港大公报》记者:我看到材料说,佛山在2012年第三产业比重要达到40%,而现在离40%还有一定距离,还有三年时间,想问陈市长用什么手段能够到2012年实现这个目标?第二,服务业一直是香港最具有竞争力和优势的支柱产业,想问一下在这方面香港和佛山怎么合作,或者在这方面香港应该有什么商机可以体现?谢谢。

陈云贤:这是一个很好的问题,因为佛山第三产业相对于其他城市而言是弱项,整个比重在广东全省21个市当中第三产业比重是最低的。如何加强和提高第三产业的发展?我们把第三产业主要分为生产性服务业和服务性服务业,突破点是在生产性服务业的发展上,然后是金融业。大家都知道我们取得了一个很可喜的成绩,就是广东省金融企业高新技术服务区落户在南海。星期五下午广州召开的"亚太经济论坛"以金融为核心,我在那里有一个专题发言,专门讲到金融业的发展,按照制度的安排应该是前台跟后台相配套,金融高新技术服务区作为金融后沿服务的基地不仅要跟深圳、香港配套,而且要真正成为金融后援基地。整个佛山工业经济在2008年年底已经超过了1万亿元,形成了广东省21个市当中工业、经

济重中之重的一个城市。我们一直主张要大力发展物流业,这种物流业不仅来自于国内,更重要的来自于海外,形成物流业与现代制造业相配套。

另外,很重要的就是要发展会展业,大家都知道在整个产业链条当中不仅有供应,还有生产,更重要的还有客服消费,而怎么借助于消费链,进入国际国内各项事业,不仅体现在有形的、看得见的消费上,还体现在电子商务这块。所以我们的会展中心积极联系各个行业,会展在国际国内上是举足轻重的,也是我们发展的方向。比如高科技服务、工业设计服务。比方说,现在美的超过千亿的产值要在国际国内占领市场。如何来确定产品质量、标准符合国际国内的标准,同时不断进入世界市场呢?我们用 RFD 的标签鉴定方式就可以推进这块发展。所以金融业、商贸业、会展业以及与之相关的科技服务业都是我们大力发展的方向。当然,大家都知道佛山是一个旅游文化的胜地,深厚文化底蕴与旅游资源有效结合,比如佛山的粤剧、佛山美食、佛山旅游基地与各大名胜、非物质文化遗产有效结合起来,是我们的一个很重要的措施。我想,通过有力的举措落实到位,我们的第三产业才能够有效地发展。

至于如何跟香港有效地结合,这是一个很好的问题。我们在粤港澳深化合作过程当中最有效的一个途径就是把 CEPA 各项措施落实到位,尤其是 CEPA 补充协议Ⅵ,刚刚颁布,2009 年 10 月就开始执行,我们要有效执行。第一次我跟宋海副省长到香港进行广东金融高新技术区佛山推介会,同时在过程当中签订了几项协议;第二次跟着万庆良副省长就外经、外贸方面的工作在香港进行了关于佛山市的推介,也取得了很好的成效。过几天我们还要跟省里主要领导再次到香港,就落实 CEPA 的有关措施来进行推进。在此之前我们的副市长带着我们已经就 CEPA 的实施在金融、物流、商贸、会展、科技服务、工业设计、法律、会计等有关方面的合作,签订了 23 个项目,所以我们想在这几个大的举措上按照 CEPA 实施的框架有效地落实到位,我希望通过香港的朋友可以把佛山的重要举措告诉香港的朋友们,我们欢迎大家到佛山来合作、发展。

第4章 媒体对话：让资本之光照耀产业高地

体制改革：镇、区、市全面有序推进

《南方都市报》记者：陈市长你好，我想问的问题是佛山上周刚刚宣布以容桂、狮山为试点，进行强镇扩权的改革，这个具体改革思路是怎样的？是否向您之前提出的让部分强镇行使县级权力的方向来进行？还有一个问题，改革就意味着打破现有的秩序，佛山最近承担了多项体制改革任务，有学者认为佛山最近确实有点折腾，作为市长您怎么看？改革的积极与稳妥之间怎么样协调，让体制改革不会成为一种折腾？谢谢。

陈云贤：刚才讲到佛山扩权强镇的事情，我就举例佛山市顺德容桂街道办，当时整个工业总产值已经接近1 000亿元，整个GDP已经超过200亿元，各类自身可支配的财政收入至少在20亿元以上，向我们揭示出一个小小科级单位的经济总量发展速度已经超过了落后区域一个地级市的总量，这就提出了作为改革开放前沿区域的城市的镇街应该如何进一步促进发展的问题。所以在探讨扩权强镇的过程当中佛山把容桂、狮山作为一个主要的点来探讨，目的就是要剔除一种不相适应的行政管理关系，也就是生产关系要适应生产力的需要，整个发展要更加适应、促进企业和人民群众的需求。至于说它最终的地位是如何形成的，要在探索过程当中逐渐明朗，这也就是为什么整个佛山33个镇街才拿出2个镇街作为扩权强镇。至于讲到现在有人觉得佛山的体制改革是全方位的，这也是事实，现在佛山的改革最起码在镇街上有扩权强镇的试点，在区域经济上有顺德大部制的改革，在整个市的层面上有走城乡一体化、"两分两换"试点工作的改革。当前我们正有条不紊地推进，而且是一步一个脚印地从试点慢慢到全面展开，我想只要我们能够保持这种风格，有效地、不断地推进，我们的改革就能够取得好的成效。

推动上市：吸纳香港基金，规范中小企业发展

《新快报》记者：新快报读者非常想了解一下，第一，佛山市顺德区大部制改革与广州、深圳大部制改革有什么区别？第二，佛山在金融危机中

的抵抗力非常强,主要是中小企业起了很大作用,佛山市在推动中小企业进入香港证交所上市时有什么支持力度?第三,以前我采访香港一些金融机构,他们打算在佛山设立分行,不知道市政府对他们的计划有什么落实,进展怎么样?谢谢陈市长。

陈云贤:至于说改革的模式,深圳已经公布了,改革主要是在政府职能这块。珠海的改革现在还在推进的过程当中,但是珠海的这种改革更多可能是涉及区和镇街管理模式,而顺德的改革,大家从已经公布的情况来看是党政联动,41个部门变成16个部门,所以这种改革已经展现出它区别于深圳、区别于珠海模式的不同特点,在一定程度上说它更全面、更深刻一些,所以我们在稳定探索过程当中力促改革,在推进过程当中不断完善,真正取得成功,以符合生产力的发展、人民群众的需要,与社会和谐的目的。

讲到中小企业,我非常高兴地告诉大家,在国家证监会第一次审议7家创业板上市的公司当中第一家就是佛山的南方风机,佛山中小企业创业板已经正式登记,同时也采取了一些措施让中小企业真正进入中小板块,比如刚刚上市的星期六鞋业、金艺金属等。在顺德、南海,这些措施也一直在推进,至少有40家在进入中小板。我们也借这个机会建立现代企业制度,让它们能够真正进入国际与国内市场。至于说如何与香港相结合促进中小企业的发展,我们的工作分为两方面。一方面,到目前为止吸纳了大量香港中小企业投资基金和创业基金进入佛山,以与中小企业合作,既扶持它们做强做大,也借助这个过程扶持中小企业在深圳或者香港上市。这是我们和香港在扶持中小企业过程当中做的一个很重要的工作。另一方面,同时我们邀请了香港的金融机构尤其是证券商、律师行、会计行来真正帮助中小企业,规范中小企业的发展,用国际惯例、国际准则来提高中小企业建设现代产业体系的途径。这就是我们跟香港的合作。

涉及香港金融机构进驻佛山的问题,应该是香港看好整个《纲要》的落实,尤其是广东金融高新技术服务区的建设和发展,所以我们也可以很高兴地告诉大家,在2009年10月之后至少有两至三家香港金融机构,尤其是银行业,会进一步在新鸿基证券进驻广东金融高新技术服务区之后继续进驻,银行、保险、基金等各个方面的金融机构也将落户驻扎在此,形成一个有效的产业集群。

广佛同城:完善互动机制,共同推进项目

《羊城晚报》记者: 在《纲要》中广佛合作是重中之重,我想了解一下在广佛同城化之中佛山在民生,比如医保、社保等方面做了什么工作,能否惠及两地群众?另外,在材料上看到有关同城化发展规划,落实广佛同城化项目,比如珠江大桥等,不过我们只看到要在珠三角建设工厂,但现在还没有看到开工迹象,广佛两地是否有明确的时间表,什么时候能完成?

陈云贤: 讲到广佛同城化的民生事业,尤其是在医保、社保方面,有些地方确实我们的"老大哥"广州做得好,有些地方是佛山率先走了一步,这两个城市是互相学习、共同提高、共同推进。举个例子,比如说医保这块,我们除了有重大病灾的医保以外,佛山现在已经推行门诊医疗保险,这在广东全省是先走一步的,在医保过程当中佛山是全省21个地级市当中第一个推出免费婚检和产检的城市,受益的是广大人民群众,包括外来务工人员。在社保这块也同时涉及这些,比如我们对最低保障家庭在这两三年连续两次提高了最低社保标准,比如禅城、南海、顺德从每人每月的310元提高到350元,高明、三水从280元提高到310元等,连续两年都有提高。更重要的一点是,这些提高包括医保、社保措施的推出,涉及极端困难的家庭这块怎么办?我们在充分调查、研究的基础上,对能够达到标准的我们全力推进,达到全市统筹;对特别困难的家庭我们可以采取市、区、镇三级财政补贴方式帮他们彻底解决问题,这就真正将改革开放的成果有效惠及人民群众,尤其是最困难、最弱势的群众。广州有很多值得我们学习的地方,佛山有些方面也有先走一步的,所以我们希望有个互动的机制,希望在广佛同城化过程当中这个机制能够进一步提升和完善。

涉及广佛共同推进的项目，在今年（2009年）上半年广州市长张广宁和我们带领两个市的部门确定今年必须做的52项工作中，有19项今年一定要完工，有17项今年一定要立项，其余是今年一定要推进的项目。可以高兴地告诉大家，今年都在如期推进。比如你刚才说的在龙溪路设立高架桥。事先可以跟大家通报一下，星期五上午张广宁市长和我已经正式确定今年第二次广佛同城化市长座谈会、磋商会和解决问题的措施。这次会议在佛山召开，由我主持，其中一个项目就是你刚才说到的在龙溪路设立高架桥，以便在亚运会之前让运动员、各国参与者进入佛山比赛，同时进入佛山旅游的过程当中有直达、便捷的道路。现在广佛两地的领导高度重视珠三角一体化，广佛同城化是真正的示范，所以我们现在都在全力以赴地推进。

金融试点：推出金融"463"计划，吸纳国内风险担保基金

《香港文汇报》记者：我们一直关注设在佛山南海的广东高新技术金融服务区，我们看到该区域取得的骄人成绩，也留意到周边花都、广州高新区等都在争取该项目，佛山如何在珠三角的竞争与合作中发展？同时我也关注到佛山正在争取佛山金融创新试点区的发展，尤其是粤港澳金融合作区的发展，粤港澳当中的合作还有什么其他的发展空间？

陈云贤：《纲要》把广东金融高新技术服务区正式定位在佛山南海，所以广东金融高新技术服务区真正的发展和方向是按照《纲要》要求，定位在广东佛山南海，在这种金融制度的安排下，能克服市场竞争带来不必要的实际成本跟金融成本，形成政府引领、企业参与、市场运作的机制，我们认为它是符合发展方向的，我们希望在这个区域带领下，以此区域为主，后台培训中心、信息中心、金融创新中心都能够有效发展，形成有规划的大格局。

讲到金融试点这块就讲到外贸服务，尤其是金融外包服务，我们说这种外包服务要经过商务部的正式批准，在这个过程当中我们既直接向国家申报，同时更借助于广州已经获得了外包服务示范城市的契机，按照广佛

第4章 媒体对话：让资本之光照耀产业高地

同城化的要求把金融高新技术服务区作为金融外贸的区域来推进，我们在向国家汇报的过程当中应该能够得到广东省跟国家的大力支持和扶持。同时，我们也希望类似于人民币模范试点城市等有关试点方式也能够有效推进。除此之外我们也通过这个机会向各位新闻媒体通报，我们佛山推出了金融的"463"计划，比如金融银行、小的结算单位，能否通过保险向农业经济进行担保，能否尝试作为工业制造业基地来发放产业基金等。我们注进和吸纳国内基金，包括风险担保基金、创投基金、科技孵化基金等，至少有16家在与佛山对接。另外，我们不断扶持企业上市，非常高兴地告诉大家，从2008年到现在已经超过6家企业在香港或内地上市，在金融危机过程中有这么多企业上市，这是很了不起的事。现在我们至少有6家企业在香港，有超过15家企业在内地，我们希望不仅在内地的资本市场，而且在香港的资本市场，都有佛山板块出现，并且有杰出的表现，这就是我们在搞金融改革创新的过程当中不断推出的一系列举措。

现代物流：物流业与流通业、金融业相结合

《第一财经日报》：陈市长，您好，刚才您提到物流业，物流业对制造业有很重要的作用，佛山在物流业和比较关注的新能源产业这两个方面有什么样的规划？

陈云贤：现在佛山的物流有三类：第一是为做物流而做物流，把它作为一个中转站的基地；第二是以产业为基础的物流业，与家用电器结合起来的物流业发展；第三是我们所说的现代物流，我们把物流与整个生产、产业相联系，现在我们正在引进台湾的美旗公司，真正用现代物流的理念，把物流业和流通业结合，物流业和金融业结合，以此来推进我们的物流业。现在佛山的物流业应该有这三种模式，也可以说在这三种模式上佛山是装备比较齐全的物流业基地。

至于你讲的新能源问题，首先我想说的或者想问的是不是指风力发电、太阳能发电等。目前我国比如太阳能发电，从产品的产量来说应该是比较充分、富有的，太阳能发电的核心技术是国外占有为主。促进太

超前引领：对中国区域经济发展的实践与思考

阳能发电或者说新能源产生,佛山的主要措施是不仅在材料上有所创新,更主要的是佛山至少有两个企业在生产太阳能转化为电能的发电母机,所以促进新能源包括新材料、生物制药、信息产业、环境保护都是佛山的新产业发展,在这个过程中我们促进产业发展,而且按照现代物流理念把产业与现代物流结合起来,使它在发展过程中不断完善。我想佛山在新能源、新材料的发展以及物流基地发展过程当中仍然会走在全省乃至全国的前列。

主持人李守进:好,今天的新闻发布会就到此结束!谢谢陈市长,谢谢各位媒体记者。

陈云贤:谢谢大家对佛山的支持。

2009年9月21日,广东省人民政府新闻办公室举行新闻发布会后接受记者采访。

第4章 媒体对话:让资本之光照耀产业高地

新闻发布会现场效果评估专家:

　　陈云贤几乎全程脱稿　留给记者的时间最长

　　昨日,持续1个小时的新闻发布会留出了将近50分钟的时间与记者交流。这一点被新闻发布会现场效果评估专家津津乐道。"无论是对佛山情况介绍涉及的一个个数据,还是解答记者的提问,陈云贤几乎全程脱稿,表现从容。"一名评估专家受访时称:"昨日是省政府新闻办举行的贯彻落实《珠江三角洲地区改革发展规划纲要》系列新闻发布会的第五场,这次留给记者提问的时间是最长的。"

(原载2009年9月22日《南方日报》)

2009达沃斯一:海啸下佛山企业数量反而增加

　　2009年9月10—12日,达沃斯2009新领军者年会("夏季达沃斯")在大连举行,包括100名政要在内的全球86个国家1 400多名嘉宾与会。此次年会主题为"夏季达沃斯:重振增长"。作为官方网络合作伙伴,腾讯网第三次全程直播夏季达沃斯盛况。以下为广东佛山市市长陈云贤博士与腾讯网嘉宾主持人罗绮萍独家对话实录。

　　主持人:各位腾讯网的网友大家好,今天下午我们非常荣幸地请到广东佛山市市长陈云贤博士与腾讯网独家对话。陈市长,您好。

　　陈云贤:您好,各位网友好。

面对困境:引领企业自主创新,解决企业资金困难

　　主持人:我们首先从今天热点的话题开始说起吧,美国奥巴马政府刚宣布对中国轮胎实施一个特别的关税,第一年是35%,佛山市在轮胎行业也有一定的量,您觉得会对佛山市的企业造成比较大的影响吗?

　　陈云贤:在国际贸易中如果某个国家实行这种贸易保护主义,就会对

超前引领：对中国区域经济发展的实践与思考

开放世界市场造成影响。我们佛山2008年进出口贸易总额超过420多亿，14%的市场在美国，其中有22%经过香港转口贸易，目标市场大部分也是美国，其余是在欧盟，就是说佛山进出口贸易主要在美国和欧盟两个地方，所以，肯定会有影响。在国际贸易的摩擦过程中，中国遭遇的第一件反倾销案或者说是贸易保护主义案件，正是出现在佛山顺德，当时是2004年、2005年左右，我们的民营企业家直接把这个官司报告到商务部，直接向对方提出法律上的诉求和保护问题。

我想在国际贸易过程中如果出现类似的事，我们仍然会通过法律提出抗诉；另外，要打开国际市场，按照国际市场经济规则不断推进我们的业务。

主持人：这次会议在腾讯网也有特别的专题是关于中小企业的，佛山中小企业与民营企业蛮多的，在这种恶劣的金融环境下，又可能有贸易保护主义的情况下，市长有什么举措帮助中小企业呢？

陈云贤：美国、欧盟受到国际金融危机影响比较大，对我们企业的影响也大。一方面我们政府不断帮助这些企业拓展新兴国际市场，比如中东、东盟、南美、南非等，另一方面我们又带动这些企业在国际市场有困难的情况下，迅速拓展国内市场，让它们的经济得到不断发展。从中小企业自身发展来说，我们在两个方面采取了很有效的措施，一方面是带动这些中小企业夯实基础，创造品牌，抢注专利，把产品标准变成行业标准、国内标准甚至是国际标准，打开国内国际市场，让世界的企业为佛山做贴牌生产，所以我们引领企业走科技自主、知识创新的道路，越做越大。

另一方面，许多中小企业也有资金困难问题，银行对它们不是太了解，不是太放心，担保公司资金仍然不够，这种情况下我们政府拿出一定的资金，让银行和担保公司共同组建担保基金，按照银行和担保公司的市场运作规则为中小企业放款，有效解决了中小企业发展中的资金问题。

2008年年底我们注册登记的企业是32.4万家，除2009年上半年关闭的一些企业之外，我们整个企业上升到33.7万多家，中小企业在这个环境中得到有效发展。

第4章 媒体对话：让资本之光照耀产业高地

主持人： 在广东省腾笼换鸟的大氛围下，这确实不容易做到。

官民互动：政府、行业协会、企业三位一体共促发展

主持人： 在佛山市有一个突出的现象，是行业协会与政府之间的互动做得比较好，这在国外也是有比较成功的经验的，就是所谓的官民互动。市长能否介绍一下政府与行业协会的合作？

陈云贤： 中介机构特别是行业协会在佛山得到了很好的发展，而且促进企业不断地进步，不断地提升，因为佛山属于改革开放比较早的地方，政府的职能该归政府的归政府，该放社会的就给社会，以促进企业不断做强做大；同时，占有国际国内市场的职能，应该说是行业协会在发展中所应该承担的职能。在整个佛山的发展中，20世纪90年代这部分职能就放给行业协会了，到目前为止，佛山各个产业的行业协会发展比较好，而且有效地带领企业共同协调解决某些问题，同时向政府反映某些问题，形成政府、行业协会（中介机构）、企业三位一体共同促进经济发展的良好格局，这是很好的事。

经营城市：把城市作为一种资源来管理

主持人： 我们注意市长本身原来就是一个很成功的企业家，在广发证券的时候令人印象深刻，你本身也有不少个人资产，你是以一位企业家的视角，用管理企业的方法管理佛山市的吗？

陈云贤： 应该说确实借助了企业的思维，也借助了市场经济的模式来看待一个城市、经营一个城市、管理一个城市。在早期，就是2003年和2004年的时候，我们比较全面地系统地提出经营城市的理念和做法，就是把城市作为一种资源来管理，这种资源划分为可经营型资源、非经营型资源、准经营型资源。可经营型资源完全放给社会，政府引导、企业参与、市场运作；非经营型资源主要是涉及一部分的社会事业、民生事业，完全由财政资金推动民生社会事业的发展；准经营型资源的比如说教育、医疗卫生等，在确保了广大民众医疗福利事业、教育事业之外，我们能否考虑把一部

分教育的构成、医疗特殊专业的构成放给市场、放给民营企业来办,这就是我们在整个佛山发展过程当中推出的理念和采取的措施。

我们从2004年开始到现在举办了六届城市可经营型项目推介会,每年都有超过200亿元的国内外社会资金到佛山来投资各种可经营型项目与准经营型项目,从而真正带动了佛山城市发展,这是一个很重要的理念。

另外,从个人来说,我的主要专业是金融,到佛山之后运用金融的知识和背景促进经济发展,也在市委领导下,在干部群众支持下共同做了一点事。比如引进世界银行的贷款,集合国际货币基金组织扶持中小企业发展,我们对一些经营比较困难的金融机构采取并购方式让它们得到健全的发展;再比如我们推进企业上市,按照现代企业制度使企业不断做强做大。在这个过程中我们建立了不同的风险投资基金、科技孵化基金、人才培育基金,包括刚才涉及的担保基金等作为一个孵化器促进经济的发展,我们也推出许多新的金融手段,比如城镇银行的设立、小额担保公司的设立等来促进金融业的发展,包括农业、工业等产业的发展。在这个过程中,对城市发展管理、经济管理也有一定的作用。

发展经济:让改革开放的成果更多惠及人民群众

主持人:最后我想问一下,夏季达沃斯年会是一个很好的平台,让您与世界不同的业界领袖沟通,这三天会议对您有什么启发?你回到佛山先做的事是什么?

陈云贤:我们这次来参会的主要目的是探讨一些新的理念以确立下一步佛山的经济社会发展方向。每到岁末年初重要节点,尤其是在这次处理金融危机的过程中,我们不仅要考虑现在,更要考虑危机时代,佛山经济发展中应该做什么?怎么推进?拿出哪些措施?这是重中之重,是我们在思考的事。

借助这个会议我们也推介佛山、宣传佛山,同时向大连政府学习如何举办国际盛会等,我们带着这三个目的而来。

我们今天讨论的课题"可持续的价值链"与党中央、国务院提出的科学发展观、可持续发展是相通的。在科学发展观的指导下,社会事业、文化事业、民生事业的共同提升应该在我们通盘考虑的范围内,重中之重是经济发展,发展是硬道理,在此带动下才有城市的发展与人民生活水平的提高。从现阶段来说,佛山经济取得了一定的成效,城市建设也取得了一定的成效,我们要花更多的精力考虑民生事业的提升与社会事业的发展,让改革开放的成果更多惠及人民群众。

主持人:因为市长的时间非常紧张,给我们的时间也有限,我们今天就问到这儿,我经常跑国际会议,希望下一个国际会议可以在佛山召开,我可以在佛山见到陈市长。谢谢您。

陈云贤:谢谢。

2009 达沃斯二:揭秘中小企业的重振

2009年9月12日下午,即将在达沃斯平行会议作为嘉宾的佛山市市长陈云贤接受了天健网记者的独家专访,揭秘为何佛山的中小企业能快速走出金融危机的困境,数量不断增加。

政府推动,多方参与市场运作助中小企业"脱贫"

谈及佛山市如何帮助中小企业摆脱困境时,陈市长告诉记者:"我们把中小企业至少分为两类。一类是符合我们产业发展方向,符合我们科技进步,有很大发展空间的中小企业;还有一类中小企业是在这一过程中需要关、停、并、转或者提升的企业。"

对于这两类企业,陈市长有着自己的见解:"我们一方面要引领它们在发展方向上确立自己的定位,尤其是能有自身的核心品牌、核心技术来做强做大;另一方面,重中之重是帮它们解决融资难问题。银行对中小企业放款一般不太放心,担保公司对中小企业的放款资金又不够,所以我们把财政资金、银行资金和担保资金捆绑在一起,以四两拨千斤的方式,按照银行、担保公司市场运作的规则给中小企业放款。"

同时,佛山市还采取银行金融机构与政府一起引领的方式,政府推动,多方参与市场运作。"所以我们去年吸纳的2.5亿元左右的资金,捆绑了至少超过四十七八亿元的资金向中小企业放款。到去年年底整个中小企业的放款资金已经超过180亿元。"陈市长开心地说。

为了将数字更形象化地描述,陈市长给记者举了个例子。"去年年底在工商登记的企业32.4万多家,到今年上半年结束的时候,工商登记的注册企业有33.7万多家。就是说我们在关、停、并、转了一批企业之后,仍然不断有新的企业来增加发展,这说明我们的推进措施是得力的。"

"双轮驱动"是进出口贸易今后的方向

谈及"广佛"的同城化,陈云贤告诉记者,按照现在的进程我们已经签订了一个广佛综合发展的双边纪要。与此相联系的,我们在交通、产业、环保和规划等四个方面共同推进,但是按照国际化的进程来说,同城化不仅应该包括交通基础设施建设,还应该包括金融、物流以及与之相应的电信等方面的同城化。所以我们想在交通基础设施推进的基础上,让金融、物流、电信同城化也能够真正的推进,这样才能够既形成一个有效的经济圈,也能够真正实现同城化来减少交易成本和实际的各类成本,提高两市的城市竞争力和居民满意度。

一方面,要提升科技进步自主创新的能力,让进出口贸易的企业拥有自己的品牌,拥有自己产品的核心专利,更重要的是拥有自己产品的行业标准、国家标准甚至是国际标准。这是外贸企业转型当中一个很根本的立足点。另一方面,外贸结构的优化不仅完全在于国际企业的推动,从国内来说,对民营企业的扶植,使其做强做大,并且让它们在外贸进出口国际市场中担任主力军的作用,也是我们很重要的着眼点,所以我们说通过自主创新科技进步让外贸企业做强做大,通过民营企业和外资企业共同发展,双轮驱动来做强做大外贸的进出口贸易应该是今后的一个方向。

第4章 媒体对话:让资本之光照耀产业高地

2009达沃斯三:绿色和环保对中小企业也非常重要

2009年9月10—12日,世界经济论坛第三届新领军者年会(达沃斯夏季年会)在中国大连世界博览广场举行。本届年会的主题确定为——夏季达沃斯:重振增长。在12日上午举行的"构建可持续价值链"论坛上,佛山市市长陈云贤发表讲话,表示绿色和环保对中小企业也非常重要。

以下是佛山市市长陈云贤的发言实录:

陈云贤:从地方政府的角度来讲,我们也需要承担起一个责任,就是要保护环境,保护各种资源。在这里,我想说两个词:一个叫股东,一个叫利益相关者。股东,当公司做什么事情的时候,它的最大目的是要获得尽可能多的利润,由此为股东负责。但它不仅要考虑股东,还要想到它的雇员和顾客,不仅仅是公众,还有政府和社会的利益。不能只考虑短期的目标,还要考虑长期的目标。所以我们在讨论这些问题的时候,我认为对于政府来讲,应该做一些事情,特别是保护环境,包括水资源等。对宏观经济来讲,对企业来讲,我们应该承担责任。公众对社会也要承担起责任,包括保护环境的问题。绿色和环保不仅仅对消费者,对中小型企业、对所有企业来说都是非常重要的。

现代化产业体系才能让企业成长

2009年达沃斯夏季年会9月10—12日在中国大连召开。中国佛山市市长陈云贤在构建可持续价值链分论坛上表示,构建可持续发展的价值链必须有一个现代化的产业体系,这样才能让一些企业成长。

以下为发言实录:

Aron Cramer:非常感谢陈耀昌先生。刚才我们听到了陈总介绍沃尔玛的价值链如何在他们的采购工作当中和中国政府的政策保持一致,您从佛山市长的角度讲一讲。

超前引领：对中国区域经济发展的实践与思考

陈云贤： 我从地方政府的角度谈谈如何构建可持续的价值链。佛山位于珠江三角洲西岸的腹地，占地 3 800 多平方公里，590 万人口，2008 年佛山的 GDP 达到了 4 300 多亿人民币，今年上半年是 2 300 亿元人民币，增长 12% 以上。我们有以下三大优势。

第一，我们的区位优势。佛山靠近广州，接近广州的国际机场和新火车站，而且 45 分钟就能到港口，两个小时之内就能够到达香港和澳门。

第二，佛山历史悠久，文化积淀深厚，粤剧和广东的粤菜，很多都可以溯源到佛山。

第三，我们有雄厚的工业基础。例如家电、设备制造、陶瓷、纺织、成衣、食品和饮料、医疗行业、文化创意产业等都非常发达，还有 TST、LED 等高科技。所以，我们在谈到构建可持续发展的价值链的时候，必须有一个现代化的产业体系。这样，我们能够让一些企业成长，一些企业转型，一些企业升级换代，以此构建一些产业集群，来符合人民和社会发展的需要，这是我们的政策，我们的目标。

当我们在谈到这些方面发展的时候，我们把城市分为三个功能分区，第一是国际园区。大部分的工业企业会放到这个产业园区当中，这样的集中不仅能够降低它们的成本，而且能够形成相应的产业集群。第二，我们将在佛山市中心建立起城市中心商业区，让公众享受便利。第三，我们还要建立起一个非开发区，主要用于环保，而不去开发。我们希望通过把城市分为这三个区，打造可持续的价值链。

第5章 网络问政：务虚要脚踏实地，务实要高屋建瓴

第5章　网络问政：务虚要脚踏实地，务实要高屋建瓴

▶ 市长问计网民：假如你是市长

2009年5月4日，时任佛山市市委副书记、市长的我做客佛山政府网，与数万网民共谋佛山科学发展。

这是我首次上网与网民互动。这天，我带了市教育局、市卫生局、市经贸局、市劳动和社会保障局等9个政府职能部门负责人齐来"助阵"。请他们一起参加，目的是让网民提出的问题能使职能部门及时跟进解决。

下午3时整，活动正式开始。我先来了一个"开场白"："大家不要把市长当做一个完人，我的回答很多不一定准确或者全面，但是借这个机会大家可以互动，共同提高，共同建设美好的佛山。"一时，网民们踊跃"灌水"、"拍砖"，电台听众也积极来电。一个多小时的时间，佛山政府网、广佛都市网的上线人数达到28 000多人，这两个网站的网民共发帖1 000多条，佛山电台呼叫中心接到听众来电500多个，形成收听高峰。

下面是第二天《佛山日报》的相关报道。

超前引领：对中国区域经济发展的实践与思考

从中小企业融资难，到时下市民最为关心的甲型H1N1流感疫情，从经济发展的宏观大势，到对大学生就业的具体建议……昨天下午，市长陈云贤在与网友在线交流时，时而以市长的身份，时而以经济学专家的身份，对网友提出的问题"来者不拒"，一一解答。对于网友提到的一些具体问题，他更是现场交代相关职能部门负责人处理。让网民们欣喜不已的是，陈云贤表示希望将网络交流形成一个常态，真正让政府与网民保持长期交流。

符合市场需求才能赢得政府支持

广佛都市网网友"BGY011"：作为一个小民营企业主，我有技术，产品也有市场，但是资金跟不上，又筹措无门，试过找银行，人家要抵押，我刚刚创业不久拿什么出来抵押。佛山能否在这些方面有所创新，比如财政是否可以拿出一部分钱补贴，成立一些类似风险投资的金融机构，解决中小企业贷款难的问题？

市长答疑：这是整个佛山面临的一个主要问题，但是我倒过来要跟网民、中小企业主说一说，你们中小企业是做什么的，你立足的根基和发展的方向是否符合国内和国际市场的需求，如果说在这个过程当中，能够与市场需求相吻合，我认为就有大的发展前景。

打一个比方，比如说高科技中小型企业，佛山市国家高新技术园区现在"一区六园"，其中五个园区都享受到国家高新技术园区企业登记注册发展的政策优惠条件，假如说你本身这方面带有高科技含量，申请到高科技园区发展，应该可以得到政府全方位的扶持。另外一类有市场需求、有发展前景的企业，我们要求各级政府拿出一定的财政资金，作为一般担保资金和银行资金捆绑。比如说顺德区拿出5 000万甚至1亿元资金，至少可以捆动10倍以上的银行资金和担保基金为中小企业放款，当然中小企业自身发展要能够符合国内国际市场的需求，要有发展空间。再比如说，我们某些中小企业自身单枪匹马，规避风险的能力比较弱，就可以找几个合作伙伴，共同做好某一个产业的发展，这样也能够有效抵御风险，逐步取得发展的空间。

第5章 网络问政：务虚要脚踏实地，务实要高屋建瓴

抢抓政策机遇促经济发展

广佛都市网网友"环保人生"：针对佛山这次在突围中的成绩，我也感到欣喜，但面对成绩不能骄傲，反而要更清晰地认识到佛山发展瓶颈在哪里，面对金融危机全国上下叫苦的时候，我觉得佛山也应该喊苦，把叫好的声音收小一些，多向上面要支持，希望得到更多的支持。

市长答疑：应该说在这次应对国际金融危机的过程中，我们已经先后得到了两批国家政策的扶持，其中一共有9个项目得到了国家政策的支持，有农业的、有环保的，也有科技进步自主创新的，所以我们每次在国家政策出台之前都抢抓这些机遇，落实到农业、工业和其他行业当中。

比如说国家采取"家电下乡"的政策，我们不仅抓住了这个机遇，同时也促成了国家扩大"家电下乡"的范围，让以家电制造业为主的佛山，抓住这种机遇来发展。与此同时，我们还向国家正式提出：除了家电之外，建筑材料比如说铝型材，相关需开拓国内市场的产业，比如说家具、涂料等，都涉及佛山传统优势产业，我们也建议这些产业能够作为"下乡"范围之内的项目。

所以应该说，一方面抢抓机遇，另一方面应对危机，更重要的是快速发展，我们不断应用佛山自身原有的优势，在应对危机的过程当中，让大家能够看到一个目标，看到一个方向，看到在应对国际金融危机当中我们自身的优势和弱势所在，从而能够扬长避短、不断发展。当然从更多的角度我是赞成这个看法的，本身要实实在在。我经常跟大家说：务虚要脚踏实地，务实要高屋建瓴。

佛山五区首先要同城

网友"小小"：请问禅城与各区之间社保关系可以统一了吗？我曾经在南海与禅城工作，社保分开两个系统核算。

广佛都市网网友"察隅花开"：我的户口和单位在禅城，但是在禅城买不起房，就住到了顺德北滘，前两天受伤，就近在北滘医院包扎花了200多元，本来我的单位可以报销医药费用，但是因为不在禅城医院看病，按规定

一分钱也报不了,前一段时间说,广佛同城推进很快,广佛两地医疗也快要同城一体化了,可是禅城和顺德区何时才能同城呢?

市长答疑:在这次见面会之前,就有广州的市民向我们提出一个问题,他们看到佛山房地产不错,想到佛山买房子,但是以后能不能解决户口问题给子女就学带来的障碍。这就告诉我们,广佛同城化,佛山五区好多政策措施应该首先同城化,确确实实请我们的教育、医疗、卫生、劳动跟社会保障各个局负责同志认真思考一下,"一市五区"同市同城同措施的问题,只有在佛山搞好了同城同措施同步发展,才能够有效地进一步推进广佛同城化。

勉励大学生完善知识结构

网友"话给你知":我是佛山籍广州某工科学校大一学生,市长能不能让企业建立一些平台,让大学生们多一些实践的机会,或者让企业降低一些门槛,让大学生们能够自主前往学习呢?

市长答疑:这是一个很好的建议,我市现在也在不断建立平台培训基地,不仅针对大学生,也针对外来工、农民工和其他就业人口,比如汇丰银行在佛山的国际结算中心已经正式运营,它今年至少要招 2 000—3 000 名员工。美国 AIG 也落脚金融高新区,至少也要招 2 000 名以上的员工,还有台湾奇美液晶显示等也要招大量的员工,当然这些员工需要有一定的外语水平,需要有一定的电脑知识,如果还懂得会计知识以及某些专业知识,那就更好。

我想说的是,现在的就业不只是一个结构性的问题。对于我们毕业的大学生而言,在大学学的知识是一个方面,但是更重要的是一种方法,方法比知识更重要。大学生养成学习、提高的方法来不断适应国际市场和国内市场的需要,不断完善自己的知识结构,这样就能够在市场竞争当中,在今后的人生事业上,以更加扎实的步伐向前迈进。

欢迎大家通过网络保持联系

广佛都市网网友"风花雪月":林书记上网了、陈市长您也上网了,给

第5章 网络问政：务虚要脚踏实地，务实要高屋建瓴

佛山官员们带了一个好头，领导上网和网民的交流能不能成为一种常态，让各级官员和各个政府部门能够多利用互联网，多倾听群众的呼声，多听听百姓的意见？

市长答疑：这本身就是一个很好的方向，现在网络媒体、网络民意是我们要高度重视的一个方面，通过这种途径我们可以了解民众很多心里的呼声和政府需要解决的事情。从政府层面来说，我们的工作就是为了群众，希望能够帮助群众解决困难和问题，能够提高政府的社会视野和民生视野，我们希望这种交流能够形成一个常态，真正让政府包括各个部门，与我们的网民能够共同"灌水"、"拍砖"等，从而取得好的效果。

网友：由于时间所限，市长对网友的问题不能一一作答，对于网友的留言您将如何处理和跟踪呢？

市长答疑：在整个政府网里面，我们每天都要上网，我的助手也会经常上网，我自己也经常上网。我们看到网民的各种帖子之后，会留言，也会布置相关的部门来解决某些问题，所以欢迎大家保持联系。

网友"同心"：是否可以实行网络举报，通过专设网络纪检来专门处理网络上反映的腐败线索，以此来推动佛山反腐败工作的发展？

市长答疑：这是一个好建议，网络举报是一件好事，它能够借助于我们的民众来有效地对某些不正之风包括腐败问题进行监督。古人有句话：正身人去后，民意闲谈时。所以我们希望通过网络把民意闲谈反映在机关作风包括腐败问题的一种监督上，再结合制度的健全和完善，真正让政府能够按照胡锦涛总书记所说的：权为民所用、利为民所谋、心为民所系，把人民群众的温暖放在心上。

甲型 H1N1 流感佛山应急措施很到位

网友"我爱佛山"：甲型 H1N1 流感已经登陆邻近的香港了，请问我们佛山采取的应急措施预案是怎样的？还有问题食品也在威胁我们的生命安全，请问政府在监管方面有何改善措施？

市长答疑：面对甲型 H1N1 流感，市政府做好了各方面应急准备，包括

对外宣传,让人民群众更好地认识到什么是甲型H1N1流感,包括有效应急措施,也包括如果有这种突发病人我们的各类应对措施。在这方面,我们有过2003年应对非典的经验,现在佛山市对各类疾病包括这次出现的甲型H1N1流感,应急措施和应急方向都很到位,现在关键是怎样进一步加强宣传,让我们市民、广大人民群众有更多了解,防患于未然。

至于食品药品安全,尤其是猪肉这块,市里面分了三条线,第一是对产业链条进行防范,针对食用猪来源问题;第二是对生猪屠宰管理问题;第三是对供应市场进行有效监督、检查的问题。这三条线形成了一个有效应对的链条。特别值得一提的是,政府今年提出应对民生十大措施,其中一点就是把食品、药品安全尤其是猪肉食用安全问题,摆到十大民生实事当中,希望能够抓到实处,真正让人民群众的切身利益得到保障。

一定要还民众蓝天白云

广佛都市网网友"广佛人":近日广州多家媒体连续报道珠江黄岐河段有死猪飘浮,这些养殖场卫生条件很差,严重污染珠江的水质,请问政府计划采取什么措施来解决呢?

市长答疑:这个问题请市政府办交给南海区政府,让他们去解决。从大的方面来说,村镇街各个区域污染和环保问题,同时也要在广佛同城化、珠江三角洲一体化、粤港澳深化合作大层面上解决,不仅有污水污染的问题,还有大气的问题,还有其他方面的问题,所以佛山市委、市政府在连续多年对产业结构的调整、污水河涌的治理,包括其他方方面面的措施都在紧锣密鼓地往前推进,我们希望能够在原有取得成绩的基础上乘势而上,力争在明年亚运会之前有一个更好的效果,把蓝天白云、青山绿水真正还给佛山的人民群众。

网友"酸酸雨":佛山是全省最"酸"的地方,政府将采取哪些措施来监管高污染高能耗的企业,还佛山一片净蓝的天呢?

市长答疑:监管高污染、高耗能的产业,我们主要从三个层面着手:第一个层面是国家和广东省的层面,对二氧化硫、COD等的指标是硬性的,要求

第 5 章　网络问政：务虚要脚踏实地，务实要高屋建瓴

各级政府每年要有一定幅度的递减，比如说在佛山市政府每年的政府报告当中，都有递减14.35%的指标，所以这是上面要求的指标，我们必须执行。

第二个层面是从佛山自身发展的角度考虑，我们也必须把环保作为重中之重的议事日程来考虑。大家已经看到前两年我们总共关闭了622家企业，其中有262家是涉及高污染、高耗能的陶瓷、印染、水泥等企业，所以我们说不仅要实现产业的发展，同时在发展过程当中也要能够实现生态环保的发展。

第三个层面是从企业层面来讲，不仅要企业对自身、对股东负责，还要更多对社会负责，所以也需要企业按照相关的政策拿出有效的措施，践行自我监督，如果说这些企业不能够按照法律法规政策执行，我们倒过头就会用法律法规来制约和惩罚这些企业。

所以，从上级的要求、自身的发展、对企业本身的约束三个层面，都需要把环保问题尤其是对高污染、高耗能行业实行关停并转提上日程。

2009年3月24日，在佛山市三水区白坭镇上灶北村，市长陈云贤和村民弹琴唱歌。（《佛山日报》供图）

超前引领：对中国区域经济发展的实践与思考

■ 市长精彩语录

当我走在禅城区街道上的时候，看到公共汽车突然放出一股股黑烟，对整个城市的污染太厉害。我找过分管副市长，也找过交通局长，他们表态在限定的期限内要解决这个问题。

我倒过来要跟网民、中小企业主说一说，你们中小企业是做什么的，你立足的根基和发展的方向是否符合国内和国际市场的需求，如果说在这个过程当中，能够与市场需求相吻合，我认为就有大的发展前景。

国内的经济呈现出"V"形的状态，而国际的经济呈现出一种"U"形的状态，应该说我们国内的经济最低谷在2008年11月中下旬开始，到2009年2月中旬左右，已经过去了。

以工业经济、民营经济为基础，企业规模在不断发展壮大，而且自主创新能力在逐步增强的佛山企业经济，是我们今后的主要支柱。围绕这些特点，不断拿出措施来引领发展，佛山的经济能够在高基础上得到又好又快的可持续发展。

从上级的要求、自身的发展、对企业本身的约束三个层面，都需要把环保问题尤其是对高污染、高耗能行业实行关停并转提上日程。

■ 上线花絮

花絮一：网民请教市长"炒股经"

北京大学经济系科班博士出身，经济学家背景，在昨天的上线对话网民活动中，种种因素让陈云贤始终被各种类型的经济问题所包围。不过，最"彪悍"的一个问题既不是网友们请教怎样应对金融危机，也不是建议怎样发展传统产业，而是网友"小心为上"大胆向市长请教"炒股经"。

因为"去年入市以来都怕怕了"才取名"小心为上"的这名网友问市长："今年股市未来会怎么样？今年新兴市场国家股市上涨5%或者10%，从中期看上去究竟意味着什么，对整个市场算是结构性的转折点吗？"

面对网友的"正面"直击，陈云贤微笑着巧妙地"侧面"回应："这个问

第5章 网络问政：务虚要脚踏实地，务实要高屋建瓴

题我只能够做一个主要思路的梳理,作为一个参考。"他说,"整个股市是上涨还是下跌,主要由三个因素所决定,第一个是宏观经济因素;第二个是企业盈利的状况,这种盈利状况既包括过去的 PE,也包括未来的 PE;第三个就是市场供求状况。从现在整个发展包括应对国际金融危机和国内经济发展需要来说,这三个方面呈现稳定逐步向好的方向发展。"

花絮二:从政感受如何? 市长作诗妙答

面对经济问题,陈云贤从容不迫——解答,面对民生问题,陈云贤也是毫不犹豫仔细答复。可是网民"梁山好汉"的问题,却着实难住了市长。这到底是一个什么问题?

自称是广发证券新兵的"梁山好汉"说:"您 2003 年从广发证券董事长调任佛山市副市长,现在成为市长,大家都说您'悠然上岸',但是从媒体上看到您奔波劳碌的样子,想问一下您这几年弃商从政最大的收获是什么?"

这个出乎意料的问题可把市长"杀"了个措手不及。在长长地呼了一口气后,陈云贤停顿思考了好几秒,用最简短的语言回答:"最大的收获是什么? 就是踏踏实实为群众做事不容易。"他用一句诗向网民做自我剖析,表达了自己长久以来的心声:发展佛山悠悠我心,巧借网络谋求富民。

花絮三:"佛山青年有前途"

昨天是"五四"青年节,也是北京大学 111 周年校庆。作为北京大学的毕业生,在这个特殊的日子,陈云贤在上线对话网民活动结束后,也表达了对母校的祝福,更对佛山青年寄予厚望。

"我希望 80 后和 90 后的青年能脚踏实地,不断成才,真正为国家发展作出贡献。"与网民互动后的陈云贤还来不及喝口水,就再次被媒体团团围住,询问对佛山青年人的看法和希望。陈云贤说,佛山的年轻人有思想、有抱负,求真务实,敢为人先,传统优良文化在年轻人身上进一步得到弘扬。"我希望佛山青年能够在全省、全国甚至国际上都有崇高的形象,我

自信佛山青年能够在佛山的经济社会发展中挑起大梁。佛山有前途,佛山青年也有前途"。

书记与四万网友互动:"我把网友当政协委员"

2010年8月6日,我任佛山市委书记后第一次与网民互动。在一个半小时的"网聊"中,网友们十分热情,到结束时发帖数已经攀升到2 291条,观看网络视频直播的人数也达到破纪录的42 300多人。每看到一条帖子,我都觉得很好,看到有建设性的意见,我马上拿起笔记录下来。时间短暂,无法回答所有网友的问题,我要求将大家的发言进行分类,有建设性的意见将交给有关部门分解实施,最后变成有实效性的举措。今后我们会把与网民交流当做常规性的工作,经常与网民聊天、互动。

下面是2010年8月7日《佛山日报》的相关报道。

网络问政：务虚要脚踏实地，务实要高屋建瓴

谈"民生书记"

"我来自基层，当然选择当民生书记"

网友"东平渔夫"：陈书记是博士学历、海归人士、金融专家，现在又是政府高官，应该从来没有为生活忧愁过。那你怎么知道我们草根阶层的艰难呢？怎么当好"民生书记"呢？

陈云贤：（会心一笑）看到这个帖子，我很感慨，想起了小时候学的一首词：少年不知愁滋味，爱上层楼。爱上层楼，为赋新词强说愁。而今识尽愁滋味，欲说还休。欲说还休，却道天凉好个秋。

我1972年高中毕业，1973年上山下乡。读高中时，经常去实习，所以还未下乡前就会干农村的技术活儿，下乡后通过努力很快当上了农村生产队长，1975年被推荐上大学。走的时候还有农民送了三斤粮票，对我表示感谢。应该说，我下乡之后人生道路上的进步和发展，都和这段农村知青生产队长的经历直接相关。当时的艰苦生活和农民艰苦的状况，至今还历历在目。

我是来自社会基层的人，虽然有了高学历高职位，但难忘出身。更重要的一点是，我们党和政府的执政根基是来自于民，为了人民。所以不管是从政府执政的角度，还是从个人成长的历程，我都选择当"民生市长"、"民生书记"，因为我们工作的出发点就在这里。

谈"限摩"

"限摩"没有回头路但要更人性化

网友"小蚂蚁"："限摩"8月份已开始实行了！但现有的公交配套设施根本不能满足"限摩"后工薪一族的上下班需要，试问如何能让"限摩"顺利进行？

陈云贤：你提的问题很好。在佛山的城市管理历史中，有三个情况连起来看是非常触目惊心的：一是社会治安，超过40%的案例来自于摩托车

的飞车抢劫;二是交通事故,很多都与摩托车有关;三是环境污染。我们除了"限摩",还要治理黄标车,但我们会加大力度改造、更新公交车。

对交通的发展,一方面是限制,另一方面是改善。一疏一堵,一破一立,最终的目标是在整个佛山建立现代立体的交通体系。

考虑到群众的便利,这次"限摩"还是很人性化的。除了打击外地摩托车和过期摩托车,大量的非主要路段在很长一段时间内仍然允许市民摩托车出行。

从发展的趋势来看,"限摩"势在必行,这次"限摩"行动只能前进,没有回头路。但我们要有阶段、人性化地一步步推进,并加大力度发展和完善出租车、自行车、公交等多种公共交通出行方式。

谈"智慧佛山"

受益最大的是群众和企业

网友"神神秘秘":最近经常听到"智慧佛山",我们最关心的是"智慧佛山"会给佛山人民带来什么实实在在的好处?

陈云贤:(自信一笑)"智慧佛山"受益最大的就是民众和企业。比如信息化与工业化的融合。我们常说,只有夕阳的技术,没有夕阳的产业,用物联网改造家用电器,让家电变成一种智能家电。传统企业通过技术创新,在国内外市场占有更大的份额,最终得益的是企业。信息化和城镇化的融合,带动智能交通、智能治安、智能教育、智能医疗、智能文化、智能图书馆的发展,直接起到为人民群众的社会生活发展带来便利的作用。还有信息化与国际化的融合,同样可以给人民群众和企业带来最大的便利。

因此,"四化融合,智慧佛山"最大的便利和得益者就是人民群众和企业。只要能够将各项措施真正落到实处,我们的人民群众和企业就能得到大实惠。

"智慧佛山"只是一个落脚点,其核心含义是,物联网、互联网、数字化、智能化将遍及佛山企业发展、城市建设、国际化的进程中,涉及人民群

第 5 章　网络问政：务虚要脚踏实地，务实要高屋建瓴

众和企业,体现在生活工作的方方面面。只要我们将这些工作都做好了,民众不仅听得明白,看得明白,更重要的是可以得到真正的实惠。

谈幸福感

找准方向建设"幸福之城"

网友"说句心里话":名副其实的"民生书记"应该着力于把佛山打造成市民心中的"幸福之城"。但 GDP 连年增长,市民收入却不见增加。大家在城市里成为了陌路人——出门绕圈子、在家吵得难得安宁、空气阴霾挥之不去、汽车尾气让人呼吸困难、治安事故层出不穷等。在这样的城市生活,幸福只能是一种奢望。

陈云贤:感谢"说句心里话"网友,但对于事情的分析要两面看:一个是现实的情况,二是未来的引领发展方向。

未来佛山究竟要往什么方向发展?举个比较直观的例子,我认为应该像新加坡,在土地资源有限的条件下,向宜居、宜商、宜发展的方向发展。从现实情况看,你说的都是存在的事实,也是佛山需要改进的地方。看到现状不足,更要鼓起我们的信心,找准方向,共同努力,将佛山建设成为你所说的"幸福之城"。

谈批评

很多政府举措源自网友的意见

网友"东东":市民在网络上纷纷发表自己的意见和看法,有些是对您的直接批评,言论非常犀利和尖锐。您看到这些批评了吗?有什么感受?会不会继续支持网络问政?有什么措施保障网络的言论自由?

陈云贤:(坦荡地笑)我们的出发点和落脚点都是为了人民群众,包括广大的网民朋友。在交流过程中,或许有些网友语言比较激烈,但我能感觉到,你们是在和我说心里话,大家都是在共同关心佛山的发展。我不仅不会有看法,而且打心里真诚地感谢你们。因为有广大的网民朋友和佛山

的人民群众来共同关心佛山的方方面面,尤其是民生实事,佛山才可以面对现实、面对困难、面对问题采取有效的措施加以发展。

围绕亚运会举办的前后,有几件大事要跟大家说一说:第一,在地铁一号线完成和运行之后,我们将根据社会的需要以及经济实力,制定下一步的规划。第二,一环南延线的建设今年年底也基本上可以完成。祖庙的修缮,到10月份基本上可以告一段落……这些都是广大网友、人民群众提出的实际问题,我们加以研究分析后推进建设的。应该说我们是高度重视网友和人民群众提出的各种问题的。

2010年5月17日,市委书记、市长陈云贤来到在教博会上林棠老伯开的"童珍"个展,林棠送给陈云贤一本3年前就准备好的纪念品,上面写着:赠给尊敬的佛山人民的好儿子——陈云贤市长。(《佛山日报》供图)

市纪委"坐镇"督查网络问政

网友:书记重视网络,清晰地记得,"万言书"中重要的内容是佛山网络发言还是有缺点的,如问责制度还是一张白纸。政府将如何加强网络监督?

第5章 网络问政：务虚要脚踏实地，务实要高屋建瓴

陈云贤：这个问题很好。今天市政府30多个部门，相关负责同志也坐在旁边一起听我们的交流和对话，其中就有市纪委的负责同志。他们是专门为网络问政而来的。比如说，关于交通路网某些措施的落实问题，按照我们的要求，在15天之内，要有回复。跟进督察工作的市纪委和监察局的同志就在这里，现在就可以回答网友的提问。我也希望网上交流变成常规。更重要的是，围绕实际解决问题，落到实处，这样要做的事情才可以一步步解决，社会才会进步。

我当书记后，除了各项工作的推进，最想做的工作有两件：第一，就是网络问政，不管语言刺激程度大小，但是出发点都是真正关心我们的城市、社会、政府是否拿出有效措施和政策，促进社会健康有序的发展，所以我们很重视；第二，就是要想方设法与民众见面。

谈城市形象

靠文化整合打响佛山品牌

网友"中国佛山"：佛山经济总量很大、文化底蕴深厚，但是外地很少有人知道佛山。佛山的城市知名度低、形象模糊，您认为原因是什么？有什么具体想法？

陈云贤：我一直认为，知名度既是佛山原有的优势，也是佛山现在的弱项。"四大名镇"佛山名列其中。除了陶瓷文化，龙舟文化、舞狮文化、通济文化、秋色文化等，也都是在这里传承和发展。但我们要从产业的发展、社会的进步、人民群众的喜闻乐见开始，让我们的佛山更加有名气。

在对外宣传这一块，怎么样进一步做好做强做大值得思考。东莞生产总值比我们差1 000亿元，但一讲到珠三角，知道东莞的多，了解佛山的少。这就告诉我们，要靠文化的整合打响品牌。山东人闯关东一炮打响，山西人走西口一炮走红，为什么佛山人不能来一个下南洋，让我们在世界上彻底飘红？我将这个希望寄托给新闻媒体，希望它们能在这方面做出成效。

超前引领：对中国区域经济发展的实践与思考

■ 快问快答

问：近期即将实行公务员车改。有政协委员建议，公务员车改以后，一部分公车补贴能不能改成公交卡的形式发放，你觉得这个建议如何？

陈云贤：最起码这个建议为我们思考完善公交系统或者推进公交便民化提供了一个可思考的路径。我们要看看能否推行。如果能够将其与公车改革有效结合，并且可行的话，这当然是很值得高兴的。

问：广佛同城交界金沙洲的问题怎么解决？

陈云贤：这是广佛同城化过程中的一个案例，我们会一步步跟进。个别案例很多，不仅金沙洲，还有大角度的金融同城化等。我向大家透露一个消息，广佛肇主要领导将再次见面并解决实际问题，会谈应该在本月底召开，真正推进广佛同城和广佛肇一体化的进程。

■ 现场特写

为"限摩"书记三次致谢

网友"尖锐"提问，书记微笑解答；网友"严厉"批评，书记诚恳致歉。面对网友最关心的"限摩"问题，陈云贤三次致谢，一次道歉。

"开咪"半个小时，话题就指向了网友们最关注的"限摩"。

"眼看9月限摩'大限'将至，政府迟迟未有更多利民政策出台，试问政府如何为民办实事？"网友"小蚂蚁"率先"发难"，掀起了"限摩"发问高潮，帖子数也从800条攀升到1 500条，其中不乏言语激烈者。

面对网友的频频"责难"，陈云贤一直微笑着赞扬网友们"问得好"。其间，陈云贤还忍不住"抢咪"，当起了主持人，直接挑选网友的问题，自问自答起来。

"借这次机会，我要首先感谢我们的人民群众，对这次政府采取限摩政策给予了大量的理解和支持。"第一次致谢之后，陈云贤打开话匣子，耐心为网民解答关于"限摩"的种种疑惑。

"'限摩'只是佛山建立现代立体交通体系的第一步。佛山交通的发

第5章 网络问政：务虚要脚踏实地，务实要高屋建瓴

展，一是限制，二是改善，一疏一堵、一破一立，两者并行"。陈云贤说，考虑到群众生活便利性，"限摩"政策还是很人性化地在推进，"分阶段在主要路段开始限摩，不是禁摩。而大量的非主要路段，在很长一段时间内仍允许市民使用摩托车"。

随后，陈云贤又列举新加坡成为宜居宜商宜发展的例子，还邀请网友思考佛山城市的定位，理解"限摩"政策。

"尤其感谢那些靠摩托车出行和工作的市民。"陈云贤第二次抒发自己的感谢之情，"说实在的，在我周边有很多人，包括帮我理发的师傅和做饭的厨房师傅现在都是靠摩托车出行。当推出这样的措施时，我心里很内疚，总想身边的人民怎么办。"言语中，陈云贤无不透露着歉意。

"这也督促我们要加快完善公交各方面措施的工作。但这次'限摩'行动没有回头路，不能碰到困难就缩回来。感谢广大市民的支持和理解。"在第三次致谢声中，陈云贤关于"限摩"问题20多分钟的解答画上了句号。

转眼，一个半小时过去，陈云贤离开直播室。当记者追问，这与当市长后第一次"网络问政"有何不同、对网友的"尖锐"问题是否感觉有压力时，陈云贤幽默地回答："没压力，感觉很好。我在明处，网友在暗处，所以他们可以放心说真话，能够直接听到大家的真话，对我们今后经济社会发展决策起到了很好的借鉴作用。"

■ 专家意见

佛山市委党校党建学副教授刘宁：
网络民意进入政府公共决策体系

2009年是佛山网络问政元年，有超过98个部门官员登陆网络平台与网民"面对面"地交流和互动。2010年佛山市领导与网民的在线交流活动由陈云贤书记带头拉开帷幕，表明以网络为新平台、新渠道的官民互动方式逐步向常规化和制度化迈进。

"政之所兴在顺民心，政之所废在轻民意"。这两年来佛山市委市政

府领导积极与网民"面对面"地交流和互动,在佛山逐步形成了广开言路、广集民智和广纳良策的浓厚氛围。同时,也推动了各级干部积极通过网络了解民意、解决民生问题的积极性和责任心。

书记表态说:"把你们的'灌水'、'拍砖'当做政协的提案不断地加以跟踪推进落实,从中受到了很多的教育,并作为执政方针政策的参照。"网络民意已进入政府的公共决策体系,网络正在从公众讨论公共事务的平台向政府公共决策的平台转换。从这个角度讲,佛山市委市政府的执政理念和执政方式正步入现代化。

此时,各级党委政府的主要领导干部就要乘势而为,开通博客,公布邮箱和实时通信工具,使局限在演播室的访谈延续为业余时间进行、即兴进行、异地进行,并及时回应网民的诉求。或可以设立"网络问计"办公室,日常分门别类整理网民的意见建议,发送至相关领导和部门,作为完善决策、推动工作的重要参考和依据,进而逐步建立通过网络"问计求策"和"回应网民诉求、解决民生问题"的长效机制。

■ 大家齐"灌水"

网友"智慧": 所谓智慧,作为执政者,只要能让百姓安居乐业,物价稳定,居者有其屋,看得起病,上得起学,就是最大的智慧。

网友"挺佛山": 我是某企业的人力资源经理,佛山的知名度与其综合实力严重不相符。在文化底蕴、经济总量、城市规模和综合竞争力上,佛山在全国地级市里都排得进前10名。然而,很多优秀人才都不知道佛山。我们公司在珠三角各个城市都有分公司,每年进行全国招聘,第一批次的精英去了广深,第二批次的精英去了珠海、东莞,轮到佛山的只有第三批次的人才了。希望佛山能找准自己的城市灵魂,尽快对外擦亮招牌,让我们对生活在佛山更有自豪感。

网友"小花": 陈书记关于"限摩"的回应化解了我的一些误解。近两年,佛山的公共交通有所改善,但缓慢。希望政府能加强监管,提高公交和的士的服务水平。

第6章 一家之言："先看两步,先行一步"

第6章 一家之言："先看两步,先行一步"

难忘广发证券创始人陈云贤

秦朔(《第一财经日报》总编辑)

"只有扎根于中国经济基层的券商,才是最有生命力的券商;只有用全球眼光布局未来的券商,才是最有竞争力的券商;只有班子团结、员工拼搏的券商,才是最有持久力的券商。"广发证券创始人、现任(2010年3月20日)佛山市市长的陈云贤,在2010年2月12日广发证券在深交所上市仪式上如是说。

掷地有声。

2010年3月17日,广发证券上市庆祝酒会上,播放了2月12日仪式上的视频,我是第一次看到和听到。广发证券目前是深圳市场市值最大的上市公司。

2010年3月17日,我从上海飞到广州,第一次到虹桥2号航站楼。航站楼给我的印象颇佳,不奢华,空间利用集约,配套完善方便,和美国一些机场的风格类似,设计简洁明快,比较人性化。

在机场书店买了阚治东的《荣辱二十年》,确实是本很有参考价值的书,作者亲身经历的往事,写得很细腻也很扎实。第一代证券业风云人物,因各种原因出问题、受处理,甚至遭遇牢狱之灾的、"雨打风吹去"的比例太高了,阚治东说"几乎可以在监狱里开一次中国证券业的开创者大会"。他写到上交所首任总经理尉文渊(引咎辞职)、他本人(1997年被免去申银万国法人代表等职,5年市场禁入,2002年重回南方证券,结局还是身陷囹圄)、管金生(因1995年3·27国债期货事件被判17年有期徒刑),还有君安证券创始人张国庆、大鹏证券创始人徐卫国、南方证券董事长刘波、湖北证券(长江证券前身)创始人陈浩武……

不过,开荒牛一定是炮灰、牺牲吗?也未必。17日晚,花园酒店,广发证券庆祝酒会,我又见到了陈云贤。当年他和陈浩武、湘财证券陈学荣曾并称证券业"三陈",且都当过老师,都在20世纪90年代初创办证券公司。但如今,只有陈云贤的声音经常通过媒体传达出来,另外二陈已经销声匿迹了。

陈云贤不仅一手打造了广发证券,塑造了鲜明的广发文化和形象,而且移步政坛后,从顺德到佛山,干得有声有色,前途无量。

我走过去和他打招呼,他已经认不出我了,跟他交换名片后,他才想起来,说我胖了,"你在《南风窗》时,每篇卷首的评论都是你写的,我都看的",和他相约,一定找个时间到佛山看看。

我在广州时,跟陈云贤见过几次面,通过几次电话。但不见他,一晃十多年了!

第一次采访陈云贤,是1992年秋天,广发银行下属的《华商时报》组织了一个珠三角采访团到顺德等地采访,我也参加了。因为这个活动是广发银行组织,所以我们先到广发银行采访(采访后我写了两三篇文章,包括文末的附文)。当时,陈云贤是广发银行证券部总经理,该证券部就是广发证券的前身。我记得采访时,广发银行行长特别介绍说,"陈博士是北京大学萧灼基教授的学生,去年到我们这里工作",把他作为广东引进的外来优秀人才,提拔很快。陈云贤是福建上杭人,1955年出生,插队当过生产队长,做过工人。1983年考上福建师大经济学硕士研究生,毕业后到福州大学当讲师。1988年8月到北京大学随萧灼基读博士,博士毕业后到广东。他是一个基层经验很丰富的博士,这和从校门到校门的博士是有很大不同的。所以,刚到广发银行时,陈云贤可以整天骑着单车、背着水壶、顶着炎炎烈日去推销国债。而广发那种"草根券商"、不靠天不靠地靠自己的拼劲(没有显赫的背景,股东是辽宁成大、吉林敖东、中山公用一类的上市公司),可能也就是这样形成的。

1993年年底,白云山、浪奇等成为广州市第一批上市公司。大概是1994年年初,我到广发银行第一个证券营业部(环市路、麓湖路口)采访陈云贤,他说,他不能谈具体的股票和行情。当时在广州,他说句话,对股民来说有一言九鼎之效。

第6章　一家之言："先看两步，先行一步"

后来，只在开会时见过陈云贤。《南风窗》的张良采访过他，写了《中国券商迎来第三浪冲击》，那是在1999年。《南风窗》还有个记者的亲戚在广东省委组织部，有一次问我，有无可能转到经济工作部门工作啊，比如广发证券，我说写经济文章和做经济工作不一样，证券我不懂啊。

广发证券的宿舍和我住的《南风窗》的宿舍只有一墙之隔，都在水荫二横路，水荫路小学边上。2001年、2002年左右的时候，我给陈云贤写过一封信，好像还夹了一些在美国读书的文章（他2000年8月到2001年9月被广东省委组织部派到麻省大学波士顿分校进修），后来给他打电话，说去聊聊，因为他忙，时间对不上。2003年5月，他到佛山任常务副市长，次年10月兼顺德区委书记，2006年10月任佛山市代市长，2007年1月任市长。我听说，他很快还要升迁。

我对陈云贤一直有非常好的印象，不仅是因为他的学识，更是因为他确立的广发的文化，即"知识图强，求实奉献"的核心价值观，"稳健、规范、可持续发展"的企业发展观，以及"既做理论的探索者，又做资本市场的实践者；既在制度保护下成为物质财富的拥有者，更要成为高尚品德的秉承者"的人才观。当年，他大力延揽博士，广发一度被誉为"博士军团"，也是国内第一家设立博士后工作站的金融企业。陈云贤提出的"知识图强，求实奉献"，有着浓厚的知识分子报效国家的责任感和使命感，同时也包含着脚踏实地、绝不脱离现实的精神。两三年前，听说"奉献"两个字改了，记不得改成什么了。

3月17日晚上，陈云贤致辞，他说从两个方面致辞，一个是作为广发的老员工来致辞。他说想到了辛弃疾的一首词："少年不知愁滋味，爱上层楼。爱上层楼，为赋新词强说愁。而今识尽愁滋味，欲说还休。欲说还休，却道天凉好个秋！"他略有口音，但充满深情，我从大屏幕中看到，他的眼睛都湿润了。

而讲到第二层意思，他说广发有三好：基础好、规模好、员工好，希望实现"规范化、股份化、集团化、国际化"。这还是他在广发时提出的。

那天晚上，陈云贤特别开心，虽不失儒雅斯文的本色，但和老同事之间的真情流露,让外人也感同身受。广发证券今天最大的家底,还是队伍,而队伍的家底,是陈云贤留下的。我突然想到那句老话,"道德传家,十代以上;耕读传家,次之;读书传家,又次之;富贵传家,不过三代"。在证券业,广发从创业到今天19年,一直屹立不倒,一直保持业内前十,乃是唯一一家。这主要是陈云贤奠定的文化使然吧。

等我去了佛山,会再写他怎么做市长。

(写于2010年3月)

弃商从政,广发证券陈云贤悠然"上岸"

2003年3月,广发证券董事长陈云贤调任广东佛山市副市长。这个消息令圈内人颇感意外——从处于国内第一梯队的券商老总,到一个地方官,在外界看来,这种转变显得有点突兀而且毫无先兆。

陈云贤离开证券业之时,中国股市仍然深陷在始于2001年6月的低迷之中,而在陈云贤步入仕途后仅一年多时间里,券商们开始上演中国股市有史以来规模最大的"多米诺骨牌"效应,倒闭的浪潮席卷大江南北。

陈云贤可算是"异数",在风波来临之前,悠然"上岸"。更为难得的是,在他离开之后,他曾经掌舵的广发证券非但没有被卷入这个旋涡,反而因其质地优良引起中信证券的关注。

弃商从政

2003年10月,在走马上任佛山市副市长7个月后,陈云贤受命执掌佛山市工业重镇顺德区。顺德是我国工业重镇之一,2004年,顺德GDP突破600亿元,工业总产值超1500亿元,美的、格兰仕、科龙等全国知名企业云集于此。

在中国股市纵横捭阖多年的陈云贤,尽管弃商从政,目光却没有离开他熟悉的资本市场。

第6章 一家之言:"先看两步,先行一步"

2004年8月,佛山市利用和发展资本市场领导小组和上市办公室(简称"上市办")成立,陈云贤出任组长。

以陈在资本市场的长袖善舞,担纲这个角色,是最合适不过的人选。

2005年1月13日,陈云贤辖下的顺德区政府出台了被民企誉为"阳光政策"的《关于促进企业上市的工作意见》。意见包括设立企业上市工作机构、建立企业上市绿色通道、促进企业上市扶持政策和措施、企业上市奖励政策等。文件规定,从2005年1月13日至2009年12月31日,完成上市辅导期的企业、成功发行股票上市的企业,由区政府分别予以一次性奖励。企业顺利完成上市辅导期,奖励企业50万元;企业成功发行股票上市(含境外上市,在异地"买壳"、"借壳"上市并将上市公司注册地迁回顺德),由区政府奖励企业50万元。

事实上,陈云贤弃商从政并非毫无先兆。

2000年9月到2001年9月间,陈云贤就被广东省委组织部选派到美国麻省大学学习管理。在此期间,他曾经到哈佛大学做关于中国证券市场的演讲。考虑到其在国内资本市场的实践以及影响力,哈佛大学特聘陈云贤为研究员。

2002年,中共中央组织部接受各省委组织部推荐,选送后备干部赴国外学习,陈云贤成为广东省委组织部推荐的唯一人选,再度赴美。

陈云贤从一名企业管理者向一位政府官员的转变,在此时就已经埋下了伏笔。

和他那个年代成长起来的人一样,陈云贤的内心显然有一些坚硬的东西始终没有改变。

陈云贤出生及插队所在的福建省上杭县迄今仍是全国贫困县,陈直接体验过中国最底层的真实生活。

农民面朝黄土背朝天的困苦生活,在他内心留下了深刻的烙印,"有机会为人民做一点事,改善他们的生活",这样的想法自然地萌芽于这位年轻的生产队长的头脑之中。时光更迭,悠悠三十载之后,当很多人与时俱进,感慨"此时之我非彼时之我"的时候,陈依然坚守着他那份淳朴的意念。

从现实的状况看,成为一名地方官所能够影响的人群的生活显然远远比经营一家企业影响的人群范围大,而这很可能是陈云贤欣然从一名商人向一名政府官员转变的内心原动力之一。

征战广发

从某种意义上说,一个企业的兴衰,往往取决于其团队以及这个团队的核心人物。

1991年,师从北京大学萧灼基教授的陈云贤刚刚取得博士学位,当时刚成立三年的广发银行到北京招收证券方向人才,陈云贤由此开始了他在广发银行的13年职业生涯。

作为广发银行引入的第一个博士,陈云贤最初主要的工作内容是债券发行,由于当时股市在中国还是新生事物,上头对这块业务到底能不能做好心里没底,刚开始也没有给他任命职务,由于没有头衔,广发银行的人都称他"陈博士",正式头衔下来以后,大家还是拿"博士"称呼他,有趣的是,这种习惯被一直延续甚至推广开来,迄今,广发证券内部的高层或是员工之间,有博士学位的,仍以"博士"相称居多,而极少冠以"××总"。

当时,陈云贤白天骑着自行车到各家公司企业跑业务,劝说这些公司通过发行债券融资,晚上回来做方案,经常熬到深夜两三点。那应该算是陈云贤职业生涯中最苦的一段日子,整个广发证券部仅有十几号人。

1993年7月,在"整顿金融秩序"的背景下,中国金融踏上了分业经营之路,广发证券脱离广发银行。

在广发银行已身居副行长高位的陈云贤开始展露其政治天分。在他的多方奔走努力下,广发证券从广发银行的一个证券部升格为副厅级单位,成为广东省重要的金融机构之一。

不妨看看萧灼基对他这位高足的评价,萧在一篇文章中谈到:"我的学生中,有不少素质较高、成就突出的人。……1991年毕业的陈云贤博士,在国内经济学界率先提出证券投资风险与收益的相互关系规律。他不

第6章 一家之言："先看两步，先行一步"

仅研究投资银行理论，而且从事投资银行实践。短短几年，他管理的证券公司高速成长，效益显著。"

可能很少有人知道，管理一家高速成长、效益显著的证券公司的陈云贤，其最初的管理经验，竟然是从他下乡插队时候生产队办的米粉厂开始的。在那个小山村里，米粉厂是唯一的工业，而陈云贤要平衡知青农民们赚工分与米粉厂的效益之间的关系，或许，正是当初必须调节这种体制与现实需要两难冲突的实践，为陈日后在政府与商业之间的平衡积累了初步的经验。

20世纪90年代中期，那是个乱世出英雄的时代，相当一部分的券商都通过做自营、投资房地产、国债期货等方式大发其财，广发证券曾经因为其"保守"的投资风格而受到指责。然而，历史总是充满着诡奇，当日的保守策略如今已成为广发引以为豪的理由。在公司网站的介绍上有这么一段话："广发证券成立十多年来，由于管理规范，公司具有完善的风险控制机制以及对发展战略的正确把握，广发证券没有涉足国债回购、国债期货、违规代客理财等业内重大风波及房地产实业投资热潮，资产较优良。"

业内有人戏将广发比作"龟兔赛跑"中的乌龟，乌龟虽然比兔子跑得慢，但最终还是赢了比赛，关键是乌龟不走弯路。

博士军团

在中国证券行业享有"博士军团"的美誉，只此一家，别无分店。

广发证券网站资料显示，公司现有员工总数1 690人，平均年龄32岁，其中博士、博士后及在读博士54人，硕士研究生297人，是中国金融行业首批获得国家人事部批准设立博士后流动站的企业之一。

或许是陈云贤备受北京大学"兼容并蓄"传统的影响，广发的博士军团组成并不仅仅限于证券方向，据称其中有不少人的专业与股市风马牛不相及，有些博士的研究方向甚至是地质和地球物理等，这也为广发铸造一流的投资研究团队打下注脚。

这个陈云贤一手营造的博士军团，可谓精英辈出。

> 超前引领：对中国区域经济发展的实践与思考

广发证券原总裁王鸿茂现任广州科技风险投资有限公司总经理；广发证券原副总裁叶俊英现任易方达基金管理有限公司总经理；投行部原副总经理林传辉如今是广发基金管理有限公司总裁。此外，曾经是广发海南分公司总经理的张鸿翼，现任职人保资产管理公司常务副总裁；而曾任广发证券财务总监的李水泉现为万联证券财务总监。

2003年3月，当陈云贤告别广发时，广发已经从当年广发银行的一个证券部发展成为国内屈指可数的、连续多年在业内保持领先地位的券商之一。2001年到2003年，广发先后控股锦州证券和华福证券，并且分别更名为广发北方和广发华福，同时旗下还有广发期货、广发基金，此外广发证券还参股易方达基金管理公司，在其多年经营下，金融控股的雏形已经隐约浮现。

对这位被外界称为"政坛新星"和"金融界巨头"的人物，记者打听到一个有关于他的真实的笑话。有一次，陈云贤送其在国外读书的女儿到机场，过安检的时候，保安人员提醒陈的女儿说："请不要让你的男朋友进安检。"据说，此事让陈颇为得意。

（原载2005年2月21日《21世纪经济报道》）

超前思维引领跨越发展

这一次不是普通的交手，而是过去与未来的较量。

较量的内容，是新任市委书记陈云贤，正超前引领佛山与旧有发展方式决裂。

从一个传统产业重镇跳跃为一个新兴产业中心；

从工业经济迈向信息经济；

从"三旧"城镇走向现代都市；

从制造业思维走向资本思维和创新思维。

曾经因统领广发证券"博士军团"而蜚声海内的陈云贤，再次领军佛

第6章 一家之言："先看两步,先行一步"

山领导层"博士军团",超前规划一个城市,引导着一场超前的思想革命。

这位哈佛大学前研究员、北京大学博士,用英语向企业、投资者、媒体介绍佛山,不少现场记者都措手不及;这位"快半拍"的主政者,雷厉风行,不留情面,被下属称为"最难敷衍的领导"。

在佛山,在官员印象里和群众、媒体乃至外国友人眼里,有两个截然不同的陈云贤。

"采访陈云贤是一种享受,采访录音一整理,几乎就是一篇严密的文章。"这是很多媒体记者采访陈云贤的共同感受。有记者总结,采访陈云贤有"三大享受":一是几乎所有涉及经济社会分析的数字,投资总量、出口比例、企业平均资本负债率、行业产值陈云贤都可以随口道出,往往精确到小数点以后两位,并且,关键是能从枯燥的数字中找出逻辑联系,指出关键问题;二是视野全面,思路清晰,回答记者提问有理有据,"好像一二三四篇章段落就在脑子里";三是从不照读工作人员准备的稿子,而是直抒胸臆,出口成章,"采访结束时像是上了一节课"。

2009年,广东省政府新闻办举行的落实《珠江三角洲地区改革发展规划纲要》发布会上,时任佛山市长的陈云贤也得到珠三角市长中的最高评分。"佛山的发布会是所有城市中得分最高的。有的城市是事先自行设计问题,但陈云贤现场表现优雅自信,语音柔和,有问必答,观点清晰,各种材料信手拈来,更没有安排场外小动作,他的表现符合现代政治家的对外事务规范。"现场负责评分的广东外语外贸大学张老师对记者说。

最为人津津乐道的是这位哈佛大学前研究员、北京大学博士的得体英语。2009年佛山外商春茗联谊会、在香港举行的"粤港金融合作恳谈会暨广东金融高新区推介会"上,他都用英语向在场的企业、投资者、媒体介绍佛山,不少现场记者都措手不及,到处索要他的英文发言稿,但是组织者只能双手一摊,"对不起,陈市长是脱稿即席发言"。

"佛山官员中能进行英语日常交流的也很多,但是像他这样能脱稿英语演讲的基本没有。他的英语发言从结构到用词,显然摆脱了中式教科书英语的生硬藩篱,隐约有西方政治家雄辩的风度,还不忘穿插英式幽默。

超前引领：对中国区域经济发展的实践与思考

这即使在香港特区政府的前殖民地官员里也不常见。"一位曾参加众多地方政府招商活动的日资企业的高管如是说。

在佛山高新区一次重点基础设施项目签约会上，时任汇丰集团环球营运首席执行官的慕容博赞叹道："市长流利的英语让整个会谈相当融洽快捷，这是我没有想到的。"

陈云贤这种纯熟的对外事务能力给佛山的国际化形象大大加分，从他身上，佛山官员可以学习到一种政务官的规范。

另外，佛山官员对陈云贤的"快半拍"也同样印象深刻："雷厉风行，不留情面。他是我经历过的最难敷衍的领导。陈开会、视察很少说空话，也不听下属啰嗦，开门见山。每项工作进度如何、难点何在他都心中有数。下属汇报工作用'加快'、'争取'、'努力'这种模糊的字眼都过不了关。"一位市局公务员说。

让不少部门紧张的是，陈云贤除了听取工作汇报，还大量阅读报刊，而且速度很快，不分工作日和节假日。"很多当天涉及局级部门的报道，我们局一把手都没来得及看，陈书记的有关批示已经来了，要求我们向公众解释"。

对行政效率的高要求，不少官员都不能马上适应。2010年2月，陈云贤在东平新城调研时，简短肯定建设成绩后，就开始严厉而不无技巧地表达他对工作进度的不满。他先是抛出千灯湖金融高新区申报、祖庙东华里片区改造、"一环"南延工程建设抢抓时机的成功案例，然后幽默地将"时机"比作秃头上的毛发，"抓住了就是机遇，抓不住就过去了！"一位随行官员私下说："他的批评不伤面子，但在场每个人都感受到压力，这种压力来自思想的差距。"

先行与快行：超前引领佛山占先

科学发展，先行先试，陈云贤对这八个字的丰富内涵和巨大威力的理解，往往比下属更进一步。近几年来人们交口称颂的"佛山速度"，就来自陈云贤超过常人的区域经济前瞻视野和要"先行先试"的紧迫感。他屡屡

第6章 一家之言:"先看两步,先行一步"

警告,全国争相布局新兴产业、珠三角一体化和粤港澳合作不断推进的背景下,佛山的转方式不是自己跟自己比,而是要放在全局下审视。产业转型、城市转型的赛跑更残酷,这是一场"赢者通吃"的竞争。《人民日报》记者在一次采访中问,佛山目前发展的最大障碍是什么?陈云贤脱口而出:"思想滞后,行动迟缓。"

在陈云贤眼中,佛山正面临深层次的问题:三大产业结构不合理,发展驱动力仍然是传统的生产要素,缺乏创新;产业发展和城市发展不匹配;转型升级动力不足。

陈云贤认为,政府的思维不仅不能滞后,而且必须超前于市场,必须进行"超前引领"。受益于国际学术背景和全球发展比较研究,陈云贤有清晰的历史感和位置感,他果断地将这些现状归结为工业化后期的特征,迅速开出处方。他不仅是在解决难题,而且是在抢答难题。

在广东省转方式的实践中,佛山也的确屡屡占据先机,外间均评价其为"见事早,动手快,措施实"。

(1) 广东省内第一个与中科院签订战略合作协议,引进数百高科技项目落户;

(2) 抢先与美国LED巨头旭明合作,布局千亿规模"三光"产业,剑指世界前五;

(3) 抢先推出创业风险基金、产业投资基金和基金引导计划、企业上市的"463计划","四两拨千斤"引导资本市场服务产业转型;

(4) 一个过去低端制造业密集、城市发展落伍、生态环境恶劣的佛山,正在发生翻天覆地的变化,三大过千亿新兴产业崛起,城市通过"三旧改造"迅速提升,痛下决心关停并转污染企业,环境质量大幅提升。

人们发现,陈云贤的快,不仅是简单的速度概念,而且包含了对发展质量、发展起点的严格要求。与过去草根经济、村村点火的低起点相反,佛山转方式的布局可谓"一步到位"。科技创新直接与中科院、工程院项目对接,新兴产业起步就与国际一流巨头联合,城市转型引入国际化的发展商和开发理念。

超前引领：对中国区域经济发展的实践与思考

熟悉陈云贤的人，大都对他这种"先看两步，先行一步"的施政风格耳熟能详。

早在2005年到顺德区任区委书记时，陈云贤就提出"政府超前引领"。他说："不少城市已经做到有形的'手'和无形的'手'结合推动发展，但这只看到一个层面，政府事中和事后的调控，有时并不管用，政府要做到超前引领。"而事实上，超前引领，既需要官员的宏观预判能力和执行力，更要求"杀出一条血路"的改革勇气。

2005年，陈云贤提出的"三三三"产业发展战略就触及了佛山的"痛处"。当时欧盟刚刚实施进口电子产品环保指令，时任佛山市常务副市长、顺德区委书记的陈云贤就指出，佛山产业结构过于倚重出口和个别行业，中小企业多处于产业链低端环节，抗风险能力较差。

他迅速部署出台了"三三三"产业发展战略和企业"五步走"发展战略，前者重点培植新兴支柱产业，培育抗风险能力较强的产业集群，后者则聚焦转变企业发展方式，扶持企业自主创新和品牌建设。由于成效显著，这两个战略后来上升为佛山市级战略。

陈云贤主导的这种制度安排，实际上打破了过往"哪个行业纳税多、产值大，哪个行业扶持政策就多"的利益格局。这一战略通过制定多指标的科学考评体系，决定政府资源的统筹分配。而体系本身的制定，则大力向拥有自主技术的新兴产业倾斜。这种做法，其本质是打破了政府扶持资源分配的"马太效应"，让资源流向创造性领域，而非陷入低端制造业不断扩大再生产的怪圈。

这种制度不可避免地触及一些既得利益，引来议论纷纷。但到2008年金融危机来袭时，人们不得不佩服这一战略的前瞻性：在金融危机中，由于佛山已先行进行产业结构调整，拥有自主技术的新兴支柱产业经受住了考验，在珠三角城市"保增长"的战役中率先突围。

当人们为佛山完成"保增长"任务捏一把汗的时候，陈云贤这位经济学家市长又再次出手，大胆预测："中国经济形势将出现V形反转。"有了对宏观形势的准确判断，佛山没有急于当企业"救火队"，而是推出"金融三项计划",由政府小额出资担保,撬动担保公司和银行向先进制造业贷款,并带动创业风险投资。这种"四两拨千斤"的制度创新,为资本市场上处于低潮期的资本找到了出口,推动佛山各类"行业冠军"排队上市,A股主板、中小板、创业板上出现了"佛山板块"。

国际环境、政策转向、发展瓶颈、产业基础,也许这些偶然因素一起出现的机会不会太多,如果再算上遇到一位对宏观经济有精确洞见、在转型非常时期施行非常手段的市长的概率,那真是一种历史的偶然。幸运的是这次偶然选择了佛山。

哲学与梦想:掀动转型思想革命

2010年5月甫一上任市委书记,陈云贤抛出的"四化融合,智慧佛山"又让佛山干部队伍耳目一新,不少人赶紧补课,了解时下"智慧地球"的理念,一时间信息化如何与工业化、城市化、国际化结合,成为佛山人关心的理论话题。

然而"智慧佛山"的具体实施方案并没有立即出台。佛山首先将实施方案的征求意见稿带到北京,征集中科院、北大、清华顶级专家的意见,又在本地通过各种渠道收集建议。从论证之认真、参与研讨阵容之强大,佛山人隐隐感觉到,"智慧佛山"不同于过去一般的发展规划、政策措施,不是一种纯粹的方法论,而是隐藏着一种对经济发展的认识革命。

换句话说,"智慧佛山"不仅是政府口号,也不仅是区域经济路线,而且是一个学术问题,甚至是一个哲学问题。

这一提法背后,隐含了对"自主创新"、"技术改造"这些与"物"紧密相关的要素,和对"信息"这一活性元素的高度重视。它提出了转型升级中关键又未完全得到解答的问题:掌握产业链高端位置,有了高新技术等"物"的要素,还缺什么?像富士通这样掌握高新技术的代工企业,它与苹果之间的差距是什么?陈云贤一再强调"让他人为佛山企业贴牌生产",底气从何处来?

在这一意义上,"信息化"还仅仅是人们一般理解的互联网和IT手段

超前引领：对中国区域经济发展的实践与思考

的运用吗？还仅仅是资讯的获得、流通吗？

陈云贤在高明调研时，向干部推荐一本书《未来是湿的》。在这本书里，作者将大工业化时代概括为"干"的，与之相对的则是未来信息经济时代是"湿"的。

过去是有形的产品经济，未来是无形的信息经济。

过去靠牺牲个性追求规模，人为组织推动的"干"方式；而未来属于承认差异、尊重个体、关注产品文化内核的"湿"方式。

这实际上已经回答了一个关键问题，"四化融合"，是要给工业化、国际化、城市化赋予鲜活的生命，要给死物一个脑袋。什么是信息？差异就是信息，信息就是活力，就是中国经济最稀缺的要素——创意、文化、品牌、信用所埋藏的地方。深读刚刚结束的广东省委全会关于建设文化强省的精神，不得不承认，陈云贤的思考触碰了转方式的根本问题。

转变经济发展方式，不仅仅是技术从低到高、生产方式从粗放到集约这种"物"的提升，而且也包含信息、文化等活性要素的提升。需要拥抱的，不是又一次 GDP 飙升的欢呼，而是一场认识论的革命。

这也是为什么，佛山人发现他们小有成就的照明行业，因为 LED 技术的融入，跻身这个新兴产业的世界前五；引以为豪的陶瓷行业、家电行业因为与软件业的联手成为行业领先代表。种种迹象表明，最重要的变革，就在人们的头脑里。

截至发稿，关于"四化融合，智慧佛山"的讨论和思考才刚开始不久，但人们可以期待，佛山作为珠三角最具备闯关基因的城市之一，已经准备好了又一次"超前引领"。也正因为"超前引领"，佛山和陈云贤，都正站在历史的尖峰时刻。

（原载 2010 年 7 月 22 日《南方日报》）

第6章 一家之言:"先看两步,先行一步"

温暖、好学、高知的陈云贤

亲和力:对旁人"知冷知热"

陈云贤执掌顺德时,《珠江商报》跑时政线的记者陈挺曾多次采访过陈云贤。陈挺说,除了儒雅有亲和力之外,给她印象最深的是这位领导待人很细心。

陈挺跟记者说起一件小事,有一次陈云贤去佛山市委党校给干部们上课,陈挺也前去采访。当时讲课还没开始,天气很冷,包括陈云贤在内的几位领导都先在休息室内。陈挺进了休息室解开围巾,摊开笔记本埋头搓手呵暖,却未注意到里面还有几位领导。这时站在里面的陈云贤注意到了,看到她一副很冷的样子,便招呼道:"陈挺,过来中间坐吧,这边暖和一些。"陈挺只顾着看笔记,没听到,因此,陈云贤又说了第二遍,这时陈挺才愣了一下。

"一般采访过的基层领导,经常见面,但很少会在意一位记者在旁边怎么样,他为人处世确实很有亲和力。"陈挺回忆起这件事时仍感到很温馨。

英语棒:速度快过翻译

曾经几次到美国学习的陈云贤能说一口流利英语,这在佛山已广为流传。2006年12月媒体曾有一篇报道,在佛山高新区重点基础设施项目签约会上,陈云贤"现场翻译"的英语水平让外商大为钦佩,汇丰集团环球营运首席执行官慕容博赞叹道:"市长流利的英语让整个会谈相当融洽快捷,这是我没有想到的。"

曾陪同陈云贤一起到芝加哥招商的佛山市经贸局的工作人员告诉记者,陈的英语词汇量大,有很多时候碰到一些专业术语,翻译还在想,他已经帮忙译出来了。

一位曾与他多次出访的下属告诉记者,陈的英语流利没得说,不过他说话带有口音,自己也曾笑称自己口音不算太准,但胜在词汇量大。他给人的印象是很好学,比如到了顺德看见双皮奶,也会很认真地向身边人问,这个该怎么翻译。

反应机敏:上央视节目妙应专家

2006年10月,国家统计局发布了2005年全国百强县(市)排名,顺德、南海的两位区委书记曾以十强的身份被中央电视台《对话》栏目邀请去做节目,接受主持人王小丫的关于"幸福GDP"的考题,陈云贤在栏目上活跃的表现至今仍被很多人记得。

第一个举手回答问题的陈云贤,开口的第一句话就是"顺德是中国民营企业主要的制造业基地,我们提出的主要口号是顺德制造,中国骄傲"。对顺德的推介可谓不遗余力。

而当专家提到广东存在的治安、环保问题是否会降低市民的幸福感时,陈云贤巧妙地回应道:"我的第一个感觉,就是这位教授这一段时间没有到过佛山,没有到过顺德。前一段(我)刚刚接待了200多个从法国来的代表团,他们一到顺德就感慨,这里有些地方比欧洲还好。所以请我们各位专家,尤其是我们人民大学的这位教授到顺德来指导。"

记忆力好:"常常到小数点后两三位"

搞经济出身的陈云贤说话喜欢用数字做佐证。2007年党代会时,陈云贤参加顺德代表团的座谈时曾给多位党代表留下很深的印象,在说到顺德文化底蕴浓厚时,陈云贤脱口就举了个例子,"广州的陈家祠是光绪十四年(1888)筹建,光绪二十年(1894)建成,顺德的陈家祠始建于光绪二十一年(1895),仅仅晚了几年时间",一位有心人士回家专门查了一下,发现他说得居然分毫不差。

一位曾多次听过他讲话的企业界人士则很感性地形容陈云贤:"记忆力好,常常是小数点后两三位都记得清清楚楚。"

(原载2007年1月12日《南方都市报》)

跋

陈云贤博士又出新书了,作为他的博士生导师,自然十分高兴。更让我欣喜的是,他从商业领域转向政府领域后,仍然不失学者本色,在繁忙的政务工作之余思考理论问题。这本《超前引领》,凝聚了陈云贤博士从政8年以来的理论创新成果。

时间过得飞快,一转眼,陈云贤从北京大学博士毕业已经20年了。20年前的陈云贤博士一直定格在我的记忆里:勤奋好学、充满活力,很有抱负。想当年,陈云贤能考上北京大学经济学的博士,委实不易。那时我们招收博士研究生非常严格,单是一个英语,就挡住了多少"英雄豪杰"。虽然我经常开玩笑说自己是"土鳖(博)饲养员",但当时北京大学经济系完全是用"国际标准"来培养博士的,我们就是希望北京大学培养的博士不输给"洋博士"。

事实证明,北京大学的博士确实不输"洋博士"。陈云贤博士南下广东后,创办了广发证券,并将其打造成为国内一流券商,他也因此成为中国证券界的风云人物。2003年调到地方从政后,陈云贤博士同样政绩显著,从这本书稿中,我已深深地感受到。更为难得的是,他在区域经济发展方面的实践探索和理论创新。

作为老师,最高兴的事,莫过于不断听到学生的好消息。

我们常说,一个人的命运总是与国家和时代的命运紧紧联系在一起。对于陈云贤博士来说,他们是幸运的一代。一方面,他们在求学阶段恰逢国家和社会对教育十分重视的时期。陈云贤博士抓住了这个千载难逢的机会,一鼓作气,连续求学于国内外8所大学。另一方面,在学有所成后,他们又碰上中国快速发展的阶段,有了一个施展身手的舞台和机会。

所以,中国能出现一批像陈云贤博士那样,既能实际操作,又能理论创新的才俊就不足为奇了。也正是因为有了他们,我们国家才有了又好又快的发展。

在当下,中国崛起是一个热门话题。尽管中国政府在"大国崛起"这个话题上十分低调,但中国在这次全球金融危机中的表现以及世界各地随处可见的"中国制造"和中国游客,足以引起世界的关注。人们也必然会去探寻中国崛起背后的中国经验。

在本书中,陈云贤博士这样分析:"在中国,我们会发现参与市场竞争的主体,除了一个个企业外,还有一个个的区域政府。或者说,中国的发展,不仅有企业与企业之间的竞争,还有政府与政府之间的竞争。这两个层次的竞争,是中国改革开放30多年持续快速发展的'双动力'。"

因此他认为,在市场经济条件下,政府是一个独立的经济主体。政府的职能不仅是服务和管理公共事务,还包括协调、促进、引领经济发展。区域政府具有双重职能:一方面代表了市场经济微观层面的服务与管理,另一方面代表了国家政府宏观层面对经济发展的引领调控与促进。

在这种理念指引下再回到实践的层面,陈云贤博士提出,一个真正成功的经济体制,政府要依靠市场经济的基础、机制和规则来超前引领,用"有形之手"去填补市场"无形之手"带来的缺陷和空白。

作为一个金融工作出身的经济学家,陈云贤博士确实站在了一个比较高的视野。对于金融来说,超前的思维、战略的眼光往往是制胜的关键。陈云贤博士在广发证券工作的成就,已经证明了这一点。到地方工作后,陈云贤博士同样把这种思维和眼光应用于区域发展,并提出了超前引领的区域经济发展理论。对这个理论体系,他是这样定义的:超前引领是指充分发挥政府特别是区域政府的经济导向、调节、预警作用,依靠市场规则,借助市场力量,通过投资、价格、税务、法律等手段和组织创新、制度创新、技术创新等方式,有效配置资源,形成领先优势,促进区域经济科学发展、可持续发展。

对于区域经济发展,平时我们常见的是一个个的概念,比如"某某工程"、"某某战略"等。超前引领的提出,把区域发展从概念推向了理论的高度。中国发展时至今日,区域发展确实不应该再"摸着石头过河"了,必须创建适合中国的经济学创新发展理论体系。

所以,陈云贤博士的研究非常有意义。我认为,中国区域经济发展超前引领理论的提出,不仅拓展了经济学的研究领域,把经济学分化成宏观经济学、中观经济学和微观经济学,更为我国的经济体制改革和实践,特别是区域经济发展提供了方向和思路。

《超前引领》是陈云贤博士从政多年的思想成果,当然更是实践的成果。经济学作为致用之学,最需要来源于实践的理论,经济学需要"学院派",更需要"实践派"。我们希望有更多在实践领域的经济学人,能参与到经济学的理论创新中,真正让经济学的理论之树常青。

2010 年 12 月 20 日